Introducing Catholic Ecclesiology

カトリック教会論への招き

増田祐志［著］

Masashi Masuda, S.J.

Sophia University Press
上智大学出版

サン・ピエトロ大聖堂

聖ペトロの墓所の上に建立されているローマ司教（教皇）座聖堂。

世界最大級のカトリック教会の建造物。（© MASARU TSUDA/SEBUN PHOTO/amanaimages）

ケニア郊外のサバンナの教会

遊牧民が移動先ごとに造る聖なる空間。下の写真中、遊牧民の後列真ん中が筆者。

信徒発見の聖母像

1865年、250年にわたって潜伏していた長崎・浦上のキリシタンが、大浦天主堂のプチジャン神父に「わたしたちの胸、あなたと同じ（宗旨が同じ）」と信仰告白した。その後、キリシタンたちは「サンタ・マリアのご像はどこに？」と問い、この聖母子像の前で歓喜の祈りを捧げた。この潜伏キリシタンの出来事は「東洋の奇跡」と呼ばれた。

（撮影　峰脇英樹）

ルター「95ケ条の提題」の教会、ヴィッテンベルグ教会

1517年、当時の腐敗したカトリック教会の種々の慣習に対して疑問を抱いたルターは、疑問を95ケ条の提題にまとめてこの教会の扉に張りつけたといわれている。宗教改革の口火が切られた場所である。

(©Michael Runkel/robertharding/Corbis/amanaimages)

はじめに

◇教会とは何か？

フランシスコ人気がとまらない。いわずもがな、南米アルゼンチン出身の教皇フランシスコである。教皇制を有するローマ・カトリック教会で教皇は間違いなくその最高指導者である。それにしても、世界一二億人の信者を誇る宗教団体が、たった一人のリーダーの交代でこうもかわるものかと驚かされる。まさに教会は生きている。

二千年の歴史を有するキリスト教は教会を通じて世界に存続してきた。キリスト教はイエス・キリストへの信仰によって成立している宗教である。その信仰が存続するために、共同体が必要とされた。その意味では、キリスト教は教会なしには存続しえなかった。しかしそれは、教会がキリスト教信仰に常にふさわしい形で存在してきたことを意味するわけではない。教会は人に寄り添う時もあれば、人の欲望に翻弄されることもある。主日のミサで集う小教区で、いがみあいや悪口を聞くことも多い。驚くような罪深い人間の姿に、教会で出会うこともある。教会のそのような人間的弱さに嫌気がさして教会から離れる人もいる。キリスト教信仰存続のための教会が、あろうことか人をその信仰から離れさせてしまうのである。その時、人は問う。「教会とは何か」。

この質問をみずからに問う時、思い出す風景がある。アフリカ・ケニアの郊外の小教区を訪れた際、そこの主任司祭に担当地区を案内していただいた。半径何十キロメートルに及ぶ広いサバンナをその小教区は担当していた。主任司祭が砂埃をたてながら四輪駆動車でサバンナを疾走すると、遊牧民に出会った。彼らはカトリック信者で、遊牧しながら生活をしているという。定住しているわけではないので、教会という建造物はもっていない。ただ、彼らが案内してくれた教会があった。枯れ枝で土地を丸く囲んだだけの空間だった。中に何本か丸太が転がっており、それが会衆席である。祭壇らしき粗末な木板で組み合わされたものがあったが、板にはUS Armyと大きく書かれていた。ここで彼らは主日の典礼を行い、時期がきてまた移動すると、移動先に同じような空間をつくる。これが彼らの教会なのだ。

バチカンのサンピエトロ大聖堂に行くと壮麗な広場には古代エジプトのオベリスクが天に向かって屹立し、クーポラを備えた大聖堂が威風を放っており、中に入るとベルニーニの天蓋が見る者を圧倒する。ほかにもピエタなど美術品、装飾品、芸術品にあふれている。そこで使用される祭具も貴金属でできており宝石がはめ込まれている。サンピエトロ大聖堂もケニアの遊牧民の教会も、どちらも教会である。そこに人々の信仰があり、典礼が行われていれば、そこは主の家である。

◇本書の執筆動機と目的

神学の教義学の中に教会論という分野がある。キリストの教会をある神学的方法論にもとづいて考察し、その本質と使命を明らかにする学問分野である。二〇一五年に教会論をテーマにした本書を企画した理由を書いてみたい。まず、日本の教会にとって本年は、信徒発見一五〇周年という記念の年である。一五四九年フランシスコ・ザビエルが日本にキリスト教をもたらし、その後、キリシタン文化はそれなりに栄えた。しかし、時の為政者が発した禁教令により、日本のキリシタンのあるものは海外追放の身となり、また別のあるものは棄教を拒んで殉教した。その過酷な禁教政策によって日本からキリスト教信仰は消え去ったと思われていたが、宣教師も神学教育を受けたリーダーもいない中、キリシタンの子孫が自分たちだけで信仰を伝承していたことが明らかになり、今から一五〇年前の一八六五年に再び地上に現れたのである。実に二五〇年も潜伏していたわけで、「東洋の奇跡」といわれた世界史的にも稀有な出来事である。信仰を保持伝承するための教会は、日本の片田舎で、ひそかに生き続けていたのである。まさに教会論の出来事である。

もうひとつは、二〇一七年は宗教改革五〇〇周年である。ルターが九五ヶ条の提題を教会の扉に張り付けて始まった宗教改革は、カトリック教会に分裂という大きな痛みをもたらした。義認か義化かという論争がなされる一方、宗教改革とは教会を問い直す歴史的出来事である。それまで千五〇〇年以上続いてきた西欧の宗教伝統が大きく崩れ、キリスト教はまったく新しい時代の局面に入った。これもまさに教会論の出来事である。この記念の年には、世界各地でシンポジウムや行事が用意されることであろう。

今年は、日本の教会にとっても、世界のキリスト教会にとっても教会論的出来事を思い起こす時宜にかなうと同時に、宗教が改めて国際政治や国際社会の大きな課題として意識され、また冒頭に記した教皇フランシスコの世界のリーダーとしてのあり方が注目されている現在、教会について自分なりの論考をまとめてみたいと思い、本書を執筆した。

◇本書の構成と読み方

二千年存続してきた組織を論じるには、いろいろな切り口があるであろう。本書では、歴史と現代の課題という二部構成にしている。そして二部構成に先立つ第一章として、教会をとりまく現在の環境と課題、そして方法論について扱う。

第二章から第六章までは、歴史の中で展開してきた教会の様々な自己理解を振り返る。教会が各時代において直面した挑戦や課題とどのように取り組んできたのか、どのようにしてアイデンティティを保持し、使命を果たそうとしてきたのかを扱う。第七章から第一〇章は、現代のカトリック教会をとりまく主要テーマを、教会を特徴づける四つの属性「一、聖、普遍、使徒継承」に対応させつつ概観する（なお、属性の順不同）。以上の本書の構成を理解した上なら、どの章から読んでいただいてもかまわない。特に後半の四つの章は完全に独立しているので、興味のあるところから読み始めても混乱はないと思われる。

教会は神に呼ばれた人間の集団である。そこは恵みと罪が交錯する場である。教会で嫌な思いをした人も、そこに感謝している人もいるであろう。しかし、この教会は間違いなく人類史の中である役割を果たしてきた。そして教会も人類全体と連帯し、その使命を果たそうとしてきた。常に浄化を必要とする教会（第二バチカン公会議）にもかかわらず、この教会への愛をもち、教会と共に神の国建設のために前進しようと希望するすべての人々の励ましとなることを、本書は願っている。

最後に、本書は筆者が奉職する上智大学から世に出る（SUP、上智大学出版）。担当してくださった総務局の職員と、制作を担当していただいたぎょうせいに感謝申し上げる。

二〇一五年一一月

増田　祐志

・表記に関して——

・聖書引用は日本聖書協会『新共同訳聖書』を用いている。
・人名、地名、年代、教会用語は『新カトリック大辞典　全四巻』（研究社）に従った。一部、慣用表現に変えている。
・引用文章は単語も含め、引用元の表記を尊重している。
・教会公文書は次から引用。
改定版　デンツィンガー・シェーンメッツァー『カトリック教会文書資料集』A・ジンマーマン監修、浜寛五郎訳、エンデルレ書店、昭和五七年（略記DS ○○）

目　次

第二章　イエスと教会―イエスから新約聖書時代まで―　34

第一章 教会論の対象、課題、方法

教会論はイエス・キリストの名のもとに集う共同体を神学的考察の対象とする。教会はどのような共同体なのであろうか。カトリック教会、東方教会、プロテスタント諸教派が共有している、四世紀末に成立したキリスト教の信仰宣言「ニカイア・コンスタンティノポリス信条」（クレド）では、信ずべき対象として三位一体の神の次に教会が続く。そこでは、信ずべき教会として「一、聖、普遍、使徒継承」という四つの属性が明記されている。反対にいえば、これら四つの属性をもちえない教会は、いくらみずからを教会と名乗ろうともキリストの教会とはみなされないということである。教会論という神学の一分野は、この教会を神学的に考察する。教会はキリスト教誕生から現在にいたるまで途切れることなく存在し、キリスト教信仰を保持継承してきた。キリスト教は世界人口の三二・九％を占める世界最大の宗教であり、カトリック信者人口も一六・九％であり世界中にその教会をみつけることができる。[1] 概数でいえば世界人口の三人に一人はキリスト者、六人に一人はカトリック信者という計算になる。第一章ではまず教会論の考察の対象を明確にし、その課題と方法について概観する。

1　世界宗教の世界人口比は次の通り。キリスト教三二・九％、イスラム二二・九％、ヒンドゥー教一三・九％、仏教七・一％。カトリックは一六・九％。『ブリタニカ国際年鑑』二〇一四年版。

一　対象としての教会共同体

1　教会という共同体

教会はひとつの宗教共同体である。明確な目的なしの人々の集合体は集団であり、その集まりがある特定の原因（地縁・血縁）・目的（利益）・意図（機能）によって結びついている場合、広義の意味で共同体と呼ばれる。[2]共同体という名で呼ばれる団体は、世界中に無数ある。学校のような教育を目的とした共同体、会社のような利益追求の共同体、はたまたＥＵなどに代表される超国家共同体、またはバーチャルなネット空間上のコミュニティも共同体である。教会が他の共同体と区別される点は、イエス・キリストへの信仰によって集められた人々の宗教共同体という点にある。この命題は教会共同体の特徴と固有性として次の二つの側面を含む。

第一に「イエス・キリストへの信仰」。この共同体は、歴史上の具体的存在であるイエスという人物がキリスト（「油注がれた者」、救い主の意）であるという信仰告白を共有することによって成立している。信仰とは、イエス・キリストを通じて神からの啓示、すなわち救いに関する教えとわざに対して、人間が自由の内に応答する人格的行為である。教会はこの信仰を受け取り、それに従って生きるために、神の言葉とわざを記した正典である聖書、記念するための典礼、信仰内容である教理、具体的な生き方の指針である教えなどを備え、それらを担保するための外的様式である構造、制度を伴う。イエス・キリストへの信仰が、教会共同体形成の原動力であり、その信仰を伝達し提示するのがこの共同体の機能であり目的である。

第二に「集められている宗教共同体」。この共同体は、神のよびかけ（恵み）に対する人間の自由な応答、つまり、神という超越的次元と、応答する人間という地上的次元の二つの次元によって構成されている。この超越的次元が、他の地上の共同体と決定的に区別される点である。地上の共同体の目的は世界内や歴史内で達成可能であるが、教会共同体の目的は世界内においても歴史内においても決して達成されることはない。終末という彼岸の領域において初めて達成される。それゆえ、この共同体は「キリストの名によって集められた人々」の共同体であり、「神の恵みが与えられ」「聖霊に導かれる」共同体である。「キリスト」「神」「聖霊」など、自然科学の観点では検証不可能な要素、つまり超越的次元を含むことによって成立している共同体である。また、宗教共同体ということだけならば、教会以外にも無数に見出せるが、教会の独自性はイエスに起因する。人は誰でも唯一無二の存在で他者による置き換え不可能なように、イエスも歴史上互換不可能な唯一の人間存在であり、そのイエスに起因するという点において、教会は他の宗教共同体とは区別される。

2　共同体のアイデンティティと歴史

どの共同体も誕生と同時に歴史が始まる。長短の違いはあるが、歴史をもたない共同体はない。そして歴史は、その共同体のアイデンティティ（同一性）を保持すると同時に形成する。共同体のアイデンティティは歴史を通じてあらわになり、歴史の中で修正や深化され強化されていく。また、その共同体のアイデンティティの理解が構成員によって共有不能にいたれば、その共同体は分裂するか消滅する。たとえば、ルターはイエス・

2　社会学では「ゲマイシャフト」「ゲゼルシャフト」という概念があり、前者は地縁・血縁・友情などの自然発生的な共同体組織を指し、後者は共通する利益や機能によって結びつく人為的な機能組織を指す。本書では自然的か人為的かの原因は問わず広義の意味で「共同体」を使用する。

キリストへの信仰という点はカトリック教会と共有していたが、義化をめぐる信仰理解や、信仰の保持伝達機能という教会の構造や制度理解に大きな疑問をもち、結果として分裂した。[3] 分裂後、ルター派教会は独自の構造、制度、教えを形成し、自分たちの歴史を刻んできた。それゆえ、ルター派教会はカトリック教会とは異なるアイデンティティを有するキリスト教の共同体とみなされる。しかし一方、イスラムや仏教など他の宗教という観点からみれば、カトリック教会、東方教会、プロテスタント諸教会もキリストの教会共同体というアイデンティティを共有している。この三者は同じ信仰を共有しているのみならず、カトリック教会は東方教会とは最初の千年の歴史を、プロテスタント諸教派にいたっては千五〇〇年の歴史を共有している。このように、共同体において、発生原因とともに歴史は共同体のアイデンティティや諸共同体のアイデンティティの結びつきの必須の構成要因となる。

3 対象としてのローマ・カトリック教会

キリストの教会は歴史を通じていくつもの分裂を経験している。理由は、歴史的要因、地理的要因、政治的要因、人間的要因など様々だが、それら教会が「キリストの教会」である限り、同じ信仰を共有している。ただし、歴史において形成されてきた伝統や遺産などは各キリスト教共同体によって異なるので、それらキリスト教の諸教会を俯瞰的にみわたす考察は宗教学のテーマとなる。本書の目的は、神学としての教会論なので、対象から第三者的に距離をおくのではなく、その対象の共同体の中から考察する。神学は信仰を前提とする学問であり、それゆえ、キリスト教にコミットすることなしには真の意味での神学的営為は成立しない。また同様に教会論も具体的な教会共同体にコミットせずには神学的な分析や考察は不可能である。その前提を踏まえて、本書が教会論の考察の対象とする教会共同体は、ローマ・カトリック教会である。教皇制をもち、位階制という教会制度をもつカトリック教会が考察の主題である。理由は、筆者がカトリック教会に所属するものであり、それゆえ他教派の教会共同体を神学的主題や教会論として第一義的に取り上げることは方法論的に不可能だからである。教会論が他の神学分野にもまして所属している共同体の伝統と歴史の強い影響のもとに成立している学問分野である以上、筆者にはカトリック教会以外の教会について扱う資格はない。ただし、次のニュアンスを含む。

第一に、カトリック教会だけをキリストの教会として排他的に取り扱わない。カトリック教会は信者数だけみればキリスト教全体の内で半数強の勢力だが、東方教会やプロテスタント諸教会など他にも伝統的キリストの教会共同体は存在する。これら他の教会共同体の発生経緯やその後の対話と論争は、現代のカトリック教会にも大きな影響を与えている。つまり、他の教会共同体なしに、現在のカトリック教会は形づくられなかった。キリスト教他教派を視野に入れないカトリック教会論は視野狭窄を招くので、必要に応じて他教派についても言及する。

第二に、筆者が体験している二十一世紀初頭、現代のカトリック教会に視点をおいて論考を進めていく。しかしこれは、現代だけを切り取って論考を進めるという意味ではない。カトリック教会はイエスから二千年の歴史を有し、その歴史の中で自己理解を展開し、その産物としての現在の姿がある。教会が現在のような形態をとるにいたった経緯は、歴史において直面した挑戦や課題を振り返ることなしには理解できない。また過去の同じ出来事に対する考察でも、時代によってその方法論や解釈は異なる。新約聖書の教会論を例にとっても、古代教父の解釈、中世の教皇制絶頂期の解釈、宗教改革や啓蒙時代に教会が行った解釈は同じではない。同じ

3　本書で「カトリック教会」「教会」と表記する場合は「ローマ・カトリック教会」を意味する。

テキストや出来事を対象にしても、解釈する側が置かれている環境、ニーズ、状況、前提とする知識が異なるからである。同じように、現代のカトリック教会の視点から歴史における教会の姿を把握し、そこに流れる一貫したカトリック教会のアイデンティティを掘り起こし、反省的に現在の教会をみつめ直す。

以上の二点を考慮しつつ、本書はカトリック教会の教会論を試みる。それは、現代社会において教会が直面する挑戦と課題をみつめ直し、教会の存在意義やミッションを明らかにすることを目指す。

二　教会論の環境と課題

1　現代という時代

本書の教会論の対象が現代カトリック教会であることはすでに述べたが、その教会をとりまく環境や世界はどのようなものであろうか。世界内存在としての教会は、同時代の人々の知的枠組みに理解可能な言説で救いの言葉を語り、遂行するミッションを与えられている。そこで、現代の教会をとりまく環境における知的枠組みをみていく。これは、社会学的分析ではなく、教会理解に関連すると思われる現代の特徴的思考や教会の社会的位置についての素描にとどまる。まず、現代の教会論という場合の現代という時間的枠組みは人によって違いがあり、また、同時代でも地域や社会階層によってもその環境はまったく異なるので、その共通の枠組みを理解しておきたい。

現代の教会を時間軸で考える際、二つの指標があげられる。世界史全体の中での指標と教会史の中の指標である。両者は相互に関連しているが、また自律もしている。世界史全体の枠組みの中で現代といった場合、第二次世界大戦終了（一九四五年）から現在までと区切ることができるであろう。現在の国際秩序は、種々の問題を抱えていながらも第二次世界大戦終了直後に大枠が形成され現在にいたっている。現代の国際紛争や世界的問題解決には国際連合やそれに付随する国際組織によるルールに従うという合意は得られているように思われる。ただし、現代の世界秩序においても第二次世界大戦にいたるまでの列強の植民地主義の政策などの影響が色濃く残っているので、大戦終了後に新世界が突如登場したわけではない。

教会史についていえば、第二バチカン公会議（一九六二〜五年）がエポックメイキングである。公会議に賛成であろうと反対であろうと、現代のカトリック教会がポスト第二バチカン公会議を生きていることに誰も異議を唱えないであろう。世界に開かれ、対話する教会の時代である。しかし、第二バチカン公会議を教会史的時代の分水嶺と単純に言い切ることも難しい。そこにはそれ以前の教会との連続性と非連続性がある。カトリック教会は単体の共同体として歴史の連続性の中に置かれている。それゆえ、第二バチカン公会議は第一バチカン公会議（一八六九〜七〇年）やトリエント公会議（一五四五〜六三年）の影響から免れえない。一方で、第二バチカン公会議は現代世界との対話の結果、それ以前の教会のある部分とは明らかに決別している。ある意味で新しい教会が誕生したほどのショックを教会全体に与えた。現代の教会は第二バチカン公会議の受容プロセスの中にまだとどまっている。

2　教会と現代世界

現代の人々とコミュニケーション可能な教会論を語る際、同時代の人々の世界観や人間観という知的枠組みの中で宗教や教会がどのように位置づけられているのかを確認することは重要である。以下、その特徴を三点からみていく。

(1) 宗教のプライベート化

現代世界、特に先進国における特徴のひとつは、社会の公的領域からの宗教の排除、つまり宗教のプライベート化である。原初的な人類の社会では宗教と社会は混然一体となり、祭政一致が通常の共同体形態であった。人間の力をはるかに超えた自然の力を前に、神々への祭礼が社会秩序のために不可欠であり、そのため神的力と人間を仲介する祭司は共同体において重要な地位を占め、時には共同体の指導者として治める役割も担った。東西を問わず祭政一致の共同体の存在は、世界各地の考古学的遺跡が共通に示すところである。

キリスト教に限ってみても、ローマ帝国で公認されるまで（三一三年）の最初の三〇〇年を除けば、教会は社会の枢要であり、時には政治権力者を従わせるほどであった。ローマ帝国内では帝国と教会が区別されていたが教会の教えは社会規範となり、教会との関係を保ちながら帝国運営がなされ、時には教会が帝国統治にも大きな影響を与えていた。個々人の良心の領域においても教会はコントロールといえるほどの絶大な影響を及ぼしていた。このような教会と政治のきわめて近い関係は十八世紀まで続き、教会を無視しての社会生活は不可能であった。

しかし近代に入り、国家権力は神由来ではなく民衆との契約であるという社会契約の概念によって教会と国家の分離という考えが広まり、自然科学の発展によって自然や人間についての教会の教えが覆され、さらに人権概念の浸透とともに個人の自由や良心による自己決定権が尊重されるようになると、教会やその教えは人々の生活や思考の選択肢のひとつとなってしまった。さらに、ジョン・ロック（一七〇四年没）などが提唱したように近代以降の政教分離の原則が民主主義国家で確立すると、宗教は社会の公的領域に居場所を失い、もっぱら私的領域のみに存在が許されるようになった。これは必ずしも、人々の宗教心の低下や喪失を意味しないし、宗教はどの時代や文化にも必要とされる。が、少なくとも、かつてのように宗教や教会が社会のあり方に強い影響力を行使し、人々の想像力や発想を支配することはなくなった。そのような社会にあって、人々の意識からは神秘や罪の感覚が薄れ、神や聖霊も追い出されてしまった。現代は、宗教に一生かかわらなくても人生がまっとうできる時代である。宗教の社会的地位の低下は、価値の多様性や相対化を生みだした。良くも悪くも社会規範として働いていた一神教で排他的真理主張を行うキリスト教の存在感が薄れ、人間の自由がそこにとってかわった社会において、絶対性を主張する意見や考えは疑いの目でみられ、多元主義（pluralism）や相対主義（relativism）が人々の知的枠組みを構成するようになった。人々がそこに立ち、そこに訴えることができるような普遍的な絶対性や真理など人間には把握不可能であるという考えは、人間の価値判断をきわめて不安定な状態に追いやっている。このような宗教不在という時代は人類史全体からみた場合きわめてごく最近出現した現象ともいえるが、この流れが元に戻ることはないであろう。

(2)　自然科学と歴史的意識

近代の自然科学が誕生するまで、信仰は人間に説明不能・理解不能なものへの埋め合わせの役割も担っていた。日食、竜巻、噴火、地震、疫病の流行などの発生メカニズムが知られていない時代、このような現象は「神の怒り」「神からの罰」「不幸の前触れ」など宗教的な解釈で説明されてきた。しかも、宗教権威を伴って教えられ、宗教が生活の規範であった社会において人々はそれを素直に受け入れてきた。教会が、聖書の天地創造の物語を世界や人間の文字通りの起源として説明し、太陽が地球の周りを回っていると教えれば、多くの人はその説明に疑問を抱かなかった。聖書という宗教権威と教会権威の教えに疑問をはさむ余地はなく、疑念を抱いた者は、時代によっては処刑さえされた。ところが、実際に経験される現象と教会の教えの間に矛盾があることに気づき、自己の観察結果にもとづいて立てられた理論や方法論で自然現象を説明する自然科学者が登場してくる。しかも、教会の説明より科学者の説明のほうに整合性があり、人々は徐々に教会よりも自然科学に信をおくようになる。その結果、宗教改革によるローマ教皇の権威の失墜や西欧社会における影響力の低下もあいまって、教会権威はますます低下した。また人文科学の分野では啓蒙主義が人間理性を既存の権威よりも重視し、理性による認識と判断が何よりも優先されるようになる。イマヌエル・カント（一八〇四年没）は、まさにその代表格である。

さらには、自然科学の進歩が技術の発展と連動し、人々に利便性や富をもたらすようになると、人々はますます自然科学的認識にもとづく世界観を追求するようになった。雷は神の怒りではなく空気中の放電現象であり、地震は神の罰ではなく地殻のメカニズムによって説明される。人類の発生は進化論によって説明され、宇宙の起源はビックバン理論で、また現在の宇宙の姿は宇宙空間に打ち上げた望遠鏡で実際にとらえられる。医療技術も日進月歩で、現在はｉＰｓ細胞での再生治療も臨床段階に入っている。

自然科学の発展とともに、自然に関するキリスト教の従来の教えは否定されたが、教会は自然科学発展当初の十七世紀、ガリレオ裁判に代表されるように従来の自分たちの主張に固執し、時代遅れの恫喝と威嚇で自然科学を敵視した。それがますます教養ある人々を教会や信仰から遠ざけることになり、宗教と科学というステレオタイプ的対立構図ができあがってしまう。宗教は科学の敵だと。[4] 現在では理性や技術の楽観的絶対視が決して人類に幸福をもたらさないという認識が広まっており、人間観や自然観・世界観における宗教の重要性が再認識されている。しかし、日常生活において人々は実証できる説明や科学にもとづく認識を当然のように受けとめ、現実に利益をもたらす技術に価値の優先順位をおいていることは疑いようもない。それゆえ、現代人の知的枠組みで聖書を読むと、そこにはまったく異なる世界の物語が広がっており、人々には理解不能で、それゆえ実生活には役に立たず、その聖書を正典としている教会が異様な組織に映るということになる。

また、人々に歴史的意識が強まるにつれ、認識における相対論も強まってきた。世界内の存在にはすべて歴史があり、歴史的であることは相対的、つまり変化するという意識である。教会は伝統的に変化よりも安定を好んできた。教会の教えは真理であり、それゆえ不変なのだと。時代によって変わる真理は真理ではない。真理は不変でありどの時代や人々にも普遍的に妥当するものである。しかし、その意識は近代の啓蒙主義のもとで疑われるようになる。「万物は流転する」「同じ川に二度と入ることはできない」という古代ギリシア哲学者ヘラクレイトスの言葉が復権し、物事は歴史の中で変化を免れえないとの考えが登場する。それは歴史を通じて普遍的な絶対性や確実性を人間が把握することは不可能だということを意味する。人間は歴史を解釈し、それを通じて真理の一面をなんとか把握することができるのみである。たとえ絶対真理は存在するとしても、人間はその断面しか把握できず、また時代によってもみえる断面が変わっていく。歴史的意識も、前段でも触れたのと同じような結果、つまり人々の中に相対論的認識や価値観を生みだしたのである。確実性喪失の時代ともいえる。それゆえ、歴史において真理や救いの確実性を主張し続けてきた教会の言明も、現代では「ひとつの意見」（しかも時代遅れ）としか受けとめられず、教会が「人類全体」の「普遍的価値」や「普遍的真理」について語っても、人々からは「わたしには関係ない」と無視され流されることになる。

(3)　紛争と宗教

第二次世界大戦後から始まった東西冷戦は国際社会を二分した。アメリカ合衆国を盟主とする資本主義・自

4　キリスト教信仰と自然科学の調和を目指した神学者も存在する。代表的なのは二十世紀初めに活躍したピエール・ティヤール・ド・シャルダン、フランス人イエズス会司祭。古生物学者、地質学者であり神学者でもあった。北京原人発掘にもかかわったが、教会から危険思想の持ち主として警戒された。一九五五年没。

由主義の西側陣営と、ソビエト連邦（当時）を盟主とする共産主義・社会主義の東側陣営の対立である。共産主義はイデオロギーとして宗教を排除するので、東側陣営内の国家では教会は存立を脅かされ、政府の厳しい監督下にあった。一方、西側陣営は自由という価値観が尊重され、教会は政教分離の原則を守ってさえいれば、公権力から介入や干渉を受けることは少なかった。東西冷戦は政治・経済のシステムの相違というよりは、人間観や世界観のイデオロギーにもとづく対立であり、そこに軍事力、特に原子力という核問題が加わることによって核戦争も予想された国際社会の緊張であった。

一九九一年のソビエト連邦崩壊で冷戦は幕を閉じ、人類はその後の世界平和を夢見ていたが、この予想がまさに夢であったことを思い知らされる。冷戦中はアメリカ合衆国とソビエト連邦という二大国の重石のもと、各陣営内の地域紛争や民族紛争は抑えられていたが、冷戦終結後はその重石がとれて問題が一気に吹き出した。冷戦後の紛争の原因は政治・経済の問題もあるが、歴史観、価値観、民族意識にも起因し、そこに宗教も大きくかかわることになった。二〇〇一年のアメリカでのアルカイダによる同時多発テロ、続くアフガニスタン戦争やイラク戦争、ＩＳＩＬなどのイスラム過激派組織や原理主義者による世界各地でのテロ活動など、従来の国家間対立とはまったく異なる「文明の衝突」と呼ばれる新たな対立・紛争構図の時代に入った。国際社会の安全保障はこれまでの国家同士の紛争・戦争とはまったく別の対応を迫られることになった。

歴史を振り返ると紛争のおもな要因は、経済（資源や市場の争奪）、ナショナリズム（文化、価値、歴史を共有する共同体内の連帯意識の強化運動）、そして宗教（国家、民族を越える価値共有）であり、それらが絡み合って紛争が発生する。世界宗教であるキリスト教、イスラム、仏教は、少なくとも現在の教えとしては、平和裡での人類共存を志向し、社会の共通善を目指し、人間の幸福のあり方を説く。暴力を肯定したり、ましてや煽ることなど絶対にしない。現在は以前にもまして、世界平和のための宗教本来の役割の重要性が為政者たちにも認識されている。しかし一方で、宗教を利己的に利用する人々がいるのも事実である。しかも宗教がある目的のために一定方向に動き出すと、当初の予想をはるかに超えた自己運動現象が起きて歯止めが利かなくなり、暴走を始める。宗教は人間の実存構造とかかわり、また人間の完成である救いを世界内ではなく超越的次元に措定するので（報いはあの世でもらえる）、命をかけるというハードルが他の事案に比べて低い。財産や名誉のためにはできなくても、みずからの信念や信仰のために命を賭す人は洋の東西を問わずみられる。宗教には殉教者だけでなく、合理的判断では理解しかねる心理状況に人を陥らせる構造も備わっている。このような宗教は、時に制御不能に陥り、人間は昔話の「魔法使いの弟子」[5]と同じ状態になってしまう。

宗教の名によって、あるいは宗教を利用して紛争やテロが発生し正当化される。また宗教は価値観や人間観と深く結びつくので、紛争中の敵味方の線引きにも利用されやすい。さらに世界宗教であれば、その宗教への帰属意識は民族や国家を越えるので、より多くの信徒の共感や憎悪を得やすく、利用価値も高くなる。そして残念なことに、キリスト教は教会みずからが教勢拡大や異教徒殲滅のために暴力に訴えた歴史がある。また列強の植民地拡大のために教会が利用されることを黙認していた歴史もある。現代では、宗教者や教会が問題解決のために暴力に訴えることはなく、むしろカトリック教会などは世界平和構築のために努力しているが、実際の軍事力を伴う国際紛争や国際問題に対して、宗教指導者の力はきわめて限定的である。戦争回避の調停や根回し、国際関係改善のための橋渡しが、できる努力の最大である。にもかかわらず一方で、宗教を紛争に利用する勢力が引きも切らずに現れ、そこには各宗教の歴史の負の遺産がまったく影響していないわけでもない。文明の衝突という世界史的現象において、本来は人類の幸福と安寧のための宗教が不幸の誘発原因とみな

5　修行中の魔法使いが箒に魔法をかけて自分に命じられた仕事をさせるが、止め方がわからず混乱に陥るという話。

されている現実の中で、宗教は世界や人類にどのように貢献するのか、その存在意義が問われている。宗教は人類の宝であると同時に爆弾でもある。

3 教会と日本社会

前述の状況は多かれ少なかれ日本社会にも当てはまり、日本の教会もそこから逃れることはできない。では、教会はみずからが置かれている状況をどのように理解し、自分たちのミッション―神の救いの言葉を告げる―を理解したらいいのであろうか。以下に特徴と思われる点を素描するが、もちろん問題をすべて網羅しているわけではない。

(1) 共存する過剰と欠乏

日本社会には様々な矛盾があり、問題も抱えているが、国力や国民の平均的な生活レベルは、国際機関が通常用いる指標に従えば、同時代の他国に比べ圧倒的に恵まれている。経済先進国G7のメンバーであり、国際社会で果たすべき責任も期待されている。同時に、経済先進国に共通する社会的風潮を日本も共有している。それが過剰生産・過剰消費、つまり物質主義（materialism）であり個人主義（individualism）である。

世界的視野でみれば、日本社会には物があふれ、人々は快適な衣食住環境を享受している。清潔な水、安全な食品は苦もなく手に入れられ、世界各国の料理を東京に居ながらにして堪能でき、教育、医療、福祉環境をはじめ生活基盤であるインフラストラクチャーも整備されている。際限のない人間の欲望は消費意欲として現れ、それに応えるために新たな商品モデルが次から次へと投入され、発達した流通網のおかげで欲しい商品は素早く手元に届けられる。そして、さらなる欲望がかきたてられる。このような社会にあって、人々の幸福はしばしば所有によってはかられる。多く持っていることが幸せだという図式が社会標準化している。このような物質主義・所有主義はただちに経済至上主義へと移行する。経済力が幸福の指標となり、人々はいかにしてお金を生みだし所有するのかという拝金主義へと突っ走る。偶像崇拝は歴史を通じて常にみられるが、現代の日本社会は経済的に発展しているがゆえに、成功者になるのは誰でも可能であるかのような幻想と誘惑が常に渦まき、お金という偶像がますます魅惑的に光り輝き闊歩する。

　経済至上主義社会は、また個人主義を蔓延させる。他者よりも自分が大切なのは人間の常だが、他者を顧みず個人の幸福を追求する態度は、社会全体の規範意識やモラル意識の低下とともに、批判されるどころか当然視され、場合によっては憧憬の的とさえなる。個人主義という言葉は利己主義《エゴイズム》をオブラートに包んだ表現だが、指している現象は同じである。個人主義はしばしば権利、自由、自律という言葉を盾にしてみずからの主張を正当化するが、そこでの権利は自己の権利の過剰な主張、自由は無責任な利潤追求、自律は自己責任として弱者切り捨ての言い訳の隠れ蓑に使われる。共同体の助け合いや社会の共通善への関心よりもまず自分が最優先であり、たとえば、現在の快適な生活維持のためなら環境問題は先送りとされる。環境破壊が続けば自分たちの子孫を環境弱者にしてしまうとわかっていても、遠い未来は現実感に乏しく、地域共同体どころか自分の未来の子孫との連帯性さえ無視して、今の自分の利便性を追求する。

　このような個人主義・利己主義は、往々にして他者、特に社会的弱者からの搾取に結びつく。積極的に他者から奪う積極的搾取と、他者が享受して当然の権利や環境が与えられていない状況に無関心あるいは傍観する受動的搾取の二つの搾取が横行する。東京のような都会においては、飽食の末に捨てられる残飯によってカラス社会は繁栄する一方、餓死した親子の遺体が発見される。都市における貧困、女性の貧困、子どもの貧困は深刻化し、教育を受けられない子ども、医療を受けられない貧困者、福祉のセーフティネットの網の目からこぼれ落ちていく弱者が多数存在している社会は、聖書に描かれている世界の現実と重なる。毎日ぜいたくに遊び暮らしをしていた金持ちの門前にたたずむできものだらけのラザロ（ルカ16・19－21）、一二年間出血が止まらず全財産を使い果たした上に誰にも治してもらえず苦しむ女性（ルカ8・43）他、重い皮膚病を患っている人、目のみえない人、水腫を患っている人など、日本社会の中に確実に存在しているが、彼らは無関心の犠牲となる。パウロはコリントの教会を叱責した。というのも、「食事のとき各自が勝手に自分の分を食べてしまい、空腹の者がいるかと思えば、酔っている者もいるという始末」であり、「神の教会を見くびり、貧しい人々に恥をかかせようと」している教会は、「一緒に集まっても、主の晩餐を食べることにはならない」（1コリント11・20－22）からである。社会も同様である。私的所有権を自然権の一部として教会は歴史的に是認してきたが、現在の状況は教会の想定を超えており、教会はしばしばこの現実を破廉恥《スキャンダル》だと非難している。[6]社会として何かが壊れている、いびつでありおかしい、病んでいると、ある人は明確に、多くの人は薄々気づいているのに、個人主義の誘惑から逃れられない人間の業の深さが日本社会の現実を支配している。

(2) 教会の現状

日本のカトリック信者数は一九七九年に四〇万人を超えた後は微増を続け、一九九六年に四四万人になり一時四五万人を超えた時もあったが（二〇〇四年）、現在にいたるまで四四万人台を維持している。日本の総人口に対するカトリック信者率でいえば、二十一世紀はずっと〇・三五％台を維持していたが二〇一三年には〇・三四％台に落ちている。[7]これは統計上の数字なので、実際には洗礼を受けたが教会を離れた人、かなりの数に上ると推測されるカトリック移住者・滞在者などは統計に含まれていない。いずれにせよ教会が日本社会の少数派であることは間違いない。世界人口の約一七％がカトリック信者という現実を身近に感じにくい社会である。

しかし、カトリック教会の日本社会における存在感は、信者数が千人に三〜四人という割合に比してずっと大きい。それはひとえにカトリック教会が西洋文化の構成要因だからである。近代から現代にかけて日本社会は、欧米から政治経済はいうに及ばず、教育・文化の面でも多くを学び、また日本が外交上渡り合ってきた相手はアジアではなく欧米が中心であった。日本が西洋と本格的に出会ったのは一五四九年のフランシスコ・ザビエルの来日からであり、この時代、日本人が出会った西洋人の多くは宣教師である。宣教師たちは自分たちの文化を日本に持ち込み、また日本からは四人の少年の天正遣欧使節（一五八二〜九〇年）がヨーロッパ各地をめぐり西洋文化をみずから持ち帰った。なかでも発明されたばかりの活版印刷機を初めて日本に持ち帰ったのは、彼らの大きな文化的貢献であった。その後のキリシタン弾圧を経て、明治維新後キリスト教が日本で活動を再開した際、キリスト教は日本社会に教育と文化の面で多大な影響を与えた。日本の近代化は西洋化でもあったが（脱亜入欧）、政府は科学的知識と技術の導入は熱心に行う一方、宗教には慎重な態度を示していた。しかし、早くからキリスト教系学校が設立され、教育や福祉を通じて教会は社会に浸透し、また西洋文化の流入は間接的に日本人とキリスト教との接触でもあった。

現在でも、日本社会では信者数以上にキリスト教に触れている人々は圧倒的に多い。日本史ではキリシタン史という分野が確立されており、なかでも多くの殉教者と潜伏キリシタンという世界史的にみても特異な現象が内外からの研究対象となっている。教育の分野では現在でもカトリック学校は一定の社会的評価を受けており、社会の指導者層や影響力のある人々の中に卒業生の姿がみられる。文化面では、近代日本文学の中にもキリスト教の影響がみられ、またキリスト教文学と呼ばれる一群がある。キリスト教のもとに成立している西洋

6　教皇フランシスコ使徒的勧告『福音の喜び』他、教会の社会教説を参照。
7　カトリック中央協議会『日本カトリック教会現勢』資料による。

文学も日本人になじみ深く、ドストエフスキー、カミュ、グレアム・グリーンなどは根強い人気を誇っている。また、西洋の音楽や絵画への関心も高いが、作品の多くのものはキリスト教の影響を受けている。舞台、ドラマ、映画などでも教会が舞台や背景として用いられる。さらに、ヨーロッパの世界遺産の多くはキリスト教関連建築や遺跡だが、そのツアーの人気ぶりは周知の通りである。教皇の発言や動向は他の宗教指導者よりもニュースで報道される。

このように信者の実数（人口の〇・三五％という数字）以上に日本社会においてカトリック教会は存在感を有している。ただし、教会の日本社会における存在感は教育学問・文化面に限られる。日本人の生活や行動様式にキリスト教が根を下ろしているわけではなく、種々の政治判断の場面においてキリスト教の教えが争点になることも考慮されることもまずない。この面では信者の実数が如実に反映されている。

(3) 教会の課題

以上のように、カトリック教会は信者の実数にまして日本社会に影響を及ぼしているが、ひるがえって、日本社会は日本の教会にどのような影響を与えているのであろうか。ひとつは、グローバル化の波である。政治・経済・文化のグローバル化が猛烈な勢いで進んでおり、日本社会もその波をまともに受けている。経営スタッフに外国人を採用している日本企業はもはや珍しくはなく、日本国内でも社内公用語を英語にしている会社もある。また日本に入ってきたキリスト教は日本の伝統的宗教や霊性と出会った。他宗教との出会いと対話という課題をどのように理解するべきなのか。日本人キリスト者はみずからの文化的・霊性的アイデンティティを見直す作業を避けては通れない。さらに、第二バチカン公会議後の教会のリーダーシップの問題はまだ日本の教会では明確になっていないように思われる。教会の意思決定プロセスは、社会で通常行われている民主的プロセスに慣れている人々にとっては奇異に感じられる。日本の教会が現代の日本という土壌でどのような課題に直面しているのか、三点に絞って、以下素描してみる。

一つ目の課題として、教会の急激な国際化。キリスト教はかつて欧米の宗教として認知され、キリスト教はその教えと同時に欧米の香りをまとった文化的憧れの対象でもあった。一九八〇年代までは、教会＝欧米文化、宣教師＝白人系欧米人という図式が日本人の連想を支配していた。教会の信者はほぼ全員が日本人であり、司祭や修道者・修道女の中に白人系外国人が混じっているという光景が日常であった。しかし近年、教会の光景は変化し、教会内には様々な国の人々がみられる。二つのレベルで考える必要がある。ひとつは宣教師の人種構成が白人系欧米人主体ではなくなり、アジアや中南米、アフリカ出身者にシフトしつつあるという現実である。これは欧米諸国では召命が少なくなり、宣教師を派遣する力がないという事情があり、さらにカトリック新興国であるアフリカやアジア（特にベトナム）の豊かな召命を生かす使徒職のひとつとして日本への派遣という事情もある。もうひとつのレベルは、グローバル化の結果、教会内で海外からの移住者が増加しているという現象である。しかも、その外国人の多くはアジアや中南米出身であり、これは現在の世界のカトリック教会構成人種比を反映している。現在のカトリック信者の七割は欧米以外に居住している。カトリック信者の中で欧米人は少数派なのである。外国人労働者が多い地域の小教区では、日本人信者よりも外国人信者が数で上回っているほどである。日本に派遣された宣教師は日本の教会に同化することを当然求められるが、移住信者は自国の教会文化を日本の小教区に持ち込んでくる。数十年前までは日本語による典礼だけで十分だった小教区でも、移住者の言語や文化に合わせた典礼を行っている。カトリック教会は日本社会で少数派にもかかわらず、その小さな群れの中に実に多様な文化が混ざり合っている。これほどの多様性をもった、これほど小さな共同体は、教会以外で日本社会にあるのだろうか。

異文化を背景とした人々の共同体加入は、信者にグローバル化の現実を体験させる。教会生活でも文化の多様性がうまく調和する場合もあれば、衝突を引き起こすこともある。単一文化の空気の中で過ごしてきた日本人信者は異文化との出会いによって、同じ信仰を共有する教会の普遍性を体験するとともに、文化や価値観の相違からくる難しさをも体験することになる。文化面だけではなく、実際の社会生活においても移住者は困難に遭遇しやすい。ましてや法的保護を受けられない不法滞在者の場合は、かっこうの搾取の対象とされ社会的弱者となる。これらの人々の人権、その子どもたちの教育問題など、法整備だけでは保護できない人々への対応は、教会が直面しなければならない問題である。

移住者も二世になるとまた事情が変わってくる。日本では移住者の多くが日本人と家庭をもつので、二世である子どもたちはいわゆる「ハーフ」となる[8]。ハーフの存在は日本社会の自然な光景の一部になりつつあるが、彼らが直面する特有の問題は依然として残っている。しかし、移住者とその家族は、教会にとって文化的多様性の目にみえる祝福であり希望である。また、教会内の現実としての国際化は、司牧者に求められる資質や条件にも及ぶ。価値観の多様性を排除しない共同体の指導者としての資質が問われ、それは言語能力にもかかわる。奉仕職としての司祭職を果たすためには、日本においても今後ますます外国語の取得は不可欠となる。実際、南米系移民が多いアメリカのカトリック教会では神学生のスペイン語修得を義務づけている。

二つ目の課題として、日本文化、特に宗教・霊性文化との対話。いうまでもなく日本の伝統的宗教や霊性は神道や仏教であり、社会規範として機能してきたのは儒教である。神道は日本古来より存在しており、儒教は五世紀に、仏教は六世紀半ばに日本に伝来し、以来日本で神仏習合などの形態をとって日本の主流派宗教として存在してきた。それは各地に残る神社仏閣の数をみれば一目瞭然であるし、日本の文化のあらゆる面に影響を及ぼしている。日本語は長年の歴史の中で日本の伝統的宗教・霊性の影響のもとでその単語や概念が成立し、思考方法、感性も育まれてきた。日本で生まれ日本語で生活している時点で、無意識のうちに日本の伝統的宗教や霊性の影響を深く受けているのである。

キリスト教はザビエル来日で伝えられた日本の宗教史上の新参者である。そして、既述の通り、キリスト教は現代でも日本社会では少数派である。実数以上の存在感を有しているとはいえ、寺院や神社の存在感にはとうていかなわない。人名・町名、冠婚葬祭、暦、寺院や神社を中心とした街並みや道路造りなど、神道や仏教は日本人の生活にすっかり根づいている。キリスト教は長年、イエス・キリストへの信仰の排他的絶対的主張を掲げていたので、キリスト教以外の諸宗教はすべて邪教であり排斥すべきものとしてきた。第二バチカン公会議でようやく他宗教への寛容的姿勢をとるようになったが、そもそも日本社会で教会は少数派である。その教会が唯一の救い主イエス・キリストを声高に叫んでも無視されるか、現実を知らない無知な独善主義だと憐れまれるだけである。教会が日本社会でまずしなければならないのは、日本文化や伝統的宗教に学ぶことであり、対話することである。自分の主張を絶対化する宗教を日本人は感性的に拒否する。日本は、西洋のように排除する文化ではなく、包み込む文化なのである。もちろん、キリスト教のアイデンティティが歪曲される形での宣教では意味がない。逆に日本人がみずからの文化的アイデンティティを捨てなければキリスト教徒になれないのもおかしい。それはキリスト教の普遍性と矛盾する。実際には、日本人がみずからの文化的アイデンティティを捨てることは不可能であり、その文化には儒教、神道、仏教的なるものが分かちがたく入っているのである。キリスト教のアイデンティティや本質を保持しつつ、日本文化に根づく教会のあり方を探ることが

8　「ハーフ」という呼称をめぐり差別的だという議論がある。代替用語として「ダブル」や「ミックス」という言葉も提案されているが、どれも問題点なしとはいえない。現在のマスコミ等での使用状況に鑑みてここでは「ハーフ」という言葉を用いるが、むろん、差別的意図は一切ない。

必要不可欠となる。教会は、卑屈な形ではなく、自分たちが少数派であるという自己認識を常にもつ必要がある。教会全体が世界的な巨大宗教組織だとしても、それは伝統的キリスト教圏に行き、そこかしこに教会建造物をみて初めて実感できるのであり、日本人の日常の生活の場においては神社仏閣や道祖神の風景がまさにそれに当たる。日本文化や霊性と対話しながら、日本人に理解可能な宣教のメッセージや教会のあり方を示す必要がある。これは日本の教会の最優先の課題である。

三つ目の課題として、カトリック教会のリーダーシップのあり方。現在の日本は民主主義国家であり、人々はその価値観の中で生活し、様々な場面での意思決定において民主的方法がとられる。共同体のリーダーの選出もリーダーシップの発揮の仕方も民主的である。しかし、教会内の意思決定プロセスは異なる。第二バチカン公会議は近現代のカトリック教会にとって画期的な公会議であった。教会の抜本的刷新の道が示されたのである。この大きな変化は、教会内に様々な混乱を生み、まだそれは続いている。そのひとつが、教会のリーダーシップのあり方である。カトリック教会の制度構造としての最大の特徴は位階制である。位階制の中で司教は司祭職の充満と定義づけられ、司教と司祭が聖職者と呼ばれる。公会議前の教会では聖職者の主要な任務は秘跡の執行、特にエウカリスティア（いわゆるミサのこと）の執行であった。秘跡中心主義の教会理解ということもあり、聖職位階は教会内で身分制度と同一視されていた。教会以外の通常社会では民主的組織運営がコンセンサスになっていたが、いわばアンタッチャブルな世界である教会で、司教や主任司祭の決定は絶対であり信徒は従うしかなかった。

しかし、公会議後、教会にも新しい風が吹き、新しいリーダーシップのあり方が求められるようになった。聖職者も信徒も、共に共同体を作り上げる兄弟姉妹であり仲間であり、教会の意思決定システムも委員会や評議会を経るなど民主的制度は整えられた。しかし、この変化に司祭も信徒も戸惑った。主任司祭は小教区のリーダーであり責任者である。しかし、主任司祭は自分に託されている小教区運営にどこまで信徒の意志を反映させるのか。信徒は教会運営に関してどこまで自分の意見を出せるのか、出してはいけないのか。信徒使徒職について公会議は励ましたが、どこまで認められるのか。信徒は司教や主任司祭の決定に反論したり、拒否する権利はあるのか。また、聖職者の身分に相応な言動と不相応な言動の境界線はどこにあるのか、それを決めるのは誰か。司教の言動のどこからが教会の教えでありその適切な範囲はどこまでか。司教や司祭個人によってその境界線が異なるため、信徒は戸惑い教会のリーダーシップがゆれることになった。その結果は、教区民の不満であり、不信である。そのため、過度に攻撃的になる人や防御的になる人、教会や位階制の権威をふりまわす人、問答無用で昔ながらの独裁主義的司祭像をおしつける人が出てくる。これは聖職者と信徒の双方ともにみられる。教会に秘跡生活や典礼活動を求める人は典礼が簡略化され外の活動団体の声が入り込みすぎて教会から神秘性や聖性、信心が失われたと嘆き、社会奉仕の活動に信仰の証を見出す人はいまだに自分の救霊だけを熱心に祈っている内向きな信徒がいると憤る。共同体も人間の集まりなので完全な共同体は不可能である。ただ、不平より笑顔が少しだけ多い共同体なら形成可能であり、それは共同体のリーダーの責務である。教会のリーダーシップが問われている。

日本のカトリック教会は社会の構造変化にともないみずからの構造変化―制度としても、考え方としても―を否応なく迫られている。そこに第二バチカン公会議が示した新しい教会共同体のあり方も未消化のまま残り、混乱が続いている。先進国の教会のご多分に漏れず、日本の教会も召命が減り続け増える見込みはないが、それに向けて十分な準備ができているわけでもない。信徒使徒職の活用といっても、信徒が聖職者の代わりにはならないし、それが信徒使徒職の考えの真意ではない。現代社会に伴う固有の現象、そして非キリスト教文化である日本、この二つの挑戦の中に日本のカトリック教会は時代の課題とともに投げ出されている。二千年の伝統の中で保持し伝承してきたアイデンティティと、求められる変化の狭間で、日本の教会はみずからの使命を確認しなければならない。

三　教会論の方法論

教会論の対象としてのローマ・カトリック教会、その教会をとりまく環境、そして日本の教会の課題をみてきた。教会は、復活したイエス・キリストから託された福音宣教という使命を、この世界内で、神との人格的交わりを通して果たしていく共同体である。その使命の完成である救いはこの世を超越した彼岸においてのみ到達される。その意味で、教会は世界にありながら同時に世界を超えている。つまり、人間集団という社会的現実であると同時に神という超越的存在と結びついている神学的現実が共存する統合されたひとつの共同体なのである。このような二重構造をもつ教会を考察する際、社会学的・歴史的アプローチと神学的アプローチの両方が必要となる。教会はプラトンのイデア的実在ではなく具体的な歴史の中に存在すると同時に、その存在基盤を神から遣わされたイエスのメッセージにおく。この教会を考察する際、次の二つの観点に着目する。一つ目は、教会の「自己理解」（self-understanding）の展開としての歴史であり、二つ目は、教会の「秘跡性」（sacramentality）、つまり世界内の次元と超越的次元を仲介する教会のシンボル機能である。

1　自己理解の展開としての歴史

教会のみずからの使命と本質を、周辺社会との関係の中で、どのように理解し、それを表現・実現していったのか、その歴史を通じて示される教会のアイデンティティを確認する。この教会の歴史はまさに神との交わりの歴史である。集団や共同体はどのように自己を理解するのであろうか。それは、個人が自己理解を形成するプロセスと似ている。人は自己理解のために自己という主体と他者を比較し自己の固有性を把握し、所属集団によってアイデンティティを確認し、自己の使命によって存在目的や価値を見定める。

たとえば、男性であれば女性ではない。日本人であれば中国人でもアメリカ人でもなくその他の国民でもない。大学教授であれば、会社勤めでもなければ自営業に従事しているわけではない。四十代の働き盛りであれば、人生のより多くの可能性が広がっている十代の若者でもなければ老後を過ごす高齢者もでもない。妻と娘・息子がいる夫や父親であれば独身者とは異なる責任がある。自分が他者とどこがどういうふうに異なるかによって自己の固有性が意識される。そして、その自己理解やアイデンティティは所属する集団・共同体によって補強される。カトリック信者であれば主日の典礼に参加するなど教会の習慣に従うことを意識し、アメリカ人であればどこの国に住んでいようと七月四日の独立記念日は特別の日であり、夫や父親であれば妻や子どもの記念日は自分の予定表の中で優先順位のトップに置く。さらに、そのような自己に求められている期待にそった行動を、長期・短期的に果たすことによって自己の使命と未来へのビジョンを確認し、存在目的や価値（生きがい）を味わう。このように自己理解やアイデンティティは常に他者との関係の中で確認され、必要な修正が施される。教会も同様である。ユダヤ教内のいち運動だった集団がキリスト教としてユダヤ教から分離したのは、この集団の独自性もありながら周囲が彼らを「キリスト者」と呼んだからであり（使徒言行録11・26）、その後も教会は周辺社会の思想、制度、政治環境と対峙し、あるものはアイデンティティの表現や深化のために採用・吸収し（典礼や位階制）、別のあるものはアイデンティティを危機にさらすものとして拒否した（異端思想）。変化する歴史的環境の中で柔軟に対応し、必要な制度変更や構造変化を加え、考え方のある部分を周囲に適応させながら、教会は自己同一性を保持してきた。そしてこの自己同一性にはイエス・キリストから派遣された共同体としての超越的次元が含まれる。その教会が世界内において、何を期待され、それに対してどのように応えてきたのか、そこに歴史における教会の自己理解が現れる。

教会の自己理解は、歴史内存在として時代の要請や環境に無縁ではない。同一性を保ちながらも常にその影響を受け、その刺激のもとで形成される。よって歴史の中で教会は、それまでの背景や同時代からの社会的要請、さらには未来へのビジョンや目標によって多様な姿をみせる。それらは教会の同一性の多様な表現である。二十世紀後半活躍したアメリカの神学者ダレスは『教会のモデル』(Models of the Church) という著作で、教会をモデルに区分して提示している。[9] ダレスは教会をまず五つのモデルに区分する――①「制度としての教会」(The Church as Institution) ②「神秘的交わりとしての教会」(The Church as Mystical Communion) ③「秘跡としての教会」(The Church as Sacrament) ④「御言葉を告げるものとしての教会」(The Church as Herald) ⑤「奉仕者としての教会」(The Church as Servant)。各モデルには成立した歴史的かつ神学的背景があり、各モデルが好まれた時代的かつ社会的背景があり、それぞれの長所と短所が指摘される。またキリストの教会の中でもカトリック教会が好むモデル (①②③⑤)、プロテスタント教会が好むモデル (②④⑤) がある。これら五つの要素はいつの時代の教会にも備わっており、相互に排他的ではない。ダレスはその著作の拡大版で各々の教会モデルを包括するようなもうひとつのモデルを加える。それが「弟子たちの共同体としての教会」(The Church: Community of Disciples) である。

弟子という単語は新約聖書、特に各福音書では特別なニュアンスで用いられるが、ここではイエスの「わたしに従いなさい」という呼びかけに従い「仕えられるためではなく、仕えるために来た」キリストの模範に倣う全キリスト者のことを指す。[10] その従い方は人によって異なるが、聖書が強調するのは、受難に向かうイエスと共に歩むことであり、時には牢屋に入れられ、追放され、死さえ覚悟しなければならない。そのような迫害や社会生活上の困難がなくなった時代になると、今度は弟子としてのイエスへの追従は内面化され、忍耐、貧しさ、謙遜、執着からの離脱、貧しい人や飢えている人々への奉仕などによってイエスの弟子としてのあり方が強調されるようになる。また抑圧的権力者が支配する社会においては、貧しい者への愛、抑圧や不正義の拒絶がイエスの道であり弟子の道である。イエスの名によって集まる人々のところにイエスは臨在し、また聖霊の注ぎによってイエスは普遍的に臨在している。このイエスに従う弟子の共同体は、イエスへの礼拝のために「集う」と同時に、各人が各地域へと「派遣される」共同体でもある。教会は弟子を集め派遣する。この教会モデルは、包括的でありすべての人に開かれているという意味で現代において受け入れられやすい。

2　シンボルの機能

教会に限らず何かを神学的に理解し表現する際には、常にあいまいさがつきまとう。それは神学的考察の対象が超越的次元を含むがゆえに、イメージやシンボルでしか語ることができないからである。[11] その意味ではあらゆる神学言語は類比的である。人間にはピンポイントで神をあますことなく表現できる言語は与えられていない。弟子たちも彼らのイエス理解を当時の宗教環境の中の宗教言語で表現するしかなかった。「キリスト」「救い主」「主」「あがない主」「人の子」「来たるべき方」「神の子」など。教会も同様で、現代において理解可能なイメージやシンボルを用いて表現される。たとえば、「神の民」「キリストのからだ」「聖霊の神殿」など。

9　Avery Dulles, *Models of the Church, expanded edition* (New York: Doubleday, 1987). 本著作は一九八七年に出版されたが、その際は五つのモデルが提示されていた。その後、さらに新たな教会のモデルをひとつ加えた拡大版が出版された。
10　教皇ヨハネ・パウロ二世回勅『人間のあがない主』（一九七九年発表）カトリック中央協議会、一九八〇年、21。
11　ここでシンボル論を詳細には扱わないが、シンボルはconscious symbolとconcrete symbolに区分される。前者は文字通り意識化させるシンボルであり、後者は実存的出会いを可能にさせるシンボルである。以下を参照。Roger Haight, *Dynamics of Theology*, (New Jersey: Paulist Press, 1990), 129-166.

シンボルは、そこに存在し知られているもの以外の何かを仲介する。シンボルはそれを通して、それ以外の何かを現実化し、知られるようにする。それゆえ、シンボルはその機能ゆえに究極的なものや超越的なものを指し示すことができる。シンボルはサインとは異なる。ピクトグラムや標識のようなサインも、指し示す機能をもつが、指し示すものを現実化し体験させるわけではない。シンボルはそのシンボル自身以外の何かを現臨させ現実化させる。シンボルはある特定の集団において体験され受容されたものから派生する。決してアトランダムに何でもシンボルになるわけではない。雄大な山の景色や樹齢何千年の樹木を見て人は感動し、「霊峰」や「ご神木」として祀る。それは、山は山でありながら山ではない超越的存在を、木は木であることをやめずに木ではない神秘的存在を人々に出会わせるからである。この場合、山や木は神的存在のシンボルとなる。教会もその意味で、超越的次元の神的存在をこの世界内において人々に仲介し体験させるシンボル—キリスト教神学用語でいう「秘跡」—である。

わたしたちの日常はシンボルであふれている。高層建築物を目の前にする時、人々は地上からのメートル数よりも、その建造物を可能にした技術、資力、社会的ニーズを感じ取り、都会のシンボルとして認識する。人間以外にとってその建造物は行く手を阻む障害物以外の何ものでもない。猫は高層建築物に決して感動しないし興味を示さない。結婚指輪は二人の愛を示すシンボルであり、愛がなくなればその指輪はただの金属の一片になる。それゆえ、指輪をはずし捨てる行為は二人の関係を終了させることを意味する。犬は首輪そのものには決して飼い主の愛情を見出さないし執着しない。花束、カード、記念日の贈り物、すべてただのモノである。が、ただのモノではない。人はそこにモノ以上の意味を見出し大切にする。送り主の思い、愛情、気づかい、配慮を見出す。送り主が物理的に自分と一緒にいなくても、いきいきとその存在をシンボルを通して感じ取る。シンボルになるのは、モノだけではなく、人と共有した場所であったり、時間（記念日など）、出来事、味覚、メロディ、かおり、手触り、デザイン、文章、物語《ストーリー》、人物など、人が五感で触れられるものはどれでも可能である。シンボルは二人だけで共有される場合もあれば、家族、集団、共同体、国家、民族、人類単位でも可能となる。

そして、シンボルがシンボルとして成立するのは、同じ記憶を共有している者同士においてである。また、シンボルはまったく異なる現実を同時に臨在化させることもある。あるデザインが特定の集団にとって誇りと喜びの感情を喚起し、同時に別の集団にとっては憎悪と憤怒の感情を思い起こさせる。そのデザインが、それぞれの集団の記憶を通じて同じ出来事にアクセスしながらも、その出来事のもつ異なる意味を、そのシンボルを通じて現在化させるからである。国旗や十字架などの集団のシンボルはそれに触れる人々の集団的記憶によってまったく異なる意味をもちうる。ある人々にとっては栄光と感謝のシンボルであり、別の人々にとっては屈辱と暴力のシンボルである。それゆえ、同じシンボルに同じ意味を見出す者同士が「仲間」「同胞」となる。それは民族の歴史（記憶）であったり、聖地であったり、時間（建国記念日など）、デザイン（国旗やマスコット）、宗教などである。ある国の大使はその国のシンボルゆえに、その大使への侮辱はその国への侮辱になる。そしてシンボルは承認を伴う。愛し合う二人の指輪は二人がその意味を同意・承認して初めて愛のシンボルとなる。関係が終了した二人にとって、指輪はもはや二人の愛をそこに現存させない。よみがえるのは過去の記憶だけである。シンボルの共有を人々は様々な形で確認する。ドレスコードやタブーの共有によって、また子どもの卒業式や友人の結婚式などの人生の節目の式に臨席することによって、人は「家族」「仲間」なのか、「他人」なのかを確認する。だからこそ、歴史の共有はその団体のアイデンティティを確認するために重要なのである。地球上の現象や発生した出来事はひとつであり、その出来事は誰が直面しようと同じ出来事である。しかし、その出来事の意味の共有がその集団への所属・非所属を分ける。

さらにシンボルは、その意味が可変的である。屈辱の体験を示すシンボルが和解と未来への希望のシンボル、そして人間の尊厳の誇りへと変わりうる。人生のどん底の象徴だった場所が再生の象徴へ、屈辱の色がプライドを示す色へと変容する。ローマ帝国の政治犯の残酷な処刑道具である十字架が、キリスト教においては救いのシンボルへと変容したのは典型的例である。[12] それはシンボルがもつ柔軟性である。そこには人間の自由が根本的にかかわってくる。シンボルをシンボルたらしめるのは結局人間である。そして、そのシンボルは人を生かすこともでき、殺すこともできる。シンボルは生きている人々に直接働きかける。それが、シンボルは仲介するものを現在化させる、という意味である。

3　神の決定的シンボルであるイエスと教会

宗教においてシンボルは決定的な役割を果たす。宗教の対象がシンボルによってのみ仲介可能だからである。宇宙的・自然的シンボル（太陽、聖なる山、水など）、人格的・歴史的シンボル（民族、出エジプトの出来事など歴史上の体験、十字架など）、芸術的シンボル（神殿、像、絵画、イコンなど）、文字や言葉・物語の登場人物によるシンボル（創造神話や失楽園物語など）、行動において示されるシンボル（典礼、秘跡など）。さらに、義化や実体変化などの神学用語や宗教言語は前記のシンボルから派生する類比的説明である。キリスト教において神の決定的なシンボルはイエスである。イエスの生涯、特に受難、死、復活を通じてある人々は神に出会った。イエスは神をこの世界に現在化させたのであり、人々に神からの救いを仲介し、体験させたのである。

イエスは神の具体的シンボルである。これがカルケドン公会議（四五一年）のキリスト論定式の真意である。霊としての神はイエスの物理的肉体のみをまとって現存したわけではなく、意識を含めた統一体としての人間イエスに神の霊が現存している。生きている「わたし」は肉体を有する。しかし、肉体がわたしではない。事故などで肉体の一部が欠損してもわたしが欠けるわけではない。その意味で、わたしは肉体のみではない。しかし、肉体なしにわたしは自己表現不可能である。肉体なしにわたしはわたしではない。これが肉体とわたしの弁証法的緊張関係である。[13]そして、ここに受肉の神秘の意味があり、イエスという神のシンボルに内在する弁証法的緊張関係がある。イエスはまことの神、まことの人であるというカルケドンの定式は、神がイエスの人生全体において臨在したことを説明する。イエスはまことの人という意味では神ではない。[14]しかし、単にサインや預言者として神を指し示す以上の存在である。イエスは神を指し示し表現しただけではなく、その言葉とわざによってこの世界内において神をいきいきと人々に体験させた神のシンボルなのである。それゆえ、「わたしを見たものは、父を見た」（ヨハネ14・9）のである。イエスという歴史上の唯一無二の存在において神と出会ったという弟子たちの体験は、一度限りのもので撤回不可能であり、それゆえ不可逆的である。だから、イエスは神の啓示の頂点なのである。永遠が、今、ここに、現実化するという弁証法的緊張関係がイエスという人格において実現したのであり、それがカルケドンの神・人定式の意味である。

12　別の例としては、一九六〇年代のアメリカの公民権運動の高まりとともに、それまでアフリカ系アメリカ人への差別用語であった「ブラック」という人種的特徴を、彼ら自身が民族の誇りとして強調するBlack is beautiful というスローガンに用いたことがあげられる。

13　信仰宣言の「からだの復活」という表現も、この弁証法的緊張関係を前提にして初めて理解可能となる。からだはわたしという自己意識を形成するものであり、全人格としてのわたしが復活する（永遠の命に入る）ことを意味する。

14　ラーナーはこの問題を「である」定式の問題性として指摘している。「イエスは、われわれが『イエス』と言うときに見る人間性においては、神『である』わけではない。また神はその神性においては、実際の同一性の意味で人間『である』わけではないのである。（中略）キリスト論の『である』という言い方、『唯一かつ同一のキリストが神であり人である』という言い方は、その日常用語の『である』とあたかも同列に並ぶかのように思われ、それゆえに、常にそこから生じる誤解の危険にさらされている。」カール・ラーナー『キリスト教とは何か』百瀬文晃訳、エンデルレ書店、一九八一年、384～385頁。つまり、「ペトロは人である」の「である」と、「イエスは神である」の「である」は、まったく異なる性質の述語だということ。

教会も類比的に同じことがいえる。教会はこの世界における神の臨在のシンボルであり、人々は教会を通じてキリストに出会う。つまり、キリストが教会において現実化しているという意味で教会は秘跡的なのである。イエスの名によって数名が集まるところ（人というシンボル）にイエスが現存するのも、聖体（パンというシンボル）の中にキリストが現存するのも、愛徳のわざ（行為というシンボル）においてキリストが現存するのも同じ意味である。そしてそれらは信仰の同意のもとで初めてシンボルとして機能し、意味をもつ。信仰の同意のないところで秘跡は意味をもちえない。究極的にはそれら諸々のシンボルの統合であり象徴である教会というシンボルを通じて人々は神に出会っているのである。それゆえ、教会は建物ではない、場所ではない、祭壇でもない、ステンドグラスでもない、ろうそくや聖歌やパイプオルガンでもない。それらを通じて、あの具体的なひとりの人が想起され、その死を含む生涯を通じて示された神を、共同体の記憶を通じて、今、この現実の中でいきいきと出会う場なのである。だからイエスは教会の中で今もわたしたちと共にいるといえるのである。本当に死んだ人間は、生きている人間を励ましたり、希望を与えたりすることはできない。「わたしは世の終わりまで、いつもあなたがたと共にいる」（マタイ28・20）。イエスのこの約束は教会において確かに実現している。

世界の中で、世界を超えて

教会は超越的次元を有する宗教共同体であり、それゆえ地上の他の共同体と区別される。人間的なものと神的なものが交錯する場として、罪と恵み、聖と俗によって織りなされてきた。ローマ・カトリック教会は地上の共同体として具体的な構造や制度をもち、歴史を生き抜いてきた。構造や制度は絶対的ではない。変わりうる。しかし、構造や制度なしの共同体は歴史を生き抜くことはできない。その意味で、構造や制度は教会の自己表現のひとつであり、アイデンティティの現れである。教会は歴史の中でそのアイデンティティを展開してきた。過去の姿をたどることは教会の自己理解をたどることであり、教会のアイデンティティを確認する作業でもある。では、教会がどのようにして自己の使命と本質からそれることなく、歴史を超越したキリストの救いの神秘を歴史の中で仲介し続けるシンボルとして存在し続けることが可能であったのか、次章からみていく。

第二章 イエスと教会―イエスから新約聖書時代まで―

イエスは教会の「原理」（principle）である。この原理という言葉には二重の意味が含まれる。ひとつは「起因」であり、もうひとつは「原点」である。現在キリスト教といわれる宗教をイエスは直接創設したわけではなく、その意図ももっていなかった。それゆえ、現在教会と呼ばれる組織もイエスみずからが設立したわけではなく、その制度も直接制定したわけではない。それにもかかわらず、イエスなしにキリスト教は誕生しえなかったし、イエスの思想を保持伝承する共同体である教会も存在しえなかった。イエスはキリスト教の直接の創設者でもなく教祖でもないし、その意味で教会の創立者でもない。しかし、イエスはキリスト教やその教会の唯一無二の発生根本原因であり、教会はイエスに起因する。

また、教会は発生時点においても、その後の歴史においても様々な展開を経ていく。その際、時には周辺社会と対決・対立し、また時には周辺環境から影響を受けみずからの組織や自己理解に同化させていく。しかし、教会が何を伝え、みずからをどのように表現し、そして修正・刷新していくのかその基準かつ規範は、常にイエスの思想であり行動様式である。イエスは教会がそのアイデンティティと存在目的に立ち返る原点である。教会の起因であり原点であるという意味で、イエスは教会の原理なのである。この章では、イエスと教会の関係、そして発生したばかりの教会の自己理解についてみていく。そこで、現在の教会制度を絶対化することなく、現在にいたる教会の原理が明確化され、その原理が初期の共同体のダイナミズムから確定されたことを目指す。

一　イエスからキリスト教へ

1　キリストと告白されるナザレのイエス

歴史上のイエスは紀元前四年頃、ユダヤ教徒の母マリアと父ヨセフの子として生まれ、パレスチナ北部のガリラヤ地方で育ち、成人後しばらくたってから「神の国」の宣教を地元周辺で行い、一時は弟子や賛同者・共鳴者を得た。が、宣教活動の結果、当時のユダヤ教当局との軋轢を生み、エルサレムで逮捕され、ほとんどの弟子は離散し追従者からも見放され、ユダヤ教から宗教的冒瀆者として死刑判決を受け、ローマ帝国の政治犯の処刑方法である十字架で殺された。[1]イエスの死後、離散した弟子たちは復活と称される何らかの宗教体験を経て再結集し、「イエスはキリストだ」という信仰を告白し始めた。その信仰のもとに結集した人々の宗教運動が発生し、その共同体が形成された。その共同体は当時の地中海沿岸に伝播し、当初はユダヤ教のいち分派だった宗教運動は民族や文化の枠を越えてキリスト教と認知されるようになり、その共同体が教会と呼ばれるようになった。以上が、イエスという人物のおおまかな人生略歴と、教会誕生の歴史的経緯である。この歴史的経緯において三つの点に注目したい。

1　当時ローマ帝国の支配下にあったユダヤ人たちにはゆるやかな自治が認められていた。しかし、彼らには死刑判決を下せても執行権は与えられていなかった。そこで、ユダヤ人たちはローマ帝国に対する政治犯としてイエスを総督ピラトに訴え、彼は十字架で処刑された。

一つ目は「ユダヤ教性」。イエスはユダヤ教徒であり、ユダヤ教という宗教伝統の中で育ち、みずからの宗教的確信を醸成していった。弟子たちも初期共同体に参加した人々もユダヤ教徒であり、共同体の自己理解もユダヤ教枠内で形成されていった。イエスも初期共同体もみずからをユダヤ教枠内に位置づけ理解していた。しかし、この共同体は歴史の中でそのユダヤ教性を脱ぎ捨てていくことになる。

二つ目は「一世紀初期のユダヤ教」。どの宗教も共同体も歴史の中での変化は免れない。その原因が内的要因ということもあれば、外的要因ということもある。ユダヤ人は捕囚期以降も、周辺諸国の侵略を受け続け、それゆえバビロン捕囚など外国への強制移住時に民族宗教としてのアイデンティティを保守するための工夫をイエスの時代はローマ帝国の属州であった。また、ユダヤ教はパレスチナという土地と結びついた宗教であり、余儀なくされた。先祖の土地への帰還後にはアレキサンダー大王の東方大遠征によってその支配下に入り、ユダヤ教はヘレニズム文化の影響を否応なく受ける羽目になる。そのような外的要因の影響で、イエス時代のユダヤ教は民族宗教としてのアイデンティティ保持のひとつの手段として「律法遵守」が大切にされており、外国からの度重なる侵略という歴史を理解するために「黙示思想」を発展させた。イエスは当時のユダヤ教権威との律法理解をめぐって殺され、イエスの死の意味の解釈を弟子たちは黙示的終末思想から援用し、当時の地中海沿岸のヘレニズム文化は初期共同体の宣教活動の触媒として機能していく。[2]

三つ目はイエスの宣教内容の中心である「神の国」。「神の国」思想はキリスト論で論じられるべき非常に重要な中心概念であるが、教会論をテーマとする本書では次の通りに要約しておく。「全世界の創造主で父である神は人々を含む全被造物を愛し慈しむ方である。その神が神として支配する世界」。具体的な地域を指す地理的概念でもなければ、統治システムを指す政治・経済・社会的概念でもない。そのような「状態」を指す宗教的概念である。イエスはこのメッセージを、みずからの「言葉」と「わざ（行動様式）」で人々に伝え、体験させた。マルコ福音書のイエスの第一声は「時は満ち、神の国は近づいた。悔い改めて福音を信じなさい」（マルコ1・15）である。神の国は「到来しつつある」（already）が「まだ完全には到来していない」（not yet）のである。「神の国」はすぐにでも到来する終末的思想であり、イエスはその到来の準備を人々に告げるカリスマティックかつ終末的預言者として描かれている。[3] イエスが呼び集め使徒と名づけられた十二弟子の数も、従来のイスラエルの十二部族に代わる終末の新しいイスラエルを表す象徴とみることができる。[4]

キリスト教や教会の誕生には、内外の要因が相互に複雑に絡み合っている。イエスが確信しその宣教のために命をかけて伝えた「神の国」というメッセージがもつ思想的ダイナミズムは、もともとユダヤ教からその発想を得ているが、その思想をみずからの人格と統合して生きたのはイエスのオリジナルである。そのイエスの思想を受け継いだ初期共同体はユダヤ教内のいち宗教運動として発生したが、ユダヤ当局の迫害によってパレスチナから追い出された。しかしその結果、当時の地中海沿岸の種々の環境的要因もあり、いち民族宗教運動という殻をみずから破り普遍的宗教へと発展していったのである。前記の概略をさらに詳しくみていく。

2　イエスからエルサレム共同体へ

イエスの時代、ユダヤ教にもサドカイ派、ファリサイ派、エッセネ派などいくつかのグループが存在してい

2　初期共同体の宣教にかかわる要因は他にもたくさんある。パウロという人物を得たこと、一世紀以降続いた「ローマの平和」という一五〇年間以上戦乱がない安定した時代のおかげで人的交流や物流がスムーズに行えた環境、地中海沿岸の各都市にユダヤ人ディアスポラ（離散共同体）が存在していたことなど、である。

3　イエスの時代に死海西岸で共同生活を営んでいた「クムラン教団」の存在が確認されている。この教団は終末を強く意識して極端な禁欲生活を送っていた。終末思想自体は、イエスの時代に黙示思想などを通じてユダヤ教内で流布していた。

4　この十二人を基礎とした使徒グループがのちの教会へと発展したという理解から、十二使徒が「教会の柱」と表現されるようになる。

たことが証言されている。[5] ユダヤ教という枠内におさまりつつも、各グループは固有の律法解釈、教え、生活スタイルがあり、自分たちだけが救われると信じていた。イエスの論敵として福音書に登場するのはサドカイ派とファリサイ派である。各グループが争う状況の中で、イエスは当時の社会的周辺に追いやられていた罪人《つみびと》や徴税人[6]を含めたイスラエル全体に「神の国」メッセージを呼びかける。民族宗教としてのユダヤ教は救いの対象を律法遵守のユダヤ人と理解していた。異邦人と接触している場面も福音書には含まれているので、イエスが彼らを排斥したわけではないと考えられるが、イエスの呼びかけの対象もおもにイスラエルの民であった。しかし、イエスの律法や異邦人に対する理解や態度は、その後の異邦人宣教の基礎になったと考えられる。

イエスの死後、弟子たちは復活と称される宗教体験をする。新約聖書には、イエスの弟子たちの復活体験は記述されているが、イエスの復活そのものについての直接的な証言はみられない。弟子たちは復活という出来事の中で、十字架につけられたイエスが終末時に到来する神の国の「主」(kyrios) であり「キリスト(油注がれた者)」であるという信仰にいたる。[7] 同時に、そのイエスの使命を引き継ぎ、イエスから派遣されるという体験をする。派遣の目的は、生前のイエスが伝えた「神の国」メッセージの宣教である。この宣教内容には「神の国」を宣教したイエス自身も含まれる。つまり、宣教していたイエス自身が「主」「キリスト」として宣教内容に組み込まれていき、福音として伝えられていくのである。その信仰と使命感が弟子たちを再結集させ、共同体形成へとつながっていく。イエスが神の子・救い主であると告白する運動は彼の死後に活発になっていくが、当初はあくまでもユダヤ教の枠内にみずからを位置づけていた。ペトロとヨハネが祈りの時間にエルサレム神殿へ上っていくユダヤ教徒としての礼拝行為が記されており(使徒言行録2・46、3・1、5・12、21)、ペトロやステファノも、イエスがユダヤ教における神から遣わされた約束の成就であると演説する(使徒言行録2・14―36、3・12―26、7・1―53)。弟子を中心としたこの共同体はエルサレムに本拠地を置き、ユダヤ教から分離するつもりはなく、ユダヤ教内の「イエス運動」ともいうべき集団として活動していた。ユダヤ教の別のグループからは「ナザレ人の分派」と呼ばれている（使徒言行録24・5）。

3　エルサレムからアンティオキアへ：ユダヤ教との緊張関係

イエス運動はエルサレムからパレスチナ各地へ、そしてパレスチナを越えて旅行者や宣教者を通して広がった。当時の地中海沿岸各都市にはユダヤ人ディアスポラ（離散共同体）とシナゴーグ（ユダヤ人の会堂）があり、パレスチナに一番近い大都市アンティオキアにも存在し、多数のユダヤ人が居住していた。[8] イエス運動は、このアンティオキアを拠点としてヘレニズム世界に住むユダヤ人たちに広がり、そこに異邦人が加わっていったのである（使徒言行録一三～二〇章参照）。ではなぜ、初期共同体の時代からアンティオキアが重要な地位を占めることになったのだろうか。

使徒言行録六章ではエルサレム教会内の「ギリシア語を話すユダヤ人」（ヘレニスタイ）から「ヘブライ語を話すユダヤ人」（ヘブライオイ）への苦情が描かれ、教会内の「交わり」に亀裂が入っている様子がうかがえる。聖書ではその原因として食事の分配をめぐるやりとりが記され、その解決策として食事の世話係七名が選ばれ

5　フラウィウス・ヨセフス『ユダヤ戦記』全三巻、秦剛平訳、ちくま文庫、二〇〇二年。

6　イエスの時代、「罪人《つみびと》」「徴税人」は律法違反の宗教的不浄者として、人々から忌み嫌われていた。

7　「キリスト」は「メシア（油注がれた者）」というアラム語由来の言葉のギリシア語翻訳である。旧約聖書ではダビデも「油注がれた者」である。神から油を注がれ、聖別された特別な地位を与えられた者に用いられた尊称である。イエスの死と復活に決定的な救いの出来事を見出した初期エルサレム共同体が用いたイエスに対する称号「メシア」のギリシア語「キリスト」が、固有名詞のように用いられるようになった。

8　現在のシリアに位置するアンティオキアは、当時の地中海世界の三大交易都市のひとつであった。あとの二つはローマとアレキサンドリア。

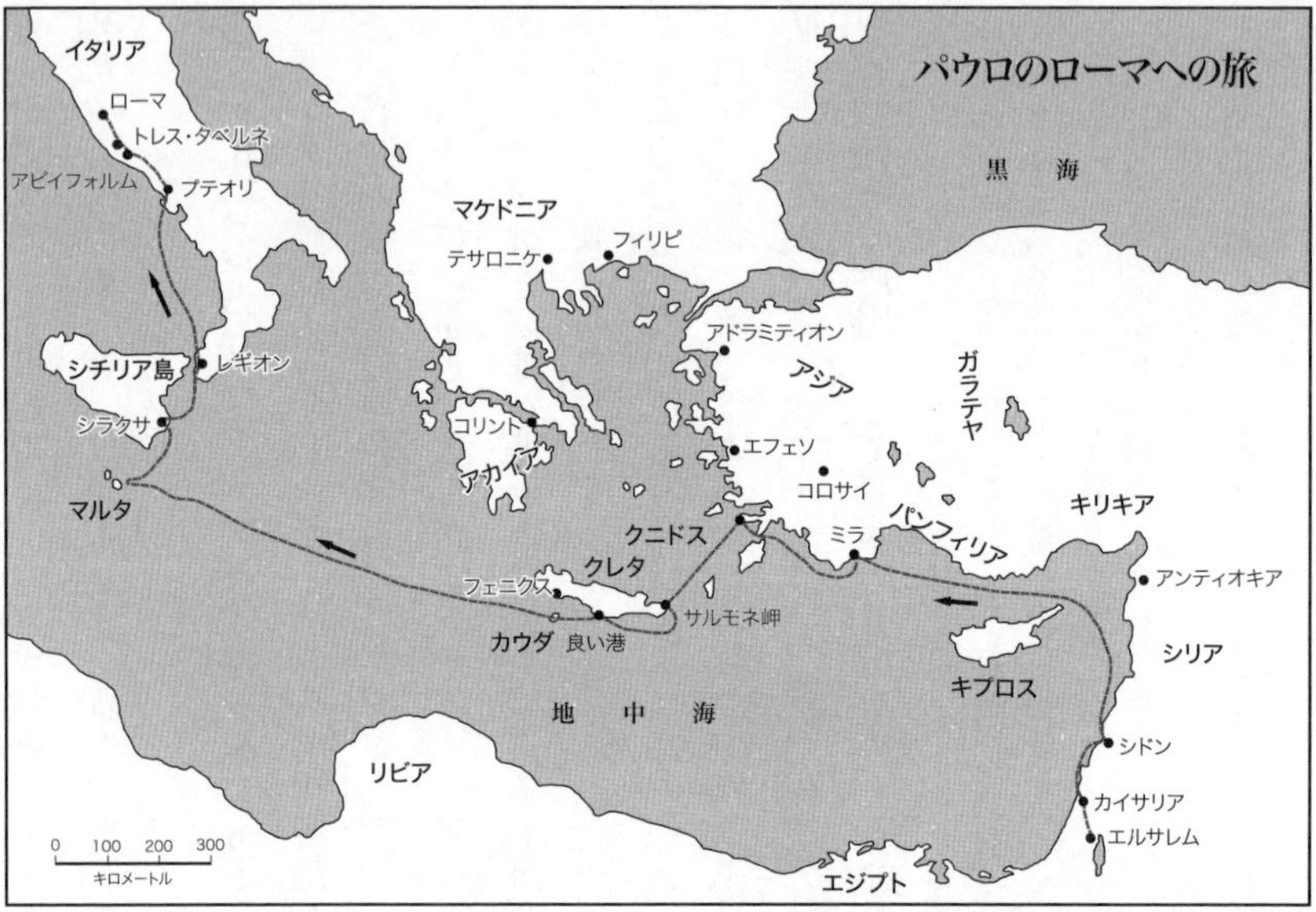

(©United Bible Societies 1987)

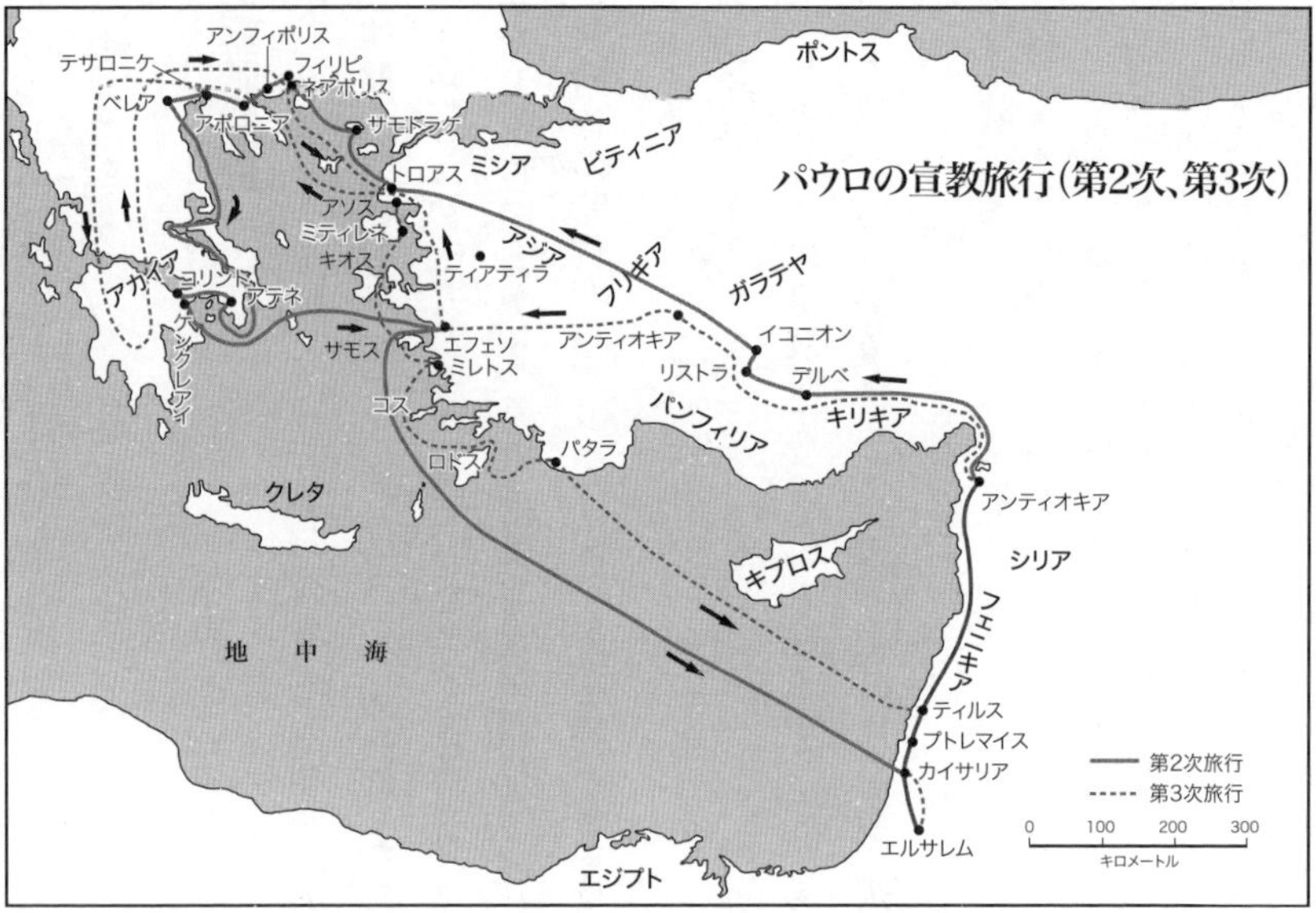

(©United Bible Societies 1987)

る。七名は全員ギリシア語名である。しかし、その後のヘレニスタイのリーダー格であるステファノのリンチ殺害事件（三一～四年頃）をめぐるやりとりをみると、両者の不和はエルサレム神殿や律法理解や解釈をめぐる問題に起因するものと考えられる。「わたしたちは、あの男（注：ステファノ）がモーセと神を冒瀆する言葉を吐くのを聞いた」（使徒言行録6・11）、「この男は、この聖なる場所と律法をけなして、一向にやめようとしません。わたしたちは、彼がこう言っているのを聞いています。『あのナザレの人イエスは、この場所を破壊し、モーセが我々に伝えた慣習を変えるだろう』」（使徒言行録6・13―14）。この糾弾はステファノだけではなく、神殿と律法に対して自由な態度をとるヘレニスタイに向けられている。パレスチナでユダヤ教文化にどっぷりつかって育ったヘブライオイと、異邦人社会の中である程度の適応や妥協をしつつユダヤ教信仰を保持したヘレニスタイでは、当然、神殿への礼拝、律法遵守のあり方などに理解の差が生じる。ステファノの演説はヘレニスタイを代表している（使徒言行録7・1―53）。

ステファノ殺害後のエルサレム教会への迫害もヘレニスタイに限定されたものと考えられ、その証拠にヘブライオイのリーダー格である使徒たちには何ら危害が及んでいない（使徒言行録8・1）。エルサレムから散った多くの人々（おもにヘレニスタイ）が、パレスチナに一番近い大都市でディアスポラがあったアンティオキアに向かったのも自然な流れである。そこで、ユダヤ人以外の人々も福音を受け入れ教会が形成された（使徒言行録11・19―21）。エルサレム教会はバルナバをアンティオキアに派遣して状況を確認している。バルナバは回心したパウロと共にアンティオキア教会で中心的役割を果たし、この地で共同体の人々が「キリスト者」と呼ばれるようになる（使徒言行録11・19―26）。こうして、教会は、自他共に認めるユダヤ教とは別の宗教的アイデンティティを有する共同体へと歩み始める。

エルサレム教会のヘレニスタイがパレスチナから拡散することになるステファノ事件は、その後の教会に実に大きな影響を与えることになる。ヘレニスタイによるイエス運動の伝播は、異邦人の加入を比較的容易にし、民族宗教から普遍宗教へ成長する大きな契機になった。さらに、一）イエスのメッセージが当時の地中海の共通語であるギリシア語に翻訳され、教会が拡大する重大な布石となった、二）イエスの福音がユダヤ以外の各地域の異邦人にも広まっていった、三）パレスチナという片田舎の宗教運動はローマ帝国の都市の宗教へと変容していった、などの影響も考えられる。

アンティオキア教会はパウロの宣教旅行の拠点となるが、パウロは宣教先で設立した各地の教会とエルサレム教会とのつながりも大切にしていた。パウロは二回目と三回目の宣教旅行の終わりに、エルサレム教会を訪ねている（使徒言行録18・22、21・17）。

4　パウロ：異邦人教会と律法

福音宣教に従事した人々はパウロだけに限らないが、新約聖書はパウロの宣教を集中的に取り上げる。それは、キリスト教が普遍宗教に飛躍していく過程において、パウロの果たした役割―教会の地理的拡大、初期キリスト教思想の体系化など―が、圧倒的に大きかったからである。各地の教会へパウロが書き送った手紙は彼自身を知るだけではなく、当時の教会を知る上においても一級の歴史資料である。パウロの宣教ルートは当時の交易ルートに沿っているが、この自由な移動が可能であったのは「ローマの平和」（Pax Romana）のおかげである。パウロも当時のユダヤ教当局と衝突し命を狙われる（使徒言行録23・12以下参照）。結局、パウロはエルサレムで逮捕されるが、生まれつき保有していたローマ市民権の特権のひとつ「皇帝への上訴権」を行使し、六一年にローマへ移送される（使徒言行録22・25–29、25・10–12）。ネロ皇帝の迫害時にローマ郊外で処刑されたとされる（六四～七年の間）。

(1) パウロの回心

パウロはステファノの迫害直後に回心したと推定されている（三六年頃）。キリキア州タルソスの出身で、ヘブライ語とギリシア語の両方が話せた。十代の頃からエルサレムでラビの下で律法の勉学に励み、熱心なファリサイ派となる。ステファノの迫害に賛成するが、これはステファノとヘレニスタイの神殿と律法への態度が、当時のパウロにとって破壊的に映ったからと考えられる。パウロの回心の理由は定かではないが、ユダヤ教への信仰が篤かったことはみずから語っている。「先祖からの伝承を守るのに人一倍熱心で、同胞の間では同じ年ごろの多くの者よりもユダヤ教に徹しようとしていました」（ガラテヤ1・14）、「わたしは生まれて八日目に割礼を受け、イスラエルの民に属し、ベニヤミン族の出身で、ヘブライ人の中のヘブライ人です。律法に関してはファリサイ派の一員、熱心さの点では教会の迫害者、律法の義については非のうちどころのない者でした」（フィリピ3・5―6）。しかし、パウロの宗教的アイデンティティは安定しなかった。詳細な経緯は不明だが、パウロはイエス・キリストとの出会いという宗教体験によって劇的な転換を経験し、その後の人生をキリストに捧げることになる。回心という言葉が用いられるが、パウロはユダヤ教を捨てたわけではない。

(2) パウロと律法

回心後、パウロはバルナバの仲介によって初期共同体に加わり、アンティオキア教会を活動拠点とし、そこから計三回の宣教旅行にでかけている[9]。使徒言行録はこの宣教旅行でパウロが各地の異邦人に福音を伝える様子を描写するが、パウロの他にも福音宣教を行うものはいた。問題は、教会も教義も確立していないこの時期、パウ

9　第一回四六～九年（使徒言行録13・1―28）、第二回五〇あるいは五一～二年（同上15・36～18・22）、第三回五四～七あるいは八年（同上18・23～21・14）。

ロや他の福音宣教者の宣教理解が必ずしも一致していなかったことである。その最たるものが律法問題である。

ある人々がユダヤから下って来て、「モーセの慣習に従って割礼を受けなければ、あなたがたは救われない」と兄弟たちに教えていた。それで、パウロやバルナバとその人たちとの間に、激しい意見の対立や論争が生じた。この件について使徒や長老たちと協議するために、パウロとバルナバ、そのほか数名の者がエルサレムへ上ることに決まった。（使徒言行録15・1－2）

パウロの主張は、ユダヤ人の律法遵守は当然だが教会の異邦人にそれを求めない。一方、エルサレム教会（ヘブライオイ中心）では異邦人にも律法遵守を求める考えが強かったと思われる（異邦人にも律法遵守を求める主張を「ユダヤ主義」という）[10]。このあたりのパウロの葛藤は手紙にもみられる。「その後十四年たってから、わたしはバルナバと一緒にエルサレムに再び上りました。（中略）わたしは、自分が異邦人に宣べ伝えている福音について、人々に、とりわけ、おもだった人たちには個人的に話して、自分は無駄に走っているのではないか、あるいは走ったのではないかと意見を求めました」（ガラテヤ2・1－2）。この問題を議論したエルサレム教会での「使徒会議」（四八年あるいは四九年、使徒言行録一五章参照）の結果、異邦人には律法遵守の義務を負わせないことになった。しかし、この決定後も律法問題は簡単には解決していない。

さて、ケファ（注：ペトロ）がアンティオキアに来たとき、非難すべきところがあったので、わたしは面と向かって反対しました。なぜなら、ケファは、ヤコブのもとからある人々が来るまでは、異邦人と一緒に食事をしていたのに、彼らがやって来ると、割礼を受けている者たちを恐れてしり込みし、身を引こうとしだしたからです。[11]そして、ほかのユダヤ人も、ケファと一緒にこのような心にもないことを行い、バルナバさえも彼らの見せかけの行いに引きずり込まれてしまいました。（ガラテヤ2・11―13）

ペトロは異邦人に対して開かれた態度をもっていた（使徒言行録10・1―48参照）が、エルサレム教会にはペトロが異邦人と食事をしたことを批難する人々もいた（使徒言行録11・2―3）。使徒会議の決定後でさえも、ペトロやバルナバがエルサレム教会の中心人物である主の兄弟ヤコブ（十二使徒のヤコブとは別人）に遠慮している様子がうかがえる。パウロはそれを非難したのである。いいかえれば、エルサレム教会はこの時にはまだ教会全体に対して権威があったのである。

5　使徒の次世代の教会：ユダヤ教からの分離

使徒会議の決定は、すでに多くの異邦人を抱え、「キリスト者」と呼ばれるようになっていたアンティオキア教会に有利に働いた。福音宣教の中心メッセージである「ナザレのイエスは神の救いの絶対的な担い手である」という内容は全人類に普遍的に妥当するものであり、律法遵守の足かせもなくなり、異邦人宣教は活発化していく。ただしばらくは、エルサレム教会の権威に依拠している教会も各地に存在しており、そこではユダヤ教的色彩が強かったと考えられる。しかし、エルサレム教会はその後の歴史の中で種々の理由で指導的地位を失っていく。理由は、各地の教会に異邦人加入が進みヘブライ的色彩が教会全体で薄れていったこと、地理

10　ヘブライオイの中にはファリサイ派から加わったものもいた（使徒言行録15・5）。彼らは農業や商業に従事する中産階級で、律法の厳密な遵守を旨とし、天使や復活を信じていた。
11　この食事が聖餐式だったのかどうかは、諸説ある。

的にも辺境だったこと、さらにはユダヤ人の対ローマ反乱であるユダヤ戦争（六六～七四年）とバル・コクバの乱（一三二?～五年）で街が徹底的に破壊されエルサレム教会も崩壊したこと、が考えられる。[12] このようにして、ユダヤ教の枠内で発生したイエス運動は各地に伝播し、内外の歴史的要因も絡み、ついにはユダヤ教とは分離し、独自の宗教的アイデンティティをもつ「キリスト教」へと発展し、その共同体が教会となるのである。キリスト教のユダヤ教からの分離は、歴史上のある事件や出来事を境に一気に起こったものではなく、ゆるやかな経緯をたどったものと考えられる。なお、ユダヤ教から離れるに従い、教会は自分たちのアイデンティティを保持伝承する手段のひとつとして新約聖書を編纂した。

二　新約聖書の教会論

新約聖書はキリスト教信仰共同体のために、そのキリスト教の教会の中で成立した。その意味では、教会は新約聖書に先立つ存在でありその誕生の母体である。新約聖書はイエス・キリストを証しし、その原初の信仰を伝えるために編纂された信仰の書であるという意味では一貫した意図に貫かれている。同時に、種々の文学ジャンルを含み、各書の成立背景や年代もまちまちである。各書には独自のキリスト論や教会論がみられるが、その記述は時代を通じてキリスト教信仰の規範となった。ここでは、福音書、使徒言行録、パウロ書簡に区分し、それぞれの教会論をみていく。

1　四福音書：弟子たちの共同体

「教会」と訳されるekklesiaというギリシア語は福音書には三回しか登場しない。イエスのペトロに対する言葉、「わたしも言っておく。あなたはペトロ。わたしはこの岩の上にわたしの教会を建てる。陰府の力もこれに対抗できない」（マタイ16・18、傍点筆者。以下同様）、兄弟の忠告に関する教えの中でのイエスの言葉、「それでも聞き入れなければ、教会に申し出なさい。教会の言うことも聞き入れないなら、その人を異邦人か徴税人と同様に見なしなさい」（マタイ18・17）。「教会」という単語への直接的言及は福音書には少ないが、教会論がないわけではない。

(1) マルコ

ローマの異邦人キリスト者のために書かれたと考えられる[13]。教会は復活した主によって再構築された弟子たちの共同体であり（マルコ16・7）、その共同体のリーダーシップのあり方は奉仕という形態をとる。また教会は、すべての国に福音を宣教する使命を与えられた共同体であり（マルコ13・10）、神の子の再臨を待ち望む共同体でもある（マルコ13・32–37）。イエスはその死によってエルサレム神殿（旧約の象徴）を破壊した（マルコ14・58、15・38）とあるが、それはその後の信仰者の共同体こそが人の手によらない新しい神殿であることを暗示している。福音書の初めにおいて、ペトロ、アンドレ、ヤコブ、ヨハネを弟子として招き、特にペトロ、ヤコブ、ヨハ

12　ユダヤ戦争の結果、エルサレム神殿は崩壊し街は荒廃した。バル・コクバの乱の後、ユダヤ人はエルサレムに立ち入ることさえ禁止された。

13　成立年代六〇～七五年の間、特に六八～七三年の可能性が高い。Raymond E. Brown, *An Introduction to the New Testament*, (Doubleday; New York, 1997), 127.
なお、本書では共観福音書（マタイ、マルコ、ルカ）の成立として四資料仮説をとる。この仮説は概略すると次の通り。共観福音書の内マルコが最初に成立し、次にマタイとルカが、マルコに加えてイエスの語録を収録した語録集（「Q資料」と呼ばれる）と、各自の特殊資料をもとに成立したというもの。ヨハネ福音書の成立に関しては別系統と考えられる。

ネの三人は十二使徒の中でも、イエスに近い存在として描かれる（マルコ5・37、9・2、13・3）。十二人が選ばれたのは「彼らがイエスと共におり」、イエスが彼らを宣教に派遣する際には、「悪霊どもを追い出す権能」を彼らにもたせた（マルコ3・14―15）。このようにイエスは十二人の派遣にあたり汚れた霊に対する「権能」を与えていると福音書は描くが、受難の色合いが強くなるにつれ他者への奉仕が強調されていく（マルコ10・41―44）。マルコの共同体では、イエスによる弟子たちの派遣、そして他者への奉仕が特徴的である。

(2) マタイ

マルコ福音書、Q資料、そしてマタイの特殊資料にもとづき、ユダヤ人と異邦人キリスト者が混在するシリアのアンティオキアの共同体のために書かれた[14]。旧約の預言の成就としてイエスを描写するのでひんぱんに旧約聖書を引用している。つまり、その知識を有している読者を想定して書かれた福音書である。教会の構造について関心が強く、それはマタイの共同体に対するイエスの説教に表れている。

山上の説教（マタイ五～七章）では、イエスをメシアと信じる人々こそがモーセの律法を成就する共同体であると示される。イエスの弟子たちは「地の塩」「世の光」（マタイ5・13―16）と表現される。宣教に関する説教（マタイ一〇章）では、宣教する教会のあり方が示される（マタイ10・5―6、15・24）。派遣の際には「イスラエルの失われた家」を対象とし、異邦人は避けるようにイエスから指示されるが、最後はイエスから全世界の人々を弟子にする命令を受ける（マタイ28・18―20）。教会生活に関する説教（マタイ一八章）では、共同体における善悪の混在について述べられる。一三章の毒麦のたとえや海に投げ入れられる網のたとえでも共同体の構成員全員がよいものとは限らないが、いずれ善悪に分けられること（マタイ13・30、40―42、49―50）が述べられる。このテーマは、兄弟の罪に対しての忠告（マタイ18・15）でも取り上げられる。忠告が失敗した場合の対処法が記されるが（マタイ18・16)、それでもうまくいかない場合、「教会」(ekklesia)に告げるように指示される(マタイ18・17)。教会はそのような罪人に対する権威を有していることが前提とされている(マタイ18・18)。人の子の再臨に関する終末論的説教(マタイ二四～二五章)では、イエスの復活から再臨までの教会のあり方として、全民族に対して福音を宣べ伝える共同体の使命(マタイ24・14)と終末到来の関係が述べられる。目を覚まして花婿を待つおとめのたとえ(マタイ25・1－13)、再臨の際の最後の審判(マタイ25・31－46)についても同様のテーマである。

マタイの共同体の自己理解は、義人による共同体(この世では悪も混じっている)、宣教する共同体(イスラエルから全世界へ)、善悪を裁くために再臨する人の子を待ち望む共同体(終末に完成する共同体)である。

マタイ福音書のイエスに対するペトロの信仰告白とそれに答えるイエスの言葉は、伝統的にイエスによる教会創立の根拠とされる。

するとイエスはお答えになった。「シモン・バルヨナ、あなたは幸いだ。あなたにこのことを現したのは、人間ではなく、わたしの天の父なのだ。わたしも言っておく。あなたはペトロ。わたしはこの岩の上にわたしの教会を建てる。陰府の力もこれに対抗できない。わたしはあなたに天の国の鍵を授ける。あなたが地上でつなぐことは、天上でもつながれる。あなたが地上で解くことは、天上でも解かれる」(マタイ16・17－19)。

あらゆる悪の勢力にも勝利するイエスは「自分の教会」をペトロ(「岩」という意味)の上に建て、その「結び」に関する鍵をペトロに与える(マタイ18・18参照)。このテキストをもってイエスが教会の直接の創立者であると

14　成立年代八〇～九〇年の間と推定される。同上、172。

伝統的に考えられてきた。[15] しかし、イエスはユダヤ教とは異なる宗教的アイデンティティを有する別の宗教を創設する意志などなかったと考えられている現在、この解釈は単純過ぎるし、時代錯誤である。では、このイエスの言葉をどのように理解すべきなのか。ひとつは、イスラエルとイエスの教会との関係。ユダヤ教徒としてのイエスは自分の宣教使命の対象をイスラエルと考えていたようである（マタイ15・24）。つまり、イエスは自分が集めた使徒たちとイスラエルとの連続性をみていた。しかしもう一方では、イエスの死後のマタイの共同体は、ユダヤ人たちがイエスをメシアとしては受け入れず拒絶した現実を知っているので、自分たちの共同体がユダヤ人たちだけに限定されるものではないと理解していた（マタイ21・43）。イスラエルを排斥はしないが、全民族を包括する共同体との自己理解がみてとれる。普遍的な共同体としての教会の基礎には、イエスが選んだ「新しいイスラエル」としての十二使徒、そしてその中でのペトロのリーダーシップがあったということである。

(3) ルカ（福音書、使徒言行録）

マルコ福音書、Q資料、そしてルカの特殊資料にもとづき、異邦人キリスト者を中心とする共同体のために書かれたと考えられている。[16] マタイと異なり、ルカでは旧約聖書の直接引用がきわだって少ない。この福音書における教会は、「小さな群れ」としての理解である（ルカ12・32）。ルカ福音書の著者と使徒言行録の著者は同一人物（あるいは共同体）とみられるが、この二つの文書間では教会理解が発展している。つまり、福音書はおもにイエスについて、続く使徒言行録は教会を中心とした記述になっている。福音書、使徒言行録という順でみていく。

◆福音書

ルカは、イスラエルのメシア待望の成就としてイエスを描く（ルカ1・5〜2・40）。メシアとしてのイエスは新しいイスラエルを構築するが、その共同体でリーダーシップを果たすようイエスから託されたのが十二使徒である（ルカ6・12−16、22・24−27）。しかも、そのリーダーシップは仕えるものとして発揮される（ルカ22・24−27）。小さな群れである共同体の指導的役割を果たす十二使徒の中でも、ペトロの中心的役割に触れている（ルカ22・31−34）。復活したイエスが弟子たちに現れ、罪の赦しを得させる悔い改めを全世界の人々に伝えるようにとの宣教命令を下す（ルカ24・46−49）。この「小さな群れ」である共同体が教会へと発展していく様子を使徒言行録は描くのである。

◆使徒言行録

使徒言行録は、イエスの死と復活後の共同体が、いかにして普遍的教会へと発展していったのかについておもに記している。それゆえ必然的にこの書では共同体に焦点が当てられ、しかも共同体を「教会」（ekklesia）と呼び、この単語が何度も登場する。[17]

教会の誕生は伝統的に聖霊降臨の時であるといわれてきた（使徒言行録2・1−42）。「五旬祭の日が来て、一同が一つになって集まっていると、突然、激しい風が吹いて来るような音が天から聞こえ、彼らが座っていた家中に響いた。そして、炎のような舌が分かれ分かれに現れ、一人一人の上にとどまった。すると、一同は聖霊に満たされ、〝霊〟が語らせるままに、ほかの国々の言葉で話しだした」（使徒言行録2・1−4）。ここではまだ教会という名称は使用されてはいないが、復活したイエスによって霊を与えられたマリアと十一人の弟子を中心にした共同体が、「新しいイスラエル」として描かれている。続くペトロの説教では、旧約のヨエルと

15　さらに、ペトロの後継者であるローマ教皇の首位権の根拠としてもカトリック教会の文書でしばしば引用される。
16　成立年代八五年頃。
17　新共同訳では「教会」と訳されていないekklesiaは、使徒言行録7・38、19・32、39、40。教会と訳されている箇所は、5・11、8・1、3、9・31、11・22、26、12・1、5、13・1、14・23、27、15・3、4、22、41、16・5、18・22、20・17、28。

ダビデが引用されて、イエスが彼らの預言の成就であると説明される。またこの物語では、当時知られていた国々の言葉を語る人々の様子が描かれるが、これは宣教の結果、全世界に広まった共同体の姿を描く終末論的描写の先取りである。ルカ福音書でも聖霊降臨の出来事でも使徒たちが共同体において重要な役割を果たしているが、この出来事の後、使徒言行録では使徒たちの姿は急速に背景へと消えていく。理由は定かではない。

使徒言行録の最初に描写される共同体はエルサレム教会であり、イエス運動はこの教会を拠点としていた。使徒たちの宣教によって日々信者が増えていくさまが繰り返し述べられる（使徒言行録2・41、4・4、5・14、6・1、7、9・31）。この共同体の特徴として「交わり」があげられる。「交わり」はギリシア語のkoinonia、英語のcommunionのことである。「彼らは、使徒の教え、相互の交わり、パンを裂くこと、祈ることに熱心であった」[18]（使徒言行録2・42）。「交わり」の具体的描写として、「信者たちは皆一つになって、すべての物を共有にし、財産や持ち物を売り、おのおのの必要に応じて、皆がそれを分け合った」（使徒言行録2・44－45、4・32－35参照）とある。[19] 教会が各地に広まっていってもこの「交わり」によって教会の一致が保たれ、教会の普遍性も維持されるのである。初期共同体ではこの交わりの中心的役割を果たしたのがエルサレム教会であり、各地の教会もエルサレム教会とのつながりが大切にされていた。前述の通りエルサレム教会は種々の理由によって、早い時期にその指導的地位を失っていくことになる。

「教会」（ekklesia）という単語が、最後に出てくるのはパウロのエフェソでの別れの説教の物語である（使徒言行録20・18－35）。「聖霊は、神が御子の血によって御自分のものとなさった神の教会の世話をさせるために、あなたがたをこの群れの監督者に任命なさったのです」（使徒言行録20・28）。この「神の教会」という言葉は、エルサレム教会やアンティオキア教会、エフェソ教会といった各地域教会より広い意味を含んでおり、ひとつである「神の教会」は聖霊によって、また御子の血の犠牲によって存在する共同体であることを示している。

使徒言行録では、教会がエルサレムから始まり、その後聖霊の助けのもと小アジアやギリシアという異邦人に広まって行くさまを描いている。その際、使徒たちやパウロは、ユダヤ人たちとの論争を繰り返し、イエスをメシアとして受け入れない彼らをみかぎって異邦人へと向かっていくことになる。逆にこうして、教会は普遍性を獲得していくのである（使徒言行録13・46、18・6、28・28）。

（4）ヨハネ

西暦一〇〇年前後に共観福音書とは独立して成立したこの福音書は、自分たちの共同体を部外者である「世」「ユダヤ人たち」、あるいは他のキリスト者たちとの対立において描く。[20]興味深いのは共観福音書では十二弟子の中で指導的役割を果たすペトロに対比する存在として、ヨハネ福音書では「イエスの愛する弟子」なる人物が登場することである（ヨハネ13・23、19・26、20・2、21・7、20）[21]。「イエスの愛する弟子」が使徒ヨハネ（福音記者）を指すのかどうかは議論の分かれるところではあるが、「愛する弟子」を中心とした共同体について、この福音書は描いている。

十二弟子について特別な言及はないが（つまりこの共同体において中心的役割を果たしていなかった、あるいは

18　koinoniaはルカ文書では一回しか使用されない。パウロ書簡では十三回使用されている。第二バチカン公会議の教会理解においても中心概念のひとつとして用いられる。
19　私有財産の共有制は、この前の時代に存在が確認されているユダヤ教内のひとつのグループ、クムラン教団にもみられる。
20　新約聖書時代に流布していた「黙示思想」で「世《アイオーン》」は重要な概念である。この世は悪に満ちた世界であり、神の介入（終末）によって終わりを迎えると考えられていた。
21　Raymond Brown, *The Community of the Beloved Disciple: The Life, Loves, and Hates of an Individual Church in the New Testament* (New York: Paulist Press, 1979). 邦訳　湯浅俊治（監訳）、田中昇（翻訳）『ヨハネ共同体の神学とその史的変遷―イエスに愛された弟子の共同体の軌跡―』教友社、二〇〇八年。

そのようにはみなされなかった）、ペトロにはある役割が与えられている。多くの人々がイエスのもとから去って行った時にはペトロが信仰告白（ヨハネ6・68－69）し、復活したイエスによって共同体の世話が彼に委任（ヨハネ21・15－19）されている。これは初代教会における各地の共同体間におけるペトロの重要な役割が反映されているのかもしれない。

共観福音書とは独立して成立したと考えられるヨハネ福音書では、教会とイエスとの関係について独自のイメージを用いる。たとえば、牧場の柵である教会。牧者であるイエスに導かれる羊（信仰者）が集う牧場には、イエスという「門」を通らなければ誰もその牧場に入ることはできない（ヨハネ10・7－18）。イエスは羊飼いであると同時に「門」である。よい羊飼いであるイエスは羊のために命を捨てる（ヨハネ10・15）。こうして、この羊飼いに導かれて羊は同じ囲い（教会）の中のひとつの群れとなる（ヨハネ10・16）。また、イエスと弟子たちの関係はぶどうの木とその枝という分かち難い比喩でも語られる（ヨハネ15・1－10）。イエスはまことのぶどうの木であり、父は養ってくださる農夫である。その木につながっている枝は豊かな実を結ぶ。ここではイエスと共同体がぶどうの木とその枝という関係で語られる一方で、そのぶどうの木に結ばれていないと枯れてしまう（滅ぶ）のである。イエスというまことのぶどうの木につながっている共同体への参加を招いている。

さらに、ヨハネ福音書は聖霊と教会の関係について述べる際、聖霊に独自の名称を用いる。イエスに呼び集められた共同体は、イエスの宣教を継続する使命を与えられている。その際、共同体は父から遣わされた「弁護者」（paraclete、聖霊）によって導かれ、聖霊がイエスの教えを共同体に思い起こさせる（ヨハネ14・25－26）。本福音書にとって「世」は共同体に敵対する存在であるが、一方、共同体はその「世」にあって存在し、「世」の中にその使命を果たすべく遣わされる（ヨハネ17・18）。その世はユダヤ人もサマリア人も異邦人も含む世である。それゆえ、共同体は特定の律法によって父である神を礼拝するのではなく、真理と霊によって礼拝する共同体なのである（ヨハネ3・5―6、4・21―24）。

ヨハネ福音書にみられる教会理解は、イエス自身によって招かれ集められた、イエスの死と復活の証人である共同体、人の子であるイエスの再臨を待ち望む、霊と真理において礼拝を行う終末論的共同体（ヨハネ四章、サマリアの女）、全世界への宣教をイエスから託された共同体、死を受け入れたイエスの模範に従う、仕えるもの、奉仕するものとしての共同体である。

2　パウロ書簡

新約聖書にはパウロの手紙といわれる書簡が十三収められているが、現代聖書学のほぼ共通した見解では、歴史上のパウロの手による書簡は次の七通とされる。「テサロニケの信徒への手紙1」（五〇～五一年、カッコ内は成立年代、以下同様）「ガラテヤの信徒への手紙」（五四～五五年）「フィリピの信徒への手紙」（五六年）「フィレモンへの手紙」（五五年）「コリントの信徒への手紙1」（五六～五七年）「コリントの信徒への手紙2」（五七年）「ローマの信徒への手紙」（五七～五八年）。この他に第二パウロ書簡（パウロの手紙として正典に収められているが、実際には彼の名前を冠した手紙）の中で教会論として重要なのは、「コロサイの信徒への手紙」（八〇年代）「エフェソの信徒への手紙」（九〇年代）である。

パウロ書簡において「教会」（ekklesia）という単語はひんぱんに登場する（福音書全体では三回のみ）[22]。その

22　ローマ16・1、4、5、16、23、1コリント1・2、4・17、6・4、7・17、10・32、11・16、18、22、12・28、14・4、5、12、19、23、28、33、34、35、15・9、16・1、19（二回）；2コリント1・1、8・1、18、19、23、24、11・18、28、12・13、ガラテヤ1・2、13、22、エフェソ1・22、3・10、21、5・24、25、27、29、32、フィリピ3・6、4・15、コロサイ1・18、24、4・15、16、1テサロニケ1・1、2・14、2テサロニケ1・1、4、1テモテ3・5、15、5・16、フィレモン2。

意味で、パウロ書簡は初期キリスト教の教会論を考察する上で、多くの手がかりを与えてくれる。ただし、パウロは書簡で体系だった教会論を展開しているわけではない。各地域の教会が直面している個々の問題について言及する際、パウロの教会理解が浮き彫りになる。

ヘブライ語もギリシア語も理解できたパウロがギリシア語のekklesiaという単語を使用する際には、ヘブライ語との関連も考慮する必要がある。旧約聖書のギリシア語訳版である「七十人訳聖書」では、ekklesiaはヘブライ語のqahalの訳語として使用されている。このqahalは、旧約聖書では荒野の放浪の間に神によって召集された集会を意味する。[23] パウロはekklesiaを様々な意味で使用するが、それらは「集会」（1コリント11・18、14・23）、「家の教会」（ローマ16・1–5、1コリント16・19）、「各地域の教会」（ローマ16・1、ガラテヤ1・2、2コリント8・1など）をイメージした用法である。しかし一方で、パウロのekklesia用法において、具体的な場所に存在する具体的な目にみえる教会ばかりではなく、より一般的な意味でのekklesia用法もみられる。「異邦人すべての教会」（ローマ16・4）、「キリストのすべての教会」（ローマ16・16）、「聖なる者たちのすべての教会でそうであるように」（1コリント14・33）など。

地域教会と普遍教会についてパウロの考えがよく示されているのは、コリントの教会への指示である。「まず第一に、あなたがたが教会で集まる際、お互いの間に仲間割れがあると聞いています。わたしもある程度そういうことがあろうかと思います」（1コリント11・18）と、コリントの教会における不適切な主の晩餐のあり方を問題として取り上げ、「あなたがたには、飲んだり食べたりする家がないのですか。それとも、神の教会を見くびり、貧しい人々に恥をかかせようというのですか。わたしはあなたがたに何と言ったらよいのだろう。ほめることにしようか。この点については、ほめるわけにはいきません」（1コリント11・22）と、自分の考えを伝える。この後、主の晩餐のふさわしいあり方についての指示が示される（1コリント11・23–34）。ここでパウロがいう「神の教会」は第一義的にはコリントの地域教会を指しているが、「神の教会」は「ひとつ」であることも続いて述べる。「体は一つでも、多くの部分から成り、体のすべての部分の数は多くても、体は一つであるように、キリストの場合も同様である」（1コリント12・12）、「あなたがたはキリストの体であり、また、一人一人はその部分です。神は、教会の中にいろいろな人をお立てになりました」（1コリント12・27－28）。ここでは、地域教会であるコリント教会の主の晩餐の問題を取り上げながら、教会全体の考えである「ひとつの体と多くの部分」（使徒、預言者、教師など）について語られている。この「ひとつの体」という思想は、パウロはじめ初代教会がもっとも重要視した概念である「一致」につながる。この書簡の書き出しも「一致」についてである。「キリストは幾つにも分けられてしまったのですか」（1コリント1・13）。キリストのひとつのからだである教会は、もはや目にみえる可視的教会に限定されるのではなく、各地域教会を結びつける不可視の教会なのである。

教会は「キリストのひとつの体」というパウロの思想は、コロサイ書とエフェソ書でさらに発展させられる。これら二つの文書では、キリストの体である教会の「頭」がキリストである。「御子はその体である教会の頭です」（コロサイ1・18）、「頭であるキリストにしっかりと付いていないのです。この頭の働きにより、（中略）神に育てられて成長してゆくのです」（コロサイ2・19）、「神はまた、すべてのものをキリストの足もとに従わせ、キリストをすべてのものの上にある頭として教会にお与えになりました。教会はキリストの体であり、すべてにおいてすべてを満たしている方の満ちておられる場です」（エフェソ1・22－23）など。

この頭であるキリストによって教会は成長し保たれる。この思想は、エフェソ書では教会とその頭であるキリストの関係を「夫と妻」の関係でたとえている（エフェソ5・21－33）。さらに、このすべてに満ちているキ

23　ヘブライ語の *qāhāl* については次を参照。R. E. Brown, et al. (eds), *The New Jerome Biblical Commentary* (Englewood Cliffs, N.J.: Prentice Hall, 1990), 82:134.

リストは人類から敵意をとりのぞき、ユダヤ人も異邦人もキリストのひとつの体として十字架によって神と和解させている（エフェソ2・14－16）。「キリストの体」教会論を展開するエフェソ書とコロサイ書では、地域教会という発想はみられず、不可視的かつ普遍的次元の教会論が展開されている。

第二書簡も含めたパウロ書簡は、具体的な各種問題（人間関係など）が発生する各地域教会（可視的教会）とひとつの体である普遍教会（不可視的教会）という教会の二つの次元について論じている。この二つの次元は区別して扱えるが分離はできない。

三 教会の原理としてのイエス

イエスの死後に誕生した教会は、当初はユダヤ教内にとどまっていたが、時代環境の中で、ユダヤ的なものから脱皮し、独自の共同体、つまり教会へと成長していく。教会の原理であるイエスがどのように原理であり続けるのか。その構成要素を以下にみていく。

1 歴史的産物である教会の基礎としてのイエス

イエスは神の国を告げたが、新しい宗教や教会の創設の意図はなかったとされる。この意味において、教会を創設したのは使徒を含めた弟子たちでありイエスではない。しかし、復活したイエスから派遣された弟子たちは、ナザレのイエスを神の救いの絶対的担い手であると理解した。イエスの死後に離散した弟子たちの再結集の原動力は復活体験である。そこには、イエスが終末の預言者であるという信仰や、終末に与えられる約束の霊を注がれたという歴史内体験（聖霊降臨）も含まれる。イエスの霊によって集められた終末に向けられた共同体という意識と確信が、共同体形成と維持の根源的原動力である。そして、それは生前のイエスの活動なしには起こりえず、イエスの「神の国」宣教を間近に体験した弟子たちだからこそ起こりえた体験でもあった。その意味で、歴史内でのイエスの存在と活動は、教会共同体形成の起因である。

弟子たちの宣教は、使徒会議で確認された救いの普遍性という観点から、異邦人に対しても活発化していく。教会の宣教勢力はパレスチナから地中海へと拡大する中において、異質な文化との出会いや拒否・受容というプロセスを繰り返す。そこでは多様なキリスト理解も生まれるが、それにもかかわらずひとつの教会であり続けられたのは、まさに弟子たちの原初のイエス・キリスト信仰である。イエスの宣教内容（神の国）と弟子たちの宣教内容（神の国＋「イエスはその神の国をもたらしたキリストである」という信仰）には相違がある。弟子たちはイエスの教えをイエスの人格と結合させることで、イエスの教えが拡散していっても同一性を保つことに成功した。それゆえ、イエスは歴史的産物としての教会の基礎である。

2　教会の二重構造

歴史的産物としての教会は、社会学的、歴史的分析の対象となる一方、超越的な存在者である神との関連性において成立する。イエスによって仲介された神の救いを体験した人々の集まりである教会は、超越的存在である神と人間の関係を軸としながら歴史内でみずからを展開してきた組織である。それゆえ、歴史内存在としての教会を描写する言語（歴史的や社会を表現する通常言語）と、超越的次元を有する教会を語る言語（宗教言語）が混在し、しばしば両者は混同され、教会理解の混乱の元となる。「イエスは十字架上で死んだ」という通常言語は歴史現象の記録であり、「イエスは人類の罪の贖いのために十字架上で死んだ」という宗教言語は歴史現象の宗教的解釈である。この二つの言語の存在は教会が二つの区別される次元をもつという二重構造を反映している。この二重構造は次のことを教会に要請する。教会はこの世界内の事象から孤立して存在しえない。つまり、世界内で発生するすべての事象と関連づけられその影響を受け、また影響を及ぼす。一方、教会はこの世界内だけにとどまり束縛される共同体ではない。歴史内に存在する教会は常に歴史を超越した終末の完成を目指し、その超越的次元に開かれているからである。教会は二重構造をもつひとつの共同体である。

この二重構造は、教会は常に自己の内に緊張と矛盾を抱えていることを意味する。世界と超世界の緊張であり、世界内の存在でありながら超世界でしか到達できない目標（救い）という矛盾である。また、理想と現実、理論と実践の緊張であり矛盾といえるかもしれない。この緊張と矛盾は、異なる二つの次元の健全なバランスを崩す原因にもなる。時代によっては片方だけが過度に強調されることもあり、また同時代にそれぞれの次元が強調される異なる教会論が登場することもある。その理由も様々である。それでも、教会論は対象を単なる人間的集まりだけの組織に矮小化するわけでもなく、逆に人間の認識を拒否する超越的組織の服従を求めるものでもない。教会は二つの次元を有するひとつの生きた組織である教会を対象とする。それはまさにイエスがこの世界での宣教活動を通して、人々に神の国という終末の完成（救い）を告げたそのミッションを継続する共同体だからである。教会の二重構造はまさにイエスとその宣教内容に由来する。

3　聖書：解釈の基点であり保証

復活したイエスは生前のイエスによって神学的に解釈され、また、いったん復活信仰が成立した後は、今度は生前のイエスがその光によって神学的に解釈される。史的イエスは信仰のキリストとは相互連関の関係である。新約聖書の福音書は、まさにこの両者が絡みあって「イエス・キリスト」が物語られていく。それゆえ、信仰の書である聖書は歴史的人物としてのイエスを忠実に記録したものではない。信仰の目からみたイエス・

キリストについての記述である。史的イエスに迫ろうとした十八～十九世紀の聖書学者のアプローチは最終的に挫折した。[24]ブルトマンによれば、史的イエスを知ることは不可能であり、われわれが知ることのできるイエスは、告げ知らされたイエス、つまりキリストとして伝えられた「ケリュグマのキリスト」のみである。告げ知らされたキリストは、史的イエスと関係はあるがそのものではない。史的イエスと信仰のキリストとの間には連続性と非連続性とがある。

イエスの死後、再結集した弟子たちの共同体は、復活の光から解釈されたイエスを想起・伝承し、典礼において具現化した。そして、イエスを突き動かした同じ聖霊の力を受けて派遣されていった。それが教会と呼ばれるようになる。新たな土地に植えられた教会は絶えず新しい課題や挑戦に直面するが、常に原初のイエス体験に回帰していく。その体験から教会の進むべき方向を見出す。その教会の共同体的識別の基準が原初のイエス体験を記している聖書、特に新約聖書である。たとえば、迫害下にあって書かれた新約各書の「ペトロの手紙1」「ヘブライ人への手紙」「ヨハネの黙示録」などは、福音書やパウロ書簡で描かれる教会とはまったく異なる環境に置かれている。しかし、同じ信仰を証しするため「この世の旅人である信徒」の「仮住まいとしての世」での倫理的あり方や、「すみの親石であるキリスト」「完全ないけにえを捧げる大祭司キリスト」「死を通して終末論的勝利をおさめる小羊」に追従する共同体のあり方を告げる。教会として、どのような状況下にあっても、聖書の証から逸脱したイエス解釈や教会共同体はその同一性からの逸脱である。聖書に証しされているイエスの行動様式が教会のあり方を検証し、保証し、修正する。

新約聖書の各書の成立には、それぞれの共同体の周辺環境―社会的、経済的、文化的背景、対象とする読者

24　なお、「史的イエス」探求は、その後も方法論を変えて続行されている。一九八五年以降の研究は「第三の波」と呼ばれている。

など―に影響されている。各書の文学ジャンルも福音書、歴史書、書簡、黙示文学など異なる。つまり、イエスへの信仰は同じであっても、そのイエス・キリストを証しする表現方法については多様性が存在する。これはその文書を生みだした教会の多様性を証ししている。いいかえれば、教会は常に多様であったし、それは生前のイエスが証しした内容と矛盾するものではなく、むしろキリストであるイエス理解の豊かさの反映である。イエスを伝えているという意味では聖書とイエスには連続性があるが、そこに多様な表現や解釈が加えられ表現されているという意味で非連続でもある。しかし、教会にとって原初の信仰を保持し伝えているのは聖書のみである。他の付加された要素は二次的である。その意味で、聖書は教会の「憲法」である。それは「規範する規範」(norma normans)(聖書)であって、「規範された規範」(norma normata)(たとえば教会法、カテキズム)ではない。しかし、憲法自体も解釈されて適用されるように、聖書も現代においてそのまま文字通り適用することは憲法制定の真意をゆがめることになりかねず、常に時代状況に応じて解釈し直す必要がある。また、憲法に反する法律が認められないように、聖書の規範から外れる信仰表現、教会生活は真正なものにはなりえない。さらに、法律が時代状況によって破棄され制定されるように、聖書の下にある教会の掟や規則も絶対的なものではなく、時代や状況によって変わりうるものである。これは、律法と神の関係についてのイエスの教えと同じ関係性である。

4 聖　霊

従来、教会の誕生は聖霊降臨《ペンテコステ》(使徒言行録二章)の時からと理解されてきた。それは、激しい風(聖霊の注ぎ)と炎(清め)という聖霊の働きに象徴されている。聖霊は当時知られていたディアスポラ各地に住んでいたユダヤ人にも注がれている。イエスの霊が全世界に民族を越えて注がれ、また弟子たちが世界の果てまで遣わされるという出来事は復活体験を構成する。霊である神は不可視だが、その働きは体験できる。弟子たちは復活体験によって根本的に変えられ、派遣され、伝承によれば殉教した。教会はイエスの霊によって集められ、派遣される共同体であるというその本質が明らかにされたという意味で、聖霊降臨は教会誕生の象徴的物語なのである。

聖霊というシンボルは、歴史内で誕生した教会の超越的特徴を表現する。神の霊が教会の存在の根源であり、信仰を人々に呼びかける。この聖霊の働きは魔術的なものでもなければ人間から切り離して対象化できるようなものでもなく、人間一人ひとりに内在する働きでもある。聖霊は神が歴史を通じて働き続けていることを表現するシンボルである。この超越的かつ内在的に働く霊がイエスの霊（力《デュミナス》）であると、弟子たちは明確に意識していた。この霊に満たされた教会共同体が、イエスのミッションを引き継ぐものであり、そのために弟子たちは集められ、派遣されると理解した。それゆえ、弟子たちは教会のミッションをイエスの人格と関連づけて理解し、それを教会のアイデンティティとしたのである。教会は「イエスの霊において形成された共同体」であり、イエスの霊のイニシアティブによる神の被造物である。

霊や精神のカリスマによって歴史内で誕生した組織は、その同じ力に導かれながら組織のアイデンティティを保持していく。たとえば、修道会は創立者のカリスマを原点とするが、共同体組織の構造、使徒職の選択、生活形態などの外面的様式の修正・変化は時代の流れの中で不可避である。その際、識別が行われるが、それは常に修道会のカリスマから与えられるインスピレーション（聖霊の導き）によってなされ、会のアイデンティティの保持に努める。そのインスピレーションが与えられず、あるいはそれをうまく生かせず創立当初のカリスマを失った修道会は、歴史上の役目を終える。つまり、聖霊によって与えられたカリスマとそれにもとづく会のアイデンティティは、外面的様式は変化しても、同じ聖霊によって保持され保証される。ならば、神の霊の力によって誕生し、救いを仲介するというミッションを与えられている教会は、その存在目的が実現する世の終わりまで聖霊の導きのもとにある。これが教会共同体の不可謬性（infallibility）の教えの根本的発想である。不可謬性の教えは、三位一体の神への信仰から派生する教えである。霊は自由に息吹く。キリストの教会に与えられたカリスマとミッション、そしてイエスと関連づけられて理解されるアイデンティティとその伝統。ダレスは教会を「イエスの弟子たちの共同体」と呼んだ。イエスと神、イエスと教会、そして教会と神をつなげるシンボルが聖霊である。[25]

5　教会のミッションと制度

共同体には存在目的があり、それがその共同体のミッションである。そして、どの共同体にもそのミッション遂行のために必要不可欠なのが制度である。ミッションが制度を決定づけるのであってその逆ではない。教会共同体の中心は想起されるイエス、つまり復活したイエスである。教会の最大の願いは神の国の到来である。「み国が、来ますように」。それは、生前のイエスが行ったミッションであり、それを歴史内において継続し続けることが教会のミッションである。福音書によれば、生前のイエスも復活したイエスも、弟子たちを派遣している。イエス自身が父なる神から世に派遣されているという強い自覚をもっており、そのミッションにイエスを奮い立たせた力が父から遣わされた霊、すなわち聖霊である。派遣されるという弟子たちの体験はキリスト教信仰の中核である復活体験を根源から構成する。それゆえ、教会のミッションは、人間が策定した計画ではなく神の計画であり意図なのである。そのミッションのために教会とその制度は存在する。

イエスのミッションは神の国到来の告知であり、それは被造物としての人間の完成（救い）である神の国に人々を招き、その国のふさわしい準備として回心《メタノイア》（悔い改め）を求める。回心には、個人レベルと社会的次元のレベルの両方がある。イエスが説いた救いは個人において閉鎖的に完結する救いではない。人間が社会的存在であるがゆえに、イエスが説いた救いは社会全体を巻き込む。それゆえ、世界（個人と社会）に対するミッションを遂行できない教会は存在意義を失い、世界とも隔絶した閉じたセクトと化してしまう。普遍性の一部はそこで断ち切られる。

イエスの死後、再結集した弟子たちの共同体は、歴史の経過とともに自律性をもち始め、そのミッションを遂行するために教会という統一された制度を伴う組織を形成していった。神からの救いという宗教的かつ内的経験の伝達や表現は、教会という、公共の、社会的、日常的、制度的外面様式を必要とし、秘跡、礼拝形式、信条の形成などによって整えられてきた。共同体の客観的制度は教会の必要な側面だが、教会そのものではない。共同体のミッションが制度を構築するのであってその逆ではない。共同体のミッションは制度の上位概念である。[26] ミッションと制度の健全な関係に齟齬をきたせば、制度の暴走が始まる。イエスの死は、まさに当時のユダヤ教の律法教条主義制度の結果である。

さらに、制度は聖霊の働きを阻害する危険性もある。パウロは共同体内で自由に働く聖霊のカリスマについて語っている（1コリント12・28参照）。しかし、その後の時代、教会はカリスマの制度化（位階制など）を行う。それはカリスマを人間的な思惑で利用する乱用から守るためにも必要であった。しかし、制度はあくまでもミッションのためであって、制度の自己目的化はミッションを殺してしまう。換言すると、他の一切を排斥できる

25　Avery Cardinal Dulles, *Models of the Church* (Image: New York. 1986).

26　たとえば、日本文化の古典芸能にも、流派の伝統（アイデンティティ）保持というミッションと制度の関係には同じような構図がみられる。古典芸能のある家元が継承してきた流派の伝統はそこに宿る精神と同意義であり、流派のアイデンティティの砦である。その流派の伝統を守り、流派の精神を表現するために作法、所作、制度、慣習などの外面的様式が大切にされる。しかし、外面的様式は流派の精神そのものではない。時代の変化によってそれらは変わりうるし、逆に変えなければ受け継いだ精神やアイデンティティ、そして伝統を守れない場合もある。身体の使い方、流派の制度、慣習はこの世に属するものであるが、それらは流派の原点であるカリスマやそれを保持する伝統という精神世界につながってこそ価値がある。

ような絶対不変の教会組織の構造や制度は存在しないということである。教会の制度が教会のミッションとの関係で理解されないと、制度が自己目的になってしまい、その中で働くカリスマの自由な働きを阻害してしまう。そして、教会のミッションは常にイエスのミッションから定義づけられ確認される。制度に閉じ込められたカリスマは自由には働けないが、一方、聖霊の働きを人間がコントロールすることもできない。制度が疲労をきたせば、カリスマは制度を突き破って自由に動き出し、教会に新風を吹き込む。教会の歴史がそのダイナミズムを証ししている。

誕生した教会

初期共同体の成立以降、教会は二千年にわたり現在まで続いている。その存在の原理がイエスであり、その原理のもとに教会が誕生し、その原理によって常にそのあり方が規定される。その原理であるイエスに従う弟子たちを突き動かす力が、イエスにも満ちていた同じ聖霊であると、キリスト教は信じる。イエスに降り注がれた霊と同じ霊が教会には臨在し働いているからこそ、イエスという体験が想起・伝承され、普遍的に体験され、終末の完成に向けて歩み続ける生きたひとつの有機体としての教会が存在する。教会は神の国ではない。教会の制度は信仰の対象ではない。しかし、教会なしにイエスへの信仰は伝承されないし、人々がイエスと出会うこともできない。その意味で、教会は聖霊の働きによって神を仲介する。教会はイエスによって呼び集められ、聖霊に息吹かれた、弟子たちの共同体なのである。

第三章 教会の確立—教父時代まで—

教会の原理としてのイエスは教会の本質と使命を明確にする。生まれたばかりの教会が地中海沿岸に伝えられていく際、みずからのアイデンティティを保つために、保持すべきものと脱ぎ捨てられるものがふるいにかけられるように明らかになる。新約聖書時代以降の数世紀間、教会の展開は新たな段階を迎える。明確にされた原理をもとに、教会は周辺社会との対話・対峙を通して、みずからが向かっていく方向を決定していく。

新約諸文書でも、「交わりの教会」「キリストの体」「聖霊の神殿」という表現を用いて教会の「一致」(unity)が強調されてきた。それはとりもなおさず、発生したばかりの教会には常に分裂の危機があったことを意味する。その分裂の原因となるのが、主導権争い、正統・異端の論争、教会に対する迫害などである。地中海沿岸に広がった教会は、まだ内部において組織は確立しておらず、外部からも新興勢力としての疑いや誤解の目でみられ迫害される。また、教会が置かれたローマ帝国自体が激動の時代にあり、教会もその影響をまともに受ける。しかし、様々な危機に直面した教会は、制度の整備、教会会議や公会議召集などを経て教義の確立、周辺社会との関係や距離の取り方を学び、現代にいたるまでの数世紀にわたる教会の展開の方向性を決定づけていくのである。この時代に、教会の本質である「一、聖、普遍、使徒継承」が確立する。教会が歴史の中で展開していく際にみずからをどのように理解していったのか。ここでは新約聖書時代後から教父時代までの教会について論考していく。

ここで大切なのは、教会が直面した危機を乗り越えるために、常に当時の周辺世界との対話や対峙の内に、その影響を受けながら、制度や自己理解を形成していったというプロセスである。教会は常に周辺環境の中で、みずからのアイデンティティを確認・保持してきたのである。そのプロセスは教会を考察する上で要点のひとつである。

一　ローマを中心とした組織へ

生まれたばかりの弟子たちの共同体はまずエルサレムを中心として活動していた。キリスト教が民族宗教から普遍宗教へと大きな一歩を記した「使徒会議」もエルサレムで行われた。このエルサレム教会はヘブライ的色彩が濃く、「ヘブライ語を話すユダヤ人」が指導的地位にいたことは使徒言行録から読み取れる。一方、「ギリシア語を話すユダヤ人」や、彼らの宣教によってイエス運動に加わった異邦人たちの共同体は、当時の帝国のメトロポリタンのひとつであったアンティオキアに存在していた。パウロやバルナバはここを拠点に活動し、パウロの宣教旅行はいずれもこの街から出発している。また、この街の共同体の人々が初めて「キリスト者」と呼ばれるようになったとの証言はすでにみた通りである。

エルサレム教会はすぐに指導的地位を失うが、アンティオキア教会がその地位を引き継いだわけではない。当時の地中海沿岸世界に広まった教会の中心的役割を担うようになったのが帝国の首都ローマの教会である。キリスト教の歴史、特に教会の歴史においてローマは特別の地位を占め続けていくことになる。[1] 特に教皇を最高位とあおぐローマ・カトリック教会の場合、その教会の歴史は教皇をめぐる歴史といっても過言ではない。なぜローマが教会の中心的指導の地位を占めるようになったのであろうか。

伝統的にローマの司教が教皇と呼ばれ、その初代ローマ司教がペトロと考えられてきた。それゆえ、様々な教会文書の中で教皇は「ペトロの後継者」「ペトロの代理人」と称される。しかし、ペトロがローマの初代司教であったことは歴史的には確認できない。むしろ、そうではなかったのではないかと考える二つの理由がある。[2] まず最初に、ペトロの到着以前にローマにはすでにキリスト教の共同体が存在していた。つまりそこにはすでにその共同体を指導する人物が存在していたことを意味する。二つ目は二世紀半ばまでローマ教会はじめ、統治形態として各地の教会が唯一の司教によって治められていたかどうかは明らかではない。確かにパウロ書簡には「監督」（episcopos）という共同体の指導的地位についての言及があり、その発展形が司教制だとしても、二世紀半ばのアンティオキアのイグナチオの書簡で言及されるような一人の司教のもとに一つの教会があったかどうかは不明である。パウロが別の書簡で言及しているように、一つの教会内には複数の職位や賜物があって（1コリント12・28―28参照）、役割分担によって統治が行われていた可能性も排除できない。

ローマにキリスト教共同体ができたのはいつなのか。まずローマにおけるユダヤ人共同体からみてみよう。経済活動や戦争捕虜などで、紀元前一世紀にはローマに多くのユダヤ人が居住していたことが知られている。ヨセフスは七〇年のエルサレム陥落後、ローマ軍が九万七千人のユダヤ人を戦争捕虜にした記録を残している。[3] その多くがローマに連行されたものと考えられる。ローマに限らずディアスポラのユダヤ人共同体はエル

1　キリスト教の中心をローマとする考えは注意が必要である。教会の歴史において派生してきた諸教派はローマの位置づけについてもそれぞれ異なる考えをもつ。しかし、歴史の現象面としてローマがキリスト教の歴史において果たした役割をまったく無視する教派はない。

2　以下ペトロとローマ司教の関係については次を参照。増田祐志「カトリック教会が教えを語るとき」『自由は域を超えて―現代キリスト教と倫理―』光延一郎編、サンパウロ、二〇〇六年、210～214頁。

3　ヨセフス『ユダヤ戦記』Ⅵ、ix、3．ちくま文芸文庫邦訳、三巻99頁。

サレムとの関係を密に保っていた（使徒言行録2・5）。エルサレムで発生したイエス運動のことをローマのユダヤ人共同体に伝えた人間がいても不思議ではない。そのように自然発生的にローマのユダヤ人共同体の中でイエスを主メシアとして受け入れる人々のグループが、三〇年代には形成されたと考えられている。[4] イエスの十字架処刑の後、すぐさまキリスト教がローマにもたらされていることになる。このユダヤ人共同体内のキリスト者グループが増大するにつれ従来のユダヤ人グループと対立し騒動を起こすようになり、ついに双方ともローマから追放されてしまう（四九年）。パウロは五一年にコリントに行ったと考えられているが、そこで出会ったプリスキラとアキラも追放された人々の一員である（使徒言行録18・1－2）。[5] つまり、四九年にはローマの為政者が追放令を出すほど無視できない勢力をもったユダヤ人共同体が存在していたということである。

では、ローマに異邦人キリスト者は存在していなかったのか。パウロがコリントで執筆した「ローマの信徒への手紙」はおもに異邦人キリスト者を対象にしているので、執筆当時（五七～五八年）にはかなりの規模の異邦人キリスト者共同体が存在していたものと考えられる。

以上の状況から次のことがいえるであろう。まず、ローマにキリスト教を最初に伝えたのはペトロでもパウロでもない。もしペトロがローマ教会のごく初期のメンバーでしかも指導者ならば、パウロのローマへの書簡でペトロに関する言及があってしかるべきだが、彼の名前は一度もでてこない。この書簡の末尾のあいさつ文（一六章）でも、パウロが最初にあいさつを送るのはプリスキラとアキラ（ローマに戻っている）である。ローマの教会は、ある特定のカリスマティック宣教者によってうち立てられたというよりも、既存のユダヤ教共同体やイエス運動を知っている人々によって徐々に形成されていったのである。

ペトロに関していえば、パウロの前記書簡の執筆以前にペトロがローマで活動していたとは考えにくい。ペトロがローマで何をしていたのか、殉教までのローマ滞在中どのような指導的役割を果したのかは一切不明である。「使徒会議」ではペトロは重要な役割を果たしているので、彼の活動拠点はエルサレムだったと考えられるが、そこでもどの程度まで重要な地位にあったのかはわからない。エルサレム教会の指導者は「主の兄弟ヤコブ」と考えられ、パウロの書簡でもペトロがヤコブに対して非常に気を遣っている様子がうかがえる（ガラテヤ2・11－14参照）[6]。しかし、ペトロとパウロが六四年ないし六七年にローマで殉教したことは確かであり、その後も両名ともローマ教会のみならず教会全体で崇敬されてきた。キリスト教を公認したコンスタンティヌス大帝は三三〇年にペトロの墓の上にバジリカを建立し、それが今日のバチカンのサンピエトロ大聖堂の基となる。伝承によれば十二使徒の中でローマで殉教したのはペトロだけであり、彼が使徒グループのリーダー格であったことは福音書が述べている通りである。

以上から、ローマが早い時期にキリスト教の中心的位置を占めるにいたった理由として三点あげることができる。第一に、ローマが帝国の首都であったこと。その街の性格上、人や物の流れが激しく、広大な領土の様々な文化も流れ込む。人・物・金が集中する場所は人材も可能性もそれだけ豊富であり、特に宣教を本質とするキリスト教会にとっては、その戦略上、大都会は非常に好都合であった。実際、ローマ以外でも権威を有するようになった教会は、アレキサンドリアとアンティオキアという大都市教会である。第二に、ローマはペトロとパウロの殉教地であり葬られた場所であったこと。初期の教会において大きな崇敬を集めていた二人の殉教・埋葬の地が信仰者の中で特別な聖なる場所になった。ある集団の聖人・英雄・記念すべき人物にゆかり

4　Joseph A. Fitzmyer, *Romans: A New Translation with Introduction and Commentary*, (New York: Doubleday, 1993), 25-36.
5　クラウディウス帝時代にユダヤ人がローマから追放された記録は、スエトニウスというローマの歴史家の記述にもみられる。
6　同書簡でパウロは、エルサレム教会の「柱と目されるおもだった人たち」としてヤコブ、ケファ、ヨハネの順で記している。序列を反映しているものと思われる。ガラテヤ2・9参照。

のある土地がその集団にとって聖地になるという現象は、キリスト教に限らず古今東西普遍的にみられる。第三にローマで殉教したペトロとパウロは教会の二本の柱とみなされ、ローマ帝国の他の教会の指導的地位としての機能を果たしていったこと。パウロは書簡で、異邦人宣教は自分に任され、割礼を受けた者の宣教はペトロに任されたと記している（ガラテヤ2・8、実際にはペトロも異邦人宣教を行っている）。崇敬を集めていた二人の宣教者の任務をローマ教会が自然に引き継いでいったのである。ただし、指導的地位として拘束力を伴う権威がどこまで認められるのか、これは後代の教会論の大きなテーマのひとつとなる。

ペトロの権威がローマ教会の権威の根拠となったのか、ローマという街の特殊性がペトロの権威を補強したのか、明確な線引きはできない。双方の要因が絶妙に影響し合い、時代とも相まって、ローマ教会が教会全体の中で特別な地位を占めるにいたったと考えられる。実際、その後のカトリック教会は—いい意味でも悪い意味でも—ローマ抜きでは成り立たない。

二　使徒教父文書より

『使徒教父文書』の初期のものは、新約聖書後期に成立した文書と年代的に重なる。その意味で、発生したばかりの教会における重要な資料である。[7] その文書に収められている当時の教会理解についてみてみたい。

1　ローマのクレメンス：使徒継承

紀元後一〇一年頃までローマの司教であったクレメンスは、伝統的に第四代教皇に列せられている。使徒教父文書には、内部トラブルを抱えていたコリントの教会にあてたクレメンスの手紙が残されている。[8] この手紙をペトロ後のローマ教会の最初の「首位権行使」とする考えもあるが、[9]むしろ兄弟愛にもとづく勧め・アドバイスといった色合いが強い。教会間における権威の問題をこの手紙にみるのはいささか強引である。むしろ、この手紙にみられる使徒継承の考えが教会論的には重要である。

九六年頃、ローマからコリント教会あてに書かれた手紙の中で、クレメンスは次のように諭す。

私たちの使徒たちも、私たちの主イエス・キリストを通して、監督職の名に関して争いが起るだろうと知っていた。このために、完全な予知の知識を得ていた彼らであるから、先に言及した人たちを立て、その後に遺言を補足して、もし彼らが眠りについたなら、吟味の結果信用のおけるとされた他の男が、彼らの任務を継承するようにと命じた。（44・1–2、傍点筆者）

教会内部での主導権争いをめぐる問題が実際にあり、それが使徒たちの任務の継承（使徒継承）を困難にするものと考えられている。クレメンスは使徒継承にもとづく教会の制度設計について次の通り言及している。「使徒たちは、私たちのために主イエス・キリストから福音を聞かされた。キリスト・イエスは、神から遣わされた。それゆえキリストは神から、使徒たちはキリストから出ている。」「彼ら（注：使徒たち）は地方から

7　「使徒教父文書」と呼ばれる一〇の諸文書は、九〇年代～一五〇年代の間に成立したとみなされている。新約聖書と教父文書の中間の時代に、キリスト教の正統的立場をとる代表的な人々によって著され、教会の伝統の中でも新約聖書に次ぐものとして大切にされてきた。以下参照。『使徒教父文書』荒井献編、講談社文芸文庫、一九九八年。

8　以下、邦訳は次による。同上より「クレメンスの手紙―コリントのキリスト者へ（Ⅰ）（Ⅱ）」小河陽訳、82～156頁。なお、手紙Ⅰにペトロとパウロの殉教が記されている(5)。

9　たとえば、ベネディクト十六世『教父』ペトロ文庫、カトリック中央協議会、二〇〇九年、12頁。

地方に、また町から町に宣べ伝えながら、彼らの初の回宗者らを霊によって吟味したのち、未来の信者たちの監督あるいは執事として任じたのだ」（42・1、4）。

クレメンスは、教会組織を現在でいうところの「位階制」としてすでにみている。その発想はユダヤ教共同体組織における「大祭司」「祭司」「レビ人」に倣っている。「大祭司には彼独自の務めが与えられており、祭司には祭司独自の役職が割当てられており、レビ人にはレビ人独自の奉仕が課せられている」（40・5）。教会は、キリスト、使徒、監督あるいは執事という位階によって統治され、その制度が使徒の任務の継承と連続性を担保するのである。クレメンスの手紙の中では「監督」（episkopos）（後の司教）と「長老」（presbyteros）（後の司祭）（44・5、57・1）という二つの名称が同じ役職として使用され、「執事」（diakonos）（後の助祭）も登場する。テモテへの手紙一やテトスへの手紙など教会書簡の中でも「監督」「長老」という教会内の管理職の名称が登場しており、発生後まもない教会では「監督制」と「長老制」が共存していたようである。それらが時代を経て「司教・司祭・助祭」という位階制に収れんされてきた。クレメンスにとって司教職の継承は使徒の奉仕職の連続性であり、伝えられた使徒の教え（使徒伝承）を守る保証でもあった。このような使徒継承は聖霊が働く場であると考えられた。

また、教会を「新しいイスラエル」（29）と考えるクレメンスは、「キリストの体」（37－8）にたとえる際、当時の帝国の軍隊組織を持ち出す。

私たちは彼（注：キリスト）の非の打ちどころなき命令に従い、全力をあげて私たちの兵役を務めようではないか。私たちの司令官に兵士仕えしている者たちを考えてみよう。彼らは何と秩序だって、何と喜び進んで、また従順に命じられたことを遂行することか。総てが長官であるわけでなく、総てが千人隊長でも百卒長でも五十人部隊長でもなければ、その他諸々の長であるわけではないが、各々が各自の地位において、王や司令官らに命じられた事柄を果たす。（37・1―3）

パウロによって創立されたコリントの教会に対するクレメンスのこの手紙の中でも、パウロ書簡を引用して、教会の一致が教会の本質の一部であると説いている（37・5参照。パウロの手紙1コリント12・4―11、24）。内輪争いをしていたコリント教会に対して送った書簡の中で、クレメンスがユダヤ教共同体組織やローマ帝国軍隊組織を例に持ち出して諭していることは興味深い。しかし一方で、パウロ書簡で言及される各人に与えられたカリスマを中心とするダイナミックな教会理解（ある人は、使徒、預言者、教師など。1コリント12・28参照）から、制度的構造体という教会理解へと移行している。権威の組織化・制度化がすでに進んでいる様子がうかがえる。

2　アンティオキアのイグナティオス：監督、長老、執事

クレメンスより少し後の時代のイグナティオス（一一〇～八年の間に殉教）は、アンティオキアの司教だった。トラヤヌス帝（一一七年没）時代に捕えられ、ローマで獣の餌食になるという死刑を宣告される。ローマに護送される間に各地域の教会に書簡を送り、それらが『使徒教父文書』として収められている[10]。それら書簡から彼の教会理解と当時の教会制度理解をみてとることができる。教会論的に重要なのは、彼の書簡に「監督、長老、執事」という制度が明確にみられることと、その制度が教会一致を保証するという考えである。

10　「イグナティオスの手紙」八木誠一訳『使徒教父文書』前掲書、157～212頁。以下引用は本書による。

イグナティオスが書簡で注意を呼びかけたのはイエスの受肉をみせかけとし受難・復活をみとめない仮現説と、教会内でユダヤ教の律法遵守を主張するユダヤ主義である。分裂を避け教会の一致を保つため、監督の重要性を述べる。

あなた方は監督の意向に一致してゆくのがよろしいのです―あなた方は実際そうしておいでですが。というのはあなた方の、その名にふさわしい長老団は、神にもふさわしいのですが、弦が竪琴に対するように、監督に調和しているからです。こうして、あなた方は心をひとつにして、愛のシンフォニーをもって、イエス・キリストを歌っているのです。（『エフェソのキリスト者へ』4・1―2）

この箇所でイグナティオスは、教会の一致の重要性とその一致の源が司教にあることを説いている。さらに、「霊が次のように言って告知するのです。監督ぬきでは何もしてはいけません。あなた方の肉を神の宮（1コリント3・16）として護持しなさい。一致を愛し、分裂を避けなさい。キリストを真似るものとなりなさい（1コリント11・1）―彼もその父を真似たように」（『フィラデルフィアのキリスト者へ』7）。監督が教会一致の源なのは、聖霊の業であると述べる。

またイグナティオスは当時の教会制度について証言する。

あなた方は監督につきなさい。神があなた方につくためです。私は、監督、長老団、執事に従う者に身を献げた者です。私はその人達と共に神に与りたいと思っています。互いに苦労し合いなさい。一緒に戦い、一緒に走り、一緒に苦しみ、一緒に眠り（死）、一緒に眼覚め（復活）なさい―神（の家）の管理人、（その食卓の）同席者また僕として。あなた方を兵役に服させている方のお気に召すようにしなさい。あなた方は彼から報酬を受けるのです。あなた方の誰も逃亡兵と認められないようになさい。いつもあなた方の洗礼を武器、信仰を冑、愛を槍、忍耐を鎧たらしめなさい。（『ポリュカルポスへ』６・１―２）

この制度とともに、制度の中で教会の一致と信仰を保つように勧める。イグナティオスがこの制度について言及する際、教会統治としてある種の「君主制」的形態を考えている。

みんな、ちょうどイエス・キリストが父に対するように、監督に従いなさい。また使徒に対するように長老団に従いなさい。また執事を神の誡めのように尊びなさい。誰でも教会に関することを監督ぬきで行なってはなりません。監督のもとで、または彼がそれを委ねた人のもとで行なわれる聖餐だけがたしかなのだと考えなさい。イエス・キリストが在したもうところ、そこに公同教会（注：カトリック教会）があるのと同様、監督があらわれるところ、そこに全会衆があらねばなりません。監督なしに洗礼を施すのも愛餐を行なうのも適法ではありません。彼が正しいとすること、これが神にも喜ばれ、こうしてあなた方の行なうところすべてがたしかで堅固なのです。（『スミルナのキリスト者へ』８）

キリスト教文献で「カトリック」という言葉はここで初めて使用されるが、監督のあるところにカトリック教会があると述べる。それは「普遍」を意味する「カトリック」的「一致」の源が監督にあると考えているからである。

また、イグナティオスの『ローマのキリスト者へ』のあいさつ文は、すでにローマ教会が全教会において指導的地位にあったことをうかがわせる。「ローマ人の国の地において指導的であり、神にふさわしく、名誉にふさわしく、祝福にふさわしく、賞賛にふさわしく、幸福にふさわしく、聖潔にふさわしく、愛にすぐれ、キリストの法を守り、父に従って名づけられたもの」と記され、内容もさることながら、他の教会への書簡での彼のあいさつ文と比較すると、その丁寧さは際立つ。

イグナティオスの手紙で言及される監督・長老・執事は、現在の司教・司祭・助祭である。司教は、司祭と助祭の手助けのもとでその奉仕職を遂行する。このように現在の位階制（特に司教・司祭・助祭）は二世紀にまで遡ることができ、それは聖霊の業であるとの理解がみられる。

三　二世紀から五世紀の教会論

1　ユスティノス：太陽の日に集う民

これまで取り上げたクレメンスやイグナティオスの著作は教会内に向けたものであるが、キリスト教が地中海沿岸に広まって行くにしたがい、教会の外に向けて自分たちの信仰を擁護し説明する必要にせまられる（1ペトロ3・15–16も参照）。それは、新興宗教勢力として周辺から様々な誤解にさらされた初期キリスト教が取り組まなければならない重要課題であった。このような環境下にあって信仰内容や共同体の活動について外部に説明する護教家が現れる。二世紀前半に活動したユスティノス（一〇〇頃～一六五年頃）はその一人である。彼は真理を求めて当時の哲学諸派を渡り歩くがどれにも満足せず、ついにキリスト教こそ真の哲学として回心を体験する。[11] 回心後のユスティノスはローマで哲学の学校を開きキリスト教の教授と著作活動を行う。彼はキリスト教を外部向けに説明する著作を残し、その中のひとつ『第一弁明』は当時のアントニヌス・ピウス帝

（一六一年没）に献呈されるが、最後は捕えられ殉教している。[12] 彼の著作におけるキリスト教弁明の方法論は現代でも示唆に富み、神学としてもその後の教理形成に重要な影響を与えている。[13] また、彼は帝国内に広まっている当時の教会の様子や風習を記録している。『第一弁明』の六一章以降では、洗礼、感謝の典礼（エウカリスティア）について説明し、六七章では日曜日の典礼集会について報告している。

太陽の日と呼ぶ曜日には、町ごと村ごとの住民すべてが一つ所に集い、使徒達の回想録か予言者の書が時間のゆるす限り朗読されます。（中略）それから私共は一同起立し、祈りを献げます。そしてこの祈りがすむと前述のように、パンとブドウ酒と水とが運ばれ、指導者は同じく力の限り祈りと感謝を献げるのです。これにたいし会衆はアーメンと言って唱和し、一人一人が感謝された食物の分配をうけ、これに与ります。（67・3－5）

これは二世紀半ばにローマで実践された典礼の記録であり、さらにこの典礼の根拠の説明が続く。「太陽の日に私共が皆共に集う理由は、その日が、闇と質料《ヒュレー》を変えて神が世界を創造された第一日であり、またイエス・キリスト、私共の救い主が死人のなかからよみがえったのもその同じ日だからです」（67・8）。これら引用は、

11　ユスティノス「ユダヤ人トリュフォンとの対話」三小田敏雄訳『キリスト教教父著作集1』教文館、一九九二年、203～214頁（第三章～第八章）。
12　ユスティノス「第一弁明」同上、柴田有訳、15～138頁。
13　キリスト教が真の哲学であるならば、どうして古典哲学の祖ソクラテスやプラトンはキリストを知らなかったのかという問いに対して、ユスティノスは「種子的ロゴス」という概念を用いて説明している。他にも、受肉、処女降誕、神性と人性など、キリスト論諸問題を著作で扱っている。

教会がそのメンバーシップの承認としての洗礼や、自分たちの共同体の信仰確認としてのエウカリスティア（現在のミサ、特に感謝の祭儀）の重要性について証言している。典礼に関するユスティノスの証言は、『使徒教父文書』の「十二使徒の教え」「クレメンスの手紙」（一世紀末から二世紀初頭）と後述するローマのヒッポリュトスの『使徒伝承』（三世紀初め）の間に位置し、その間の典礼形式の連続性と発展の様子を示している。

教会論的観点からここで指摘すべきは、教会共同体形成において典礼の果たす役割の重要性である。教会はまず第一に典礼行為を中心として形成される共同体なのである。最初はイエス体験についての記憶を共有する人々が集っていたが（使徒言行録二章参照）、その原初の記憶を共時的かつ通時的に共有するために具体的な典礼が形成されていく。その典礼を通じて、他の集団とは一線を画する、キリストと告白されたイエスを存立基盤にする共同体が形成されていくのである。典礼において採用された行為としての宗教的シンボルは、その共同体の設立母体であるユダヤ教に由来する。洗礼はエッセネ派や洗礼者ヨハネの洗礼運動にみられるユダヤ教の「沐浴」という宗教儀式に、エウカリスティアはイエスと弟子たちの最後の晩餐（ユダヤ教の過ぎ越し祭の食事）に由来する。典礼は具体的な行為、使用するもの（水やパンなど）、言葉（聖書朗読など）、決められた時を必要とすると同時に、それがどの場所・地域であっても共有されることによって共同体のアイデンティティを保証する。それゆえ、誕生の初めから教会共同体は「一致」を重要視し、その「一致」ゆえに「普遍（カトリカ、公同）」でありえたのである。

2　教会の内なる脅威：異端

ローマ帝国内に拡散していくキリスト教は、当然、既存の周辺環境の影響をも受けていく。既存の宗教観・世界観・人間観のもとで「新しい教え」は理解され受容される。初期キリスト教は誕生母体であるユダヤ教の影響を色濃く残していたし（使徒言行録一五章参照）、異邦人キリスト者の増大にともない、今度はローマ帝国の知的枠組みであったヘレニズム文化にみずからを受肉させていく。その意味では「純粋なキリスト教」なるものは存在しえないし、キリスト教のみならずどの宗教も「文化的衣」をまといながら受容されるのである。しかし、どの「衣」でもいいわけではない。キリスト教の本質、つまりキリストと告白されたイエスについての記憶の本質を歪曲するような衣も存在した。それが「異端」として断罪されるのであり、たびたび教会の一致を脅かし、ある時は分裂を招いた。分派教会の発生である。初期キリスト教の本質を脅かした最大の異端思想はグノーシス主義的キリスト教であった。当時、強い影響力をもった宗教潮流であったグノーシス主義思想からキリスト教を解釈しようとする試みであり、そのようなグノーシス主義的キリスト教は、使徒たちが伝えたイエスについての記憶を歪めるものとして判断されたのである。イエスが肉をまとってこの世にあらわれたことを否定し、その受難・死・復活をも否定する仮現説は受肉にかかわる重大な異端として新約聖書でも触れられている（1ヨハネ4・1―3）[14]。そこで教会の使命と本質「使徒的」であること、つまりキリスト教が様々な文化的衣をまとうとしても、教会のアイデンティティである使徒の教えは「使徒的」教会（使徒継承の教会）によってその連続性が保証されるという自覚が強く意識される。ゆえに「使徒継承」が教会一致の根拠とされるのである。

二世紀から三世紀前半にかけてマルキオンという異端が起こる[15]。彼は旧約の神と新約の神を対立させ、新約の神だけを認めた。この一派は、自説に合うパウロ書簡の一部と単一の福音書で構成される「正典」リストを作成し、独自の教会まで立ち上げてしまう。当然、彼らの「正典」リストも教会も受け入れられず異端として断罪される。

14　この他にもグノーシス主義の影響を受けた異端思想は様々に枝分かれして教会に広範囲に及ぶ影響を与え、護教家や教父たちによって何度も取り上げられている。それだけ強力な異端思想であったことを示す。

15　マルキオンについてはユスティノスも証言している。「第一弁明」（26・5）同上、42頁。

この異端運動によって、一致と普遍を保証する教会の「正典」（現在の新約聖書）が成立していくことになる。

二世紀に発生した別の大きな異端運動はモンタノス派である（V．16–18）[16]。モンタノスという創立者によって唱えられた一種の聖霊刷新運動で、教会構成員の禁欲的生き方を強く主張した。脱魂状態での預言の異様さやその過度な厳格さ、また女性の長老や監督を認める独自の位階制をもつことなどが疑問視され正統教会から追われ「交わり《コイノニア》を断たれ」た（V．16）。つまり、異端とされた。この運動には古代キリスト教のラテン思想家テルトゥリアヌス（二二〇年以降没）も参加することになる。教会論的には、教会の「聖性」はどこに由来するのかという問いとつながる。テルトゥリアヌスの時代、教会の聖性の根拠は構成員の聖性に由来すると考えられ、それは北アフリカ教会の伝統でもあった。しかし後代、同じく北アフリカ・ヒッポの司教アウグスティヌスは教会の聖性は構成員に由来するのではなく教会そのものにあると主張し、「聖なる教会」という理解が確立していくことになる。

誕生まもない教会ではその自己理解をめぐって様々な議論が交わされる。以上例示した以外にも種々の異端思想が誕生するが、真正なキリスト教信仰の保持と伝承、そして宣教を使命とする教会は、その一致と普遍性という大前提のもとそれらと対峙し、またその対峙を通して、教会の自己理解を深化させていったともいえる。教会一致を脅かす異端思想は、教会の歴史の中で現在にいたるまで絶えず登場するが、それは教会の自己理解の反省と浄化という作用があることも事実である。

3　エイレナイオス：使徒性

使徒教父ポリュカルポスの弟子ともいわれるリヨンの司教エイレナイオス（一三〇ないし四〇頃～二〇二年頃）は、グノーシス主義的キリスト教を反駁する著作を著し、真の教会の保証をクレメンスやイグナティオス同様「使徒継承」に求めた。使徒によってたてられた教会、使徒によって任命された監督とその継承者、その使徒の教えを保持する新約聖書、使徒によって伝えられた「信仰の規範」、これらによって教会の正統性が保証され、教会の教えの一致と統一性が保たれると主張した。グノーシス主義者によると使徒の教えは覚知者といわれる知的エリートのみに知られるとしたが、エイレナイオスは著書『異端反駁』の中で使徒の教え（伝承）は明らかであり、すべての教会でみることができるとする。そしてそれが可能なのは、使徒たちから始まり歴代の司教職を通じて「使徒たちに由来する教会の中の伝承と真理の指針とが私たちにまでたどりついている」（Ⅲ．3．3）[17]からである。

グノーシス主義的キリスト教はその二元論的性格から様々に枝分かれした系統思想を生みだしたが、それに対してエイレナイオスは使徒伝承の「唯一性」を強調し、「信仰の規範」は正統な教会ではどの地域でも同じであることを示す。

教会は、全世界に広がっていても、一つの家に住んでいるかのように、注意深く（使徒の信仰を）守る。ただ一つの魂、同じ一つの心をもっているかのように、この真理を信じる。ただ一つの口をもっているかのように、完全に一致しながら、この真理を告げ知らせ、教え、伝える。世界のことばが違っても、伝承の力は唯一、同じである。ゲルマニアに創立された教会が、違う信仰を受けるわけでも、伝えるわけでも

16　エウセビオス『教会史』秦剛平訳、山本書店、一九八六年。
17　エイレナイオス「異端反駁」小林稔訳『キリスト教教父著作集3』教文館、一九九九年、10頁。エイレナイオスは使徒継承をペトロとパウロによって創立されたローマの教会の司教リストによって代表させている。理由は「全教会、すなわちあらゆる地域の信仰者は、この〔ローマの〕教会のよりすぐれた起源のゆえに、これと一致すべきである」（同上、Ⅲ．3．2）からである。

ない。イスパニア、ガリア人や東方の民の間、エジプト、リビアに創立された教会でも、世界の中心の地域に創立された教会でも、同じである（I．10．1−2）[18]。

エイレナイオスは使徒伝承と使徒継承に教会の「普遍（カトリカ）」「唯一性」を根拠づける。さらに、使徒伝承も使徒継承も究極的には聖霊によって保証されている。「〔この信仰を〕私たちは教会から受けて守っている。そして〔この信仰は〕よき壺の中にある特別優れた委託品のようなもので、神の霊のおかげで常に新たになり、自分を入れている器をも新たにしている」。「教会のあるところには神の霊もあり、神の霊のあるところには教会とすべての恵みがあるからである。そして霊は真理である」（Ⅲ．24．1）[19]。異端者は教会から出ることで、真理の霊からみずからを締め出しているのである。エイレナイオスは、聖霊の賜物としての使徒伝承と使徒継承に教会の唯一性・聖性・普遍性・使徒性を見出している。

4　ヒッポリュトス：典礼に反映される交わりと一致

教皇カリストゥス（在位二一七～二二二年）の対立教皇となったローマのヒッポリュトス（一七〇年頃～二三五年）は、叙階の秘跡を司る司教の権能を強調する。彼の著作『使徒伝承』は、洗礼や叙階の秘跡をはじめ当時の典礼についての三世紀初め頃の記録である[20]。新しい司教の叙階は隣接教会の司教たちによって行われるが、それは新しく選任された司教が「司教団」に迎え入れられる「しるし」、つまり「交わり」と「教会一致」の「しるし」である。また、新たな司教の選任は先任司教の単独指名ではなくしかるべき人物を「民全体」で選ぶものとされる（1テモテ3・1−7参照）。『使徒伝承』では司教叙階式の際、司式司教のほか、「司祭団」や会衆についても触れられている。叙階の秘跡は、教会の位階が身分のように個々人に与えられるというよりも、選ばれた人物がそれぞれの奉仕職に応じた位階の権能にその団体での交わりを通じてあずかるという意味合いが強い。司教団の交わりと一致の中で、使徒の役務は継承され（使徒継承）、その教えも伝承されていく（使徒伝承）。

また、ヒッポリュトスの教会観は、罪びとをいやし和解をもたらす場というよりは、厳格主義派のテルトゥリアヌスと同様、聖人が集まる共同体ないし聖人の訓練所のような共同体理解である。彼がカリストゥス教皇と対立した点も司教による「罪のゆるし」理解にあり、カリストゥスは寛大な立場だったがヒッポリュトスは厳格派だったといわれる。これは共同体が帝国内で「選ばれたものの党派的存在」として留まるのか、帝国に広がるにつれより周囲との適応を図っていく地理的意味での「普遍教会」になるのか、両グループの葛藤があったことを示す。この「罪のゆるし」の問題は、度重なる迫害下で殉教者を輩出してきた当時の教会内で対立の大きな原因になっている。[21] なお、アンティオキア近くのシリアで三世紀前半に成立したと考えられる『使徒憲章』（Didascalia Apostolorum）は東方における典礼と教会生活の規律についての貴重な資料であり、ローマ典礼との比較が興味深い。

5　キプリアヌス：教会の一致

北アフリカ・カルタゴの司教キプリアヌス（?～二五八年）は司教在職中、デキウス帝（二五一年没）とヴァレリアヌス帝（二六〇年以降没）によるキリスト教迫害を二度経験し、二度目の時に殉教している。[22] デキウス

18　邦訳は次から。ベネディクト十六世『教父』前掲書、39頁。
19　『異端反駁』　またエイレナイオスは子と聖霊を「神の両手」と形容し、万物も人間も神のこの「両手」によって創造されたとする。同上、Ⅳ．20．1．
20　『聖ヒッポリュトスの使徒伝承――B．ボットの批判版による初訳』土屋吉正訳、オリエンス宗教研究所、一九八七年。
21　この当時、罪のゆるし、特に迫害下で背教した信徒の教会復帰をめぐる「ゆるし」の基準は、司教によって決められていた。
22　デキウス帝による迫害（二四九～五〇年）、ヴァレリアヌス帝による迫害（二五七～八年）。

帝の迫害は帝国全土に渡る苛烈なもので多くの教会は多くの背教者を出すことになった。この迫害終結後、背教者の教会復帰をめぐってカルタゴの教会は深刻な分裂の危機に見舞われた。このカルタゴ教会内の論争を指導したのがキプリアヌスである。彼は背教者の教会復帰をある一定の条件（十分な償い）のもとで認めたが、この決定をめぐってカルタゴ教会内に分裂が生じた。また、同様の決定をしたローマ教会内にも政治的思惑も絡み分裂が生じた。この時の分派教会がノウァティアヌス派である。この危機に直面したキプリアヌスは教会統治上の必要もあり、この問題について『カトリック教会の一致について』を著す[23]。彼の教会論の第一の特徴は教会の一致である。以下、教会の一致にかかわる彼の言葉を抜粋する。

主はその一致をよく示すために、全権をもってこの一致の起源は一人の人物（ペトロ）に由来することを定められたのである。他の使徒たちもペトロとまったく同じ名誉と権能を授与されたが、その由来は一致から出ているのである。（四章）

教会から離れて姦婦と交わる者は皆、教会の与える約束からも離れていくのである。キリストの教会から離れ去る者は、キリストの報いも受けることができない。彼は「よそもの」であり、聖徒ではなく、敵対する者なのだ。教会を母としてもたない者は、神を父としてもつことができない。ノアの箱船の外にいて難を免れた者がいたのであれば、教会の外にいても難を免れることができたかもしれない。（六章）

われらの主イエス・キリストの衣服（下着）は分けられず、裂かれずに、誰のものになるかで籤引きにされ、完全な形のままの衣服として受け取られ、無償で分かたれない下着として保たれた。（中略）この衣服に

は一致があった。（中略）キリストの教会を引き裂く者は、キリストの衣服をもつことができない。（七章）

教会の中にとどまっていない者が殉教者になることなど、ありえない。（一四章）

神は唯一、キリストはただ一人、教会も信仰もただ一つである。その民には「和合の膠《にかわ》」によって、堅固な単一体として結ばれた一つの民なのである。（二三章）

キプリアヌスは神学的思弁としてではなく、司牧者として教会統治の観点から著述している。カルタゴやローマで分派教会が発生した際、キプリアヌスの反駁の根拠は、一つの街には一人の司教によって治められる一つの教会しかないということである。正統に選ばれた各司教の名誉と権能はペトロと一致していた使徒たちから継承されたものなので、その由来はペトロとの一致にある。そしてこれこそが教会の一致の基礎であり、教会をキリストの救いの約束の場としているのである。よって、正統な司教が治める教会からみずから出ていくもの、つまりこの一致の外にあるものに救いはない。分派教会のものが神の名によって死に赴いてもそれは殉教ではないとまで述べる。正統な司教の証は教会一致の基礎であるペトロの後継者、すなわちローマ司教との一致である。キプリアヌスの言葉「教会の外に救いなし」（書簡集4・4）は、洗礼の有無と救いとの関係にかかわる議論で引用されることが多いが、本来は洗礼云々とは関係ない。キプリアヌスにとって教会こそが救いの場であり、その教会の本質を一致にみている。だからこそ「一致していない分派教会（つまり正統な教会の外）

23　キュプリアヌス「カトリック教会の一致について」吉田聖訳『中世思想原典集成4』平凡社、一九九九年、185～208頁。

に救いはない」のである。

司牧者としてのキプリアヌスは神学的原理主義者ではなく、柔軟に現実に対処する面もみせる。デキウス帝の迫害の際の背教者で教会復帰を望むものに対し一定条件のもとでの教会復帰（エウカリスティアへの参加許可）を認めたが、その後ガルス皇帝のもとでの迫害の危険が高まると、種々の反対を押し切ってその条件を緩和している。エウカリスティアこそが迫害に絶える妙薬だと考えていたからである。

キプリアヌスの教会一致の概念の論理的帰結として派生した別の論争がローマ教会との間に起きる。それが「洗礼論争」である。当時、対立教皇ノウァティアヌスの分派教会で授けられた洗礼が有効かどうかをめぐるキプリアヌスと教皇ステファヌス一世（在位二五四～七年）の論争である。キプリアヌスは分派教会内で聖霊は働いていないのでそこでの洗礼は無効であり、ゆえに正統教会に復帰する際には洗礼が必要であるとの立場であった。聖霊を受ける洗礼のみが有効であって、それが可能なのは聖霊が働いている正統教会内のみであるという主張である。もっていないものを授けることはできない、からである。一方ステファヌスは、聖霊は自由にどこにもでも働くので「父・子・聖霊」による洗礼は、たとえ分派教会内でもあっても有効であるとの立場であった（DS 110-1）。ローマの指導にもかかわらず、キプリアヌスは自説を曲げず実践を続けた。カルタゴ教会の問題にローマが介入することを快く思っていなかったのである。それにしても興味深いのは、キプリアヌスは教会の一致を重要視し、それゆえローマ教会とのつながりを大切にしていたが、秘跡の実践における見解の相違が教会の一致を妨げるとは考えていなかったという点である。一致（unity）と画一性（uniformity）の区別の重要性がここにみられる。この区別は後々の教会においても非常に重要となる。現代の目からみれば、キプリアヌスの議論はあまりにも司教中心の教会理解にも映るが、当時の時代背景と司教の立場を勘案すれば、それだけ司教の自立的リーダーシップが求められていたということである。

6　アウグスティヌス：恩恵の博士

教会が常に周辺環境の影響を受けながら自己理解を形成し続けていく歴史的現象を、四世紀末から五世紀初めに活躍した北アフリカ・ヒッポの司教であるアウグスティヌス（三五四〜四三〇年）にみることができる。アウグスティヌスの教会論はおもにドナトゥス派との論争において展開される。四世紀初めのディオクレティアヌス帝（在位二八四〜三〇五年）の迫害時に、迫害者に妥協して聖書を彼らに渡した者（traditorと呼ばれる）がのちに司教になり執行した秘跡（洗礼、叙階）は無効であると主張し、自分たちの「聖なる人々」だけで構成される教会を立ち上げた。この分派教会は長年ドナトゥスという人物によって主導されたのでドナトゥス派と呼ばれる。アルル教会会議（三一四年）で断罪されたにもかかわらず、北アフリカで強い勢力をもち続け教会に大きな混乱をもたらした。四一四年のカルタゴ教会会議で異端と宣告され、ホノリウス帝（四二三年没）の勅令でドナトゥス派は禁圧された。このドナトゥス派の主張は、ある意味ではテルトゥリアヌスやキプリアヌス以来の北アフリカの伝統に忠実であった。キプリアヌスの「洗礼論争」でもみたように、改宗者や背教者のカトリック教会への復帰の際には洗礼を授け直していた。それは、分派教会の洗礼は有効ではないという考えにもとづく。聖霊は正統なカトリック教会内のみで働き、その聖霊を受けて人々は聖なる存在になるからである。つまり、「聖なる教会」の聖性は構成員各自の聖性にもとづくという理解である。ドナトゥス派は北アフリカ教会のこの伝統の後継者なのである。この論争にアウグスティヌスも加わるのである。

(1)　教会論

アウグスティヌスは「キリストの体」という比喩で教会を理解する。頭であるキリストとその民との親密な一致のイメージであり、信仰者は歴史において広がるキリストの体を作り上げる。また、アウグスティヌスは教会を三階層に分けて考えており、そのコンテキストで教会の意味するところも異なってくる。まず、神を礼拝するすべての天使や聖人たちが集う天上の共同体としての教会。この教会は歴史性を超えている形而上学的現実。天使もその構成メンバーである。二つ目は、地上において私たちが経験している制度を有する共同体としての教会。この教会は洗礼は受けているが善人と悪人、救われるために選ばれた人とそうでない人、聖書の比喩にある麦と毒麦が混じりあっている混成体の教会である。この混成体である教会理解から「目に見える教会」と「目に見えない教会」という区分がなされる。誰が救われるのかはこの世においては不可知で、裁きの日、神によって分けられる。三つ目が、この世の経験される教会の中で救われる人も含まれる選ばれた聖人たちの共同体としての教会。毒麦も混じった畑の中の麦のグループの人々であり、恵みの下に愛徳を生きている人々の霊的教会。これらの人々は旅する教会を形作り、この世を生き、究極的に救われるであろう人々の教会である。アウグスティヌスはこの教会を「鳩」の比喩で述べる。「不滅、聖、貞潔であり、しみもしわもない唯一の鳩のからだ」(『洗礼論』Ⅳ．4．5、Ⅲ．17．22、Ⅲ．18．23、Ⅲ．19．26)[24]。天上の教会と地上の教会、霊的・形而上学的教会と経験される地上の教会、「目に見えない教会」と「目に見える教会」は、相互に交わりを有している。二つの教会があるのではなく、一つの教会の二つの側面とも表現されるべき組織体である。

アウグスティヌスは新約の前表（予兆）として旧約の物語を理解しており、旧約の人々の中にも新約が隠れていたと表現する。明確なメンバーシップをもって教会にいる人々を「内」、そのようなメンバーシップをもっていない人々を「外」と区分するが、その教会の「内」と「外」の区別は彼らの心のあり方において考えられねばならない（Ⅴ．28．39)。

雅歌の中には教会についてこのように描かれている。「わたしの妹、わたしの花嫁は閉じた園、封じられた泉、生ける水の井戸、果樹の実を結ぶ楽園である」（雅歌4・12―13）と。わたしはこの〔教会の〕ありさまを聖徒と義人のもとでのみ理解したいのであるが、貪欲な者、詐欺者、強奪者、高利を貪る者、大酒する者、嫉妬する者のもとでは理解できない。だが、こういう人たちは義人らといっしょに洗礼を共通にもっていたが、愛はたしかにもっていなかったことを、しばしばわたしが言及したように、キプリアヌスの手紙そのものからわたしたちは豊富に学びかつそのように教えている。（中略）神の言い表わしがたいあの予知においては、教会の外にいると思われている人が実は内におり、教会の内にいると思われている人が実は外にいるのである。（V．27．38）

アウグスティヌスはノアの箱舟の物語も比喩的に解釈する。「同じ箱舟の統一が彼らを救ったのであるが、その統一の中ではだれも水を経ることなしには救われはしなかったから。（中略）教会の外で洗礼を受けた人たちが神の予知による教会の内で―なぜならそこにおいて水は彼らにとり救いに役立ちはじめているから―真実に洗礼を受けた者とみなされるようになりうる」（V．28．39）。教会の外の洗礼の可能性を認める。

アウグスティヌスの主張はキプリアヌスの洗礼についての主張と明らかに異なる。それはアウグスティヌス自身も認めているが、それをもってキプリアヌスを非難するのではなく、最大限の賛辞をおくりつつキプリアヌスの誤りをペトロの誤りと比べて擁護する。「それはちょうどわたしが最初の使徒にしてもっとも卓越したペテロにその価値にふさわしい尊敬を払っていても、それでもなお、彼が異邦人を強いてユダヤ化したのは正

24　アウグスティヌス「洗礼論」坂口昂吉・金子晴勇訳『アウグスティヌス著作集8』教文館、一九八四年。

しい行為ではなかったと、あえて主張するのと同じである」(Ⅵ．2．3、ガラテヤ2・14も参照)。キプリアヌスの時代はまだ迫害下であり、教会は聖性と倫理的徳を目指す人々によって構成されていた。北アフリカではその伝統が特に強かった。しかし、ミラノ勅令後の教会には、純粋な動機の構成メンバー以外に種々雑多なこの世的な動機で入信した構成メンバーも多くいた。それゆえ、アウグスティヌスは経験上の教会を決して聖なる共同体とは考えない。地上の教会は罪という病に侵された人々を収容し、癒し、和解させ、聖性において進歩させる「病院」のようなものと考えている。キプリアヌスと彼の殉教から約一〇〇年後に生まれたアウグスティヌスとでは、根本的アイデンティティは共有しているとしても教会理解が大きく変化している。アウグスティヌスの時代、経験上の教会を先輩たちと同じように躊躇なく「聖なる教会」「聖徒の集い」と表現することは非現実的になっている。それは周辺環境の変化に教会が適応した結果であり、両者が直面した問題の質の違いでもある。この意味で、アウグスティヌスはまことに現実主義者である。

(2) ドナトゥス派への反駁の根拠

ドナトゥス派との論争においてアウグスティヌスの反駁は次の二点である。キプリアヌスの伝統に従い、教会一致を乱すことは常に悪であること、二つ目は秘跡の有効性と効果を区別したことである。

教会内に異なる見解があり、それが真理をめぐって不和を生みだすこともありうるが、アウグスティヌスにとってそれはある意味で自然なことであった。キプリアヌスもローマに賛成しない時もあったが、彼はローマとの交わりを保ち続けた。キプリアヌスにならってアウグスティヌスも、教会の一致を乱すことにまさる「悪魔のたかぶり」はないと考える。アウグスティヌスにとって教会は「普遍(カトリック)」であり、それゆえ全世界の教会の一致がその証である。カトリック教会と自称しながらその教会から分かれることなどアウグスティヌスには想像もできない。アウグスティヌスはキプリアヌスを例に出してドナトゥス派に問いかける。

もしキプリアヌスの時代に悪しき人々との交わりが教会を滅していたとすれば、ドナティストは彼らの交わりの起源を持っていないのである。だがもしそれが教会を滅していなかったとすれば、彼らは自らの分裂についてなんらの弁明をも持ちえない。その上、彼らはキプリアヌスの模範に従っていない。なぜなら彼らは教会の一致の絆を破ったからである。（Ⅲ．2．3）

アウグスティヌスはみずからの考えの根拠として教会における権威の序列をあげる。全教会にとって絶対的権威は聖書であり、規模の大きさの順で全教会会議、地方教会会議である。また、教皇の裁治権上の権威にも訴え、ドナトゥス派がその決定に背き、教会の一致を乱していると糾弾する（Ⅱ．3．4）。

ドナトゥス派はキプリアヌスと同様に、秘跡の聖性（有効性）とその効力（実り）を、執行者の聖性と道徳的統合、そして教会内に働く聖霊と関連づけて理解している。アウグスティヌスは、さらにそこに秘跡の有効性とその効力との間の区別を設ける。理解のために三つの観点が必要である。

最初は秘跡の客観性。秘跡は人間の発明ではなく神によって制定されたものであり、それ自体で聖なるものである。秘跡は執行者の主観性から独立し客観的なものであり、神は秘跡執行者の聖性や道徳的清さを必要としない。神の恵みや救いは秘跡というしるしを通して仲介される。二点目は、秘跡における執行者の道徳的清さと秘跡の有効性の区別。秘跡の客観性にもとづき、執行者の道徳的状態は神の恵みの授与に影響しないし、秘跡が与える効果にも影響を及ぼさない。つまり正しく執行された秘跡は、執行者の状態とは無関係に有効である。神の恵みを特定の人間が所有してそれを分配することはできないからである。執行者は秘跡を与える「道具」であって、本当の与え主は神のみである。[25] それゆえ、洗礼という聖なる秘跡が授けられるところどこにおいても受け手に「永遠の刻印（カラクテル・インデリビルス）」という効果（結果）をもたらすので有効である。もしそうでないなら、執行者の状態や動機を疑うたびに、洗礼をやり直さなければならなくなる。そうなると、神の恵みや聖霊が本当に与えられたのかどうか常に不確実なものになる。カトリック教会の秘跡論は常に「事効論」（ex opere operato）（なされたわざによって（有効））の立場をとり、「人効論」（ex opere operantis）（なす人のわざによって（有効））を排斥してきた。三点目は、秘跡の受け手の意向の重要性。秘跡は受け手の意向が正しくないところではその実を結ばず、効力は発揮されない。真実の信仰をもっていない人に洗礼を授けた場合でも、秘跡は聖なるものであり有効である。しかし、受け手の不適切な意向ゆえにその実りが結ぶことはない（罪が赦されるという効力は発揮されない）。洗礼において受け手の意向が本物でなければ、その洗礼で罪は赦されず、かえってみずからに戻ってくる。

異端者や教会分離派の間ではたとえ同じキリストの洗礼があるにせよ、そこでは忌むべき不和と不正な分裂のゆえに、罪の赦しを生ぜしめない（中略）。その結果、真に赦された罪はもはや保持されなくなるのである。（中略）ある善いものが、良く利用する人々に生命を生ぜしめるのみでなく、悪しく利用する人々には死を生ぜしめる。（Ⅲ．13．18）

前記の秘跡についての神学理解—秘跡の客観性、有効性、その効力—の考えは、現代のカトリック教会にも引き継がれている。[26]

秘跡の「事効論」「人効論」の議論は秘跡神学だけにとどまらず、教会理解の根本のひとつである「聖性」

にかかわる。アウグスティヌスが対ドナティスト論争を通じて彼の教会論を形成した理由はここにある。どのような意味で教会は「聖」なのか。構成員の聖性によって教会は聖とされるのか（ある種の「人効論」）、あるいは教会の聖性によって構成員は聖化されるのか（ある種の「事効論」）。秘跡論のこの考えを厳密に教会論にあてはめるわけにはいかないが、密接に関連している。実際、秘跡理解をめぐるこの論争は、後々の歴史においても教会存立にかかわる重大問題の一因として繰り返し登場する。聖職叙任権をめぐる十一世紀のグレゴリウス改革しかり、十三世紀のヴァルドー派に代表される中世異端運動しかり、十四世紀のジョン・ウィクリフ、十五世紀のヤン・フス、十六世紀に火を噴いた宗教改革しかり。人効論が行き過ぎると人間性を抑圧する厳格・禁欲主義に傾きやすくなり、道徳的清さを疑われる聖職者の秘跡執行や教会内のリーダーシップも疑われて教会組織そのものが立ちいかなくなる。また、事効論を強調しすぎると秘跡が魔術や形式主義に堕し、人間の自由意志と救いは関係ないものとみなされ、あらゆる道徳規範を無視する「放埒主義」の道へと進む。ドナティストと論争したアウグスティヌスが、同時代のもうひとつの神学論争である神の恵みと人間の自由とをめぐるペラギウス論争にも巻き込まれていくのは、自然かつ必然だった[27]。アウグスティヌスにとって、神、人、教会の三者による創造のドラマは、恵みの与え主である聖霊、それに応答する人の自由意志、相互の交わりとしての賜物をめぐるドラマでもある。

25　秘跡は教会の外にも存在しうるとの考えにつながる。たとえば、カトリック教会が伝統的に保持してきた「望みの洗礼」「聖霊による洗礼」の概念など。
26　『カトリック教会のカテキズム』カトリック中央協議会、二〇〇二年、１１２８。
27　ペラギウス論争とは、人は自力で救いに達することができると説いたペラギウスの主張をめぐる神学論争。神の恩恵と人間の自由意志がテーマとされた。この論争も後々、半ペラギウス論争や宗教改革、ヤンセニズムなどで繰り返されることになる。

(3) 教会と聖霊

アウグスティヌスにとって秘跡はキリストの行為であるとともに聖霊の働きの実りでもある。教会を現実に教会たらしめる第一の原理は聖霊である。愛の業を通しての教会一致は聖霊の実りであり、それゆえ一致を乱すものは聖霊に逆らうものである。秘跡を通して聖霊がもたらす人格的賜物と、人がその人格においてその賜物を実らせる応答的行為は互恵的概念である。聖霊の働きだけでは罪の赦しはその人に実らず、その人の願いだけでも罪は赦されない。キリストの体という教会理解は被造物全体に働き続ける聖霊を中心とした教会論であり、それによってアウグスティヌスは歴史全体における教会の存在意義を明らかにする。[28]

(4) 教会と国家

アウグスティヌスの教会論における教会と国家の関係についての論考も、後の時代に大きな影響を与えた。彼の考えは中世の教会論の議論を用意するものであり、ルターがみずからの改革の正統性をドイツ貴族に訴えた根拠にもなっている。この問題についてのアウグスティヌスの代表作は最後の著作となった『神の国』である。

四一〇年ゴート族のアラリックによってローマが略奪される。長年繁栄を誇っていた「世界の首都」だったがローマが敵の手に落ちたのは、伝統的な神々を捨てて、キリスト教を選んだからだという声があがる。『神の国』は、このような声に対して執筆されている。アウグスティヌスは人間の歴史全体が神のもとにありながら二つの愛の戦いだと解釈する。「神を軽蔑するに至る」自己愛と「自分を軽蔑するに至る」神への愛、である（XIV・28）。この二つの愛にもとづく二つの国、「地上の国」と「神の国」が歴史を織りなす。この区別を前提に教会と国家の関係を論じていくのだが、三つの観点に分けて考える必要がある。

最初に、二つの国は根源的に対立している関係である。国は、人々が愛し、また選んだ価値への同意にもとづく社会的単位であり共同体である。神の国は、神の愛のもと天使や聖人の永遠の天上的共同体である（XIX・20）。人間的条件の中にある地上の国は、これとは反対である。不和や自己破壊を生む自己愛以外に共通項を見出せないが、自己愛ゆえに結局は一致にいたることは不可能である。それぞれの国の終末の形は、平和と一致の共同体と、破壊と分裂の共同体である。第二の観点として、二つの国の相互補完的関係である。「目に見える」経験上の教会は罪という点からみれば混じりあった共同体なので、神の国と同一視できない。しかし、その教会も「目に見えない」教会をも不完全ながら映し出している。テルトゥリアヌスと同じようにアウグスティヌスも、ローマ帝国は神々として礼拝されている悪魔の支配下にあると信じていた（Ⅳ・1）。しかし、人間の国も完全な悪ではない。そこは通常の人間の生活の場であり、統治者はその権力を用いて秩序と平和を維持する本質的役割を担っている。市民社会の中に存在する教会もそのおかげで平和を享受している。アウグスティヌスは、帝国の政治的秩序において達成されている正義と平和の肯定的面についても相応の評価を下す。

この二つの国の根源的対立と相互補完的関係から第三の観点が出てくる。アウグスティヌスはこの世の国家に対して両義的である。明らかに帝国の権力は絶対的ではない。それは堕落しうる。しかし、それは共通善に奉仕することもそれを擁護することもできる。ひるがえって、教会は、キリスト教が教える徳のおかげで、帝国にいい影響を与えることもできる。アウグスティヌスは終末の裁きの基準を神の国におき、帝国の権威に対置する。しかしもう一方で、帝国は教会の敵から教会を守るため、また教会がその使命を果たすため、反教会的勢力を社会から取り除く機能も有する。「通りや小道に出て行き、無理にでも人々を連れて来て、この家をいっぱいにし

28　聖霊中心の教会論は三位一体である神の賜物としての教会理解である。「神から来て神である愛が固有の意味で聖霊であり、この聖霊によって私たちの心に神の愛が注がれている。すなわち、この愛によって三位一体全体が私たちの中に宿るのである。こうして、聖霊は神でありつつ神の賜物と呼ばれる」。『三位一体論』（15・18・32）泉治典訳『アウグスティヌス著作集28』教文館、二〇〇四年、484頁。

てくれ」（ルカ14・23）を、教会の敵を国家が迫害する正統性の根拠として引用する。ドナティスト派の教会をおさえこむために帝国の権力を利用することをアウグスティヌスは正当化する。教会と国家、「霊的領域」と「この世的領域」という二つの国の緊張は、この後の歴史においても教会の大きなテーマになっていく。

四　コンスタンティヌス大帝とニカイア公会議

コンスタンティヌス大帝が三一三年に発布したミラノ勅令（「寛容令」）は、キリスト教の歴史における一大事件である。それまでキリスト教の教会に所属するには殉教を覚悟しなければならなかったが、この勅令以後、教会は帝国内における様々な特権を享受する立場になったのである。「殉教者の教会」から「皇帝の友なる教会」へと大転換したのである。一方で特権を授与された教会には様々な思惑をもつ人々が集まり、少数派であった時の教会の純粋さ・聖性の維持は困難になる。そのような環境において、教会の聖性という理想を目指す人々と生活形態が出現する。それが修道院生活・修道制である。隠遁者として個人のレベルで実践したのがエジプトのアントニウス（四世紀前半）であり、同時代に共住生活において修道制を追求したのがパコミウスである。六世紀初めには西方修道制の父といわれるヌルシアのベネディクト（四八〇～五四七ないし五六〇年）がそれまでの修道生活の伝統にもとづく戒律を制定した。修道生活の伝統は歴史の節目において教会の刷新や改革の原動力のひとつとなる。

コンスタンティヌス大帝の時代、その後の教会の歴史にも大きな影響を与える出来事が起きる。大帝によって第一回目の公会議が三二五年ニカイアにおいて召集される。公認されたキリスト教によって帝国一致を図ろうとしたコンスタンティヌス大帝であったが、その当の教会がある教理をめぐって分裂していた。教理史ではアリウス論争というが、父である神と子なるキリストの関係理解をめぐる論争である。公会議によって事態収拾をはかり「父と子の同一本質」という表現で、アリウス派は排除された。その後のコンスタンティノポリス公会議（三八一年）で聖霊の神性も確認され三位一体という教義が確立したが、その際に宣言されたニカイア公会議の宣言を拡大した「ニカイア・コンスタンティノポリスの信仰宣言」では三位一体への信仰と共に教会理解をめぐる文言も採決されている。それは教会の本質にかかわる表現で、教会は「一、聖、普遍、使徒継承」であると宣言され、これが現在にいたるまでの教会についての教えの根本となるのである。使徒より受け継ぐ聖なる教会を異端から守り、教えにおける一致を保持し、教会はどの地域にあってもひとつでありそれゆえ普遍であると、確認され宣言されたのである。その後も教会の歴史において公会議は重要な役割を果たす。教理決定、教会制度の刷新、教会と世界とのかかわりについてなど、教会がその本質にもとづいて使命を果たそうとする際、公会議が召集され、教会の進むべき道を示すのである。さらに教会論的観点から指摘すべきことは、教会の重要な決定が合議制によって行われたという事実である。公会議という全教会を対象にした討議は滅多に開催できないが、各地域における地方教会会議はひんぱんに行われている。この後、教皇制をみていくが、団体による合議で教会の重要事項を決定するという手法は、まぎれもなく教会の伝統のひとつなのである。

五　教皇制の増大

ローマ・カトリック教会の伝統に従えば、初代教皇はイエスの弟子のリーダー格であったペトロということになっているが、これは歴史的には実証できない。カトリック教会における教皇制は歴史の中で徐々に形成されていったと考えられる。ペトロをはじめとする使徒や弟子たちが司教であったとの記録もなければ、他の教会に対してローマの司教がその初期から首位権の行使など決定的影響力を与えたという記録もない。『クレメンスの手紙』はコリントの教会に対するローマ司教クレメンスの忠告であるが、この手紙は権威的介入というよりも、同志的アドバイスというニュアンスが強い。何より古代教会における重要な教理決定を行った最初の公会議群──ニカイア公会議（三二五年）、コンスタンティノポリス公会議（三八一年）、エフェソ公会議（四三一年）──において、教皇やローマの影響力はほとんどみられない。カルケドン公会議（四五一年）において教皇レオ一世（在位四四〇〜六一年）の書簡『フラウィアノスへの手紙四四九年六月十三日付（レオのトムス）』[29]が、キリスト論論争に貢献したのみである（教皇自身は公会議には不参加）。教皇制の出現は歴史的に様々な要素が絡み合っていると思われる。十二弟子の中でのペトロのリーダーとしての優位性、ローマが初代教会で尊敬されたペトロとパウロの殉教地であったこと、ローマという街が当時の帝国の首都であり、諸教会とのコミュニケーションにおいて中心的役割を果たし、教会一致のシンボルとみられていたことなど、である。カトリック教会を論じる際、教皇制理解は必要不可欠である。教会内部に対しても、教会と外部とのかかわりにおいても、歴史のある時代に教皇制は決定的役割を果たしてきた。特に近現代のカトリック教会においては教皇自身がカトリック教会の巨大なシンボルとなっている。ここでは教皇権確立と後代の教皇権拡大に決定的役割を果たした「大教皇」という敬称がつけられる二人の教皇に触れてみたい。教皇レオ一世と教皇グレゴリウス一世（在位五九〇〜六〇四年）である。

キリスト教を公認したコンスタンティヌス大帝は、三三〇年帝国の首都をローマから新しく建設したコンスタンティノポリスに移した。それにより、街としてのローマは一時の繁栄を失うことになる。しかし、レオ一世によってローマ司教（教皇）の権威は回復される。レオ一世が教皇権の高揚に貢献した業績には二つある。一つは教皇の宗教的権威の回復であり、二つ目は蛮族からローマを防衛した政治的権威の確立である。レオはローマ司教の首位権について論じている。キリストがペトロを使徒団の頭とたて、そのペトロの座の後継者である教皇が全教会の牧者であることを強調した。[30]また、新約聖書の三つの箇所（マタ16・13－19、ルカ22・31－32、ヨハネ21・15－19）を根拠に、ローマ司教がペトロの後継者であり、それゆえ諸教会に対する首位権を有すると主張した。さらに、キリスト論論争の頂点であるカルケドン公会議でレオの教書（トムス）が朗読された時、司教たちは「ペトロがレオを通じて語った」といわれている。これによって公会議参加者のキリスト両性説をめぐる議論を終結させた。レオの政治的役割として、当時、帝国に侵入してきた蛮族であるフン族のアッテラ王のローマ略奪計画の中止の説得に成功したことがある（四五二年）。四五五年のヴァンダル族のゲイセリックのローマ略奪をとめることはできなかったが被害が最小限になるように尽力している。これで、レオは宗教的権威だけではなくある種の政治的権威も手中にする。これにより、レオの教会内での権威は高まり、教皇の存在感を示したのである。

レオ一世のあと、グレゴリウス一世が教皇権威の称揚に貢献した。ローマ生まれの彼は若い頃にはローマの行政官の長を務め行政問題に取り組んでいる。公務を離れ修道生活を過ごしている時に教皇に選ばれる。[31]当時のローマはランゴバルド族の民族移動の混乱にさらされ、さらに洪水、飢饉、疫病と自然災害も発生していた。グレゴリウスはランゴバルド族からローマを守るため休戦協定の交渉を行い、さらに東ローマ帝国とのパイプ

29　レオ一世「コンスタンティノポリスのフラウィアヌスへの手紙」加藤和哉訳『中世思想原典集成4』平凡社、一九九九年、１１８８～98頁。
30　「わたしがあなたに勧告するとき、わたしが代理する聖ペトロが語っているのだと信じていただきたい」。レオ一世『キリストの神秘―説教全集―』熊谷賢二訳、創文社、一九六五年、311頁。
31　グレゴリウスはベネディクトの生涯に関する記録を残している。「対話　第二巻」矢内義顕訳『中世思想原典集成5』平凡社、一九九三年、447～500頁。

をもっていた彼は両者の仲裁を行う。このようにグレゴリウスは思弁的教父というより、政治が混乱していたローマの行政官としてその手腕を発揮する。イタリア半島やローマに平和をもたらし、市民の食糧調達、貧しい人への援助、政治組織の回復などに努め、市民から「神の執政官」と呼ばれるようになる。これらの統治機構の安定化を背景に周辺地域のキリスト教化にも力を注ぎ、最初のカンタベリー大司教となったアウグスティヌス（ヒッポのアウグスティヌスとは別人）を長とするイギリス宣教団を派遣している。このほか、当然のようにローマ司教としての仕事もあり、それらを賢明にこなしていった。のちに彼はアンブロシウス、アウグスティヌス、ヒエロニムスと共に「四大ラテン教父」と呼ばれ「教会博士」として尊敬される。このように教会のみならずローマの行政官としても活躍した彼の教皇職理解は、彼の署名「神のしもべたちの中のしもべ」（servant of servants of God）（ラテン語で servus servorum Dei）にもっともよく表れている。

その後の教皇たちも、時に異端に対して、時に周辺社会との対話や対峙を通して、教会統治のみならず社会全体に対する重要な役目を担っていくが、歴史を通じて常に同じ役割を期待されたわけではない。時代によっては教皇が教会分裂や教会に対するつまずきの原因にもなっている。いいかえれば、教皇は教会や社会全体において様々な意味で大きな影響力を有していたことを示す。

教会の成長

ユダヤ教徒イエスの宣教、その結果としての受難・死・復活を通じ、彼をキリスト（神から遣わされたもの、救い主）と告白する小さな群れは、イエスに対する信仰をみずからの宗教文化や宗教言語のもとで内省化・言語化し、共同体を形成するにいたる。この共同体は、周辺社会の歴史や政治の状況に翻弄されながらも地中海沿岸に広まり、さらなる自己理解を深化させていった。教会と呼ばれる共同体の形成には歴史の偶然と必然が複雑に絡み合っている。初期共同体成立によって教会のアイデンティティは固まった。それは植物でいえば種のようなものである。あらゆる可能性を秘めているがまだ成長もせず開花もしていない。種として植えられた教会は徐々に成長を始め芽を出し始める。二世紀以降、教会は歴史において展開していくが、その中で様々な課題や挑戦を受ける。その中で教会はみずからのアイデンティティと使命を保持するために必死で生き延びようとする。種は芽を出したが、どのように、どの方向にむかって成長するのか模索しているかのようである。

教会の誕生を第一段階とするならば、この章でみてきた二世紀から教父時代までの教会の展開は成長の第二段階とも呼ぶべき時期である。そしてこの時期に教会が今後どのように展開していくのかその方向性を決定づけた。この時期に教会が経験したことはその後の歴史においても、形こそ変われど、何度も教会に挑戦を突きつけてくる。そのたびに教会はイエスに立ち戻り、初期共同体という種が秘めている可能性から新たな力をみつけ出し、アイデンティティを守りながら周辺環境に適応し、成長を続けていった。当然、時代によって何を大切にするか、どのような方法論をとるかは異なる。それは、根元に水を撒きなおしたり、余分な枝葉を剪定したり、正しい方向に成長させるために添え木をしたりという作業にもたとえられるかもしれない。キリストの教会と呼ばれる共同体は、この後も歴史の波にもまれつつ自己理解を深め、成長を続けるべく次の段階へと入っていく。

第四章 キリスト教世界の形成—権力、闘争、改革—

この章ではキリスト教史一般にいわれる教父時代後から宗教改革前までの教会の自己理解を扱う。この時代では教会の自己理解にかかわる二つの重要な現象がみられる。一つは、教会（特に教皇制）とその外（政治権力）との闘争的関係、二つ目は教会の中（組織、構造、統治形態）の改革運動である。どの共同体も同じだが、教会も周辺社会から強い影響を受けながらアイデンティティを保持していく。しかし周囲からの挑戦は自己理解を振り返る機会でもある。

一 教会と政治権力の対立：叙任権闘争

1 カロリング朝と神聖ローマ帝国

ローマ帝国の首都がコンスタンティノポリスへ移された三三〇年以降、ローマ司教（教皇）の努力にもかかわらず、街としてのローマは衰退し、四一〇年にはローマは西ゴート族に簒奪された。一方で、大グレゴリウスが修道者出身の教皇として宣教に熱心であり、現在のイギリスに宣教団を派遣したように、その後、修道者たちによる旧西ローマ帝国内での宣教活動が活発に行われ、森は切り開かれて修道院が設立され、街や教会が造られ、いわゆる現在の西欧に「キリスト教世界」（Christendom）が形成されていった。キリスト教というひとつの宗教で形成される社会・政治・文化圏であり、その中心的役割を担ったのがローマ教皇である。これは、教会と政治権力との関係という、中世から現代にいたるまでのキリスト教共同体の大きな課題を惹起させた。

ある宗教勢力が、その存在する社会の中で弱小で影響力もなければ、為政者は統治上問題にならない限りその宗教勢力を問題にしない。しかし、その勢力の社会に対する影響力が無視できなくなるほど増大すると、今度はその勢力の政治利用を画策する。コンスタンティヌス大帝のキリスト教公認にもその一面は否定できない。一方、その宗教勢力はみずからの独立性とともに社会の中での勢力やその影響力維持・増大のため、政治権力に対して状況に応じた対応をする。カロリング朝初代のフランク王ピピン（在位七五一～六八年）が教皇領を寄進した「ピピンの贈与」（七五六年）や、ピピンの子であるカール（在位七六八～八一四年）が教皇レオ三世（在位七九五～八一六年）によって戴冠（八〇〇年）されたのも、時の為政者たちにとって教皇権威がみずからの権力正当化のために利用価値があった状況を反映している。カールは旧西ローマ帝国に匹敵する領土の支配者になり、レオによる戴冠によって「皇帝」を名乗る。しかし、カール大帝の戴冠は、その後の教会（霊的権威）と政治権力（政治的権威）との間の確執の原因にもなった。レオ三世はカール大帝が治めるフランク王国による教会の保護を意図していたといわれるが、カール大帝は教会の保護者としての政治勢力をつくりあげていく[1]。カール大帝は西方における帝位の復活と支配領域の文化水準の向上、教会改革に手腕を発揮し、同時代の人々から「ヨーロッパの父」という尊称を受け、西方が「キリスト教世界」として確立していく土台をつくる。フランク王国衰退後は、オットー大帝（在位九六二～七三年）による神聖ローマ帝国が誕生し、大帝

1　カール大帝は信仰の擁護と学芸復興にも力を入れ、カロリング・ルネサンスの原動力ともなる。

は教皇ヨハネス十二世（在位九五五〜六四年）から戴冠を受けている。

教会論としてこの時期にみるべき点は、封建制度が確立していく中で発展し、九世紀から十世紀にかけて最盛期を迎えた私有教会制である。封建領主の私有地内に建てられた教会建物やその付属物（農園なども含む）が王侯や荘園領主の私的所有となる。教会財産や司教や大修道院長の任免権まで地域の領主である所有者に支配される。つまり、政治勢力が司教や大修道院長の人事に介入し、教会の土地や財産も封建制度のもと、皇帝や地域領主の管理下に置かれるようになる。結果、教会の聖職位（司教職や大修道院長職など）が売買される聖職売買（シモニア）や、聖職者妻帯（ニコライズム）が広範囲でみられるようになり、これが教会堕落の大きな要因になった。教会統治の面でも、九世紀と十世紀の二〇〇年の間、教皇の交代が頻繁で平均在位期間は五年にも満たない[2]。そのような状況で、教会の綱紀粛正の指導をローマに期待するほうが無理であった。一方、このような動きから一線を画す教会内の運動もあり、九一〇年に設立されたクリュニー修道院はその代表格であろう。ベネディクトの戒律の厳守、祈りを中心とした生活によって当時の乱れていた修道生活に改革をもたらした。また、この修道会の会憲では、院長選出の自由（政治権力からの自律）、修道院財産と生活規律の外部からの不干渉（修道院の自律）、教皇の直接保護（封建君主やその勢力下の教会勢力からの自由）を掲げ、一一〇〇年までには二千以上もの修道院が傘下に入り、その特権的恩恵を受けていた[3]。しかし、聖職売買や聖職者妻帯という不道徳を教会から一掃する根本的刷新のためには、政治権力からの完全な独立をなしとげ、教会が聖職者の任命権（叙任権）を完全掌握する必要があった。それを目指したのが「グレゴリウス改革」である。

2　グレゴリウス改革

教皇グレゴリウス七世（在位一〇七三〜八五年）の名を冠した改革であるが、政治権力から独立した教会のあり方を模索する動きはそれ以前からあった。教皇レオ九世（在位一〇四九～五四年）は、皇帝や領主を含む信徒はすべて聖職者に従うべきであり、司教は他の上位聖職者によって任命され、近隣の司教たちによって聖別されると主張した。また、教皇ニコラス二世（在位一〇五八～六一年）は、教皇選挙における政治勢力の排除に成功する。このように教会が政治勢力からの独立を目指していた時に、叙任権をめぐる教皇と皇帝の激しい衝突がグレゴリウス七世と神聖ローマ帝国皇帝ハインリヒ四世（在位一〇五六～一〇五年）との間で発生する。ハインリヒは皇帝による司教と大修道院長の任命権を死守するために、それに反対するグレゴリウスの教皇退位を宣言するが、逆に教皇によって破門される。破門が当時の政治状況においてハインリヒを窮地に追い込んだため、彼は教皇に赦免を求めるはめになる。この「カノッサの屈辱」（一〇七七年）と呼ばれる出来事によって勝利をおさめたグレゴリウスは、政治権力から教会の自律を勝ち取る。その後もグレゴリウスは教会改革を断行した。この事件前に記した教会と政治権力に関する彼の理念である「教皇令二七ケ条」（Dictatus Papae）（一〇七五年）が残されている。これは教皇個人の覚書であって公式文書ではないが、この理念にもとづいて改革を断行した。

教皇は、他の誰からも裁かれることはない。ローマ教会は、決して謬ることなく、また、世の終わりまで謬ることはない。ローマ教会は、ただキリストから創られた。教皇だけが、司教を解任したり、復帰させることができる。彼だけが、新しい法を作り、新しく司教区を定め、古い司教区を分割することができる。

2　特に教皇セルギウス三世（在位九〇四～一一年）から教皇ヨハネス十一世（在位九三一～五年）までの教会政治は、マロツィアという女性の影響を強く受けたポルノクラシー（情婦政治）の時代と呼ばれている。
3　トマス・ボーケンコッター『新世界カトリック教会史』石井健吾訳、エンデルレ書店、一九九二年、157頁。

彼だけが、司教を移転させられる。彼だけが、公会議を召集し、教会法を制定することができる。彼だけが、自らの判決を修正することができる。彼の使節は、例え下級の者であっても、全ての司教の上に優先権を持つ。教皇庁法廷への訴訟は、いかなる下級法廷による判決をも停止させる。正式に叙階された教皇は、聖ペトロの功徳によって、疑いもなく聖なる者とされる。[4]

教皇首位権の根拠、教皇の名誉的首位権および裁治権首位権、教会の領域を越える首位権について記されている。中には「教皇はすべての君主がその足に口づけする唯一のものであること」という興味深い箇条もあり、政治勢力は霊的権威に従属すべきであるというグレゴリウスの主張が明確に読み取れる。この改革を引き継ぎさらに推進したのが教皇ウルバヌス二世（在位一〇八八〜九九年）と教皇パスカリス二世（在位一〇九九〜一一一八年）である。ウルバヌスはクレルモンの司教会議（一〇九五年）で第一回の十字軍を呼びかけた教皇でもある。パスカリスはハインリヒ五世（在位一一〇六〜二五年）に叙任権を教会だけに認めさせることに成功している。ハインリヒはこの後、教皇カリストゥス二世（在位一一一九〜二四年）と政教条約であるウォルムス条約（一一二二年）を結ぶことになり、これで叙任権闘争は一応の決着がつけられグレゴリウスの理想が実現することになる。[5] 興味深いことは、改革の主要人物にクリュニー関係者が多いということである。グレゴリウスはクリュニーの影響を受けているといわれ、ウルバヌスとパスカリスはクリュニー修道院出身である。この当時のクリュニーは最盛期ほどの影響力をもっていなかったといわれるが、クリュニーの政治権力から独立した修道院のあり方が、彼らに改革を推し進めさせた要因になっていたのかもしれない。

また、カリストゥスは二五〇年ぶりとなる第一ラテラノ公会議（一一二三年）を開催し、ウォルムス条約の教会内での徹底のほか、聖職売買禁止、聖職者の妻帯および（親族以外の）女性との同棲禁止、叙任権の権限（教会のみ）を確認した[6]（DS 710-2）。この後、公会議は以前よりひんぱんに開催されるようになる。[7]

グレゴリウスは教会が政治権力から自律して存続するためには教皇権威の強化が必要と考え、そのために自身も熟知していた教会法を重視した。この時代においては必要であったのかもしれないが、教会法重視の姿勢はその後の教会の自己理解にも大きな影響を与えた。「キリストの体」「キリストの神秘体」という聖体祭儀を中心とした秘跡的教会理解がうすれ、教会法による制度としての教会理解が強くなっていく。同時に、司教や司祭の権威も叙階の秘跡から受ける恩恵にもとづくというよりも、教会法にもとづく権威とみなされるようになる。教皇権拡大によるローマの中央集権化は、かつては教皇を支える兄弟としての役割を期待されていた司教たちを、教皇に従属する官僚という役割へと変えていき、交わりの教会という考えは背後におしやられていくのである。

グレゴリウス改革の後、教皇権はさらに巨大化していき、位階制を強調する教会法的教会理解は聖職者中心主義の教会を発展させ、政治権力をも従わせるようになっていく。その権力が絶頂に達したのが教皇インノケンティウス三世（在位一一九八～一二一六年）の時代である。彼は、イギリス・ドイツ・フランスの王を破門している。教皇権は教会のみならず西欧の政治権力を従わせるまでになったのである。この教皇が語った「教皇は太陽、皇帝は月」という言葉に、当時の両者の権力関係をみることができる。

4　同上、131～132頁。全箇条が整理されて記載されているものとしては以下を参照。岩島忠彦『キリストの教会を問う』サンパウロ、一九八七年、277～278頁。

5　グレゴリウスが目指した叙任権の問題はいったん決着がつくが、叙任権の問題はその後の歴史で繰り返され現在にまでいたっている。二〇一五年現在も、中華人民共和国やいくつかの国では、教皇の司教任命を政府は認めておらず、その国の政府による任命である。

6　直近の公会議は第四コンスタンティノポリス公会議（八六九～七〇年）。

7　十二世紀、十三世紀とも三回ずつ開催。カトリック教会が有効とする公会議は現在まで二一回を数える。

二　異端運動と托鉢修道会

グレゴリウス改革で注目されるべき点のひとつは秘跡理解である。アウグスティヌス以来のカトリック教会の伝統である事効論（ex opere operato）をめぐる秘跡論争が再燃している。[8] 教会内に広範にみられたシモニアやニコライズム追放のため、聖職売買によって聖職位についたものの秘跡執行は無効だという、いわばキプリアヌス—ドナトゥス派の人効論（ex opere oprantis）ともとれる主張を教会がいいだしている。改革の先鋒だったレオ九世は一〇四九年の教会会議で聖職売買者による叙階の無効宣言を行い、再叙階を強制しようとしている。[9] 洗礼と叙階の秘跡は、教会の秘跡神学の伝統上、繰り返しの執行は認められない。この問題について当時のペトルス・ダミアニとフンベルトゥスがそれぞれの神学的立場を表明している。前者は伝統に忠実で、シモニストの秘跡執行の有効性を主張したが（『秘跡論』）、フンベルトゥスは俗人による聖職者任命自体がシモニアで異端だと規定した上で、シモニストの秘跡執行はそもそも無効なので有効な秘跡の執行（再叙階）が必要だという論法を繰り広げた（『シモニスト駁論』）。「再叙階」という言葉は表現上のことで、もともと叙階されていないのだから、シモニストではない聖職者が行う有効な秘跡の執行は「再」ではないので教会の伝統に反しないという理屈である。このフンベルトゥスの立場にたちながらもペトルス説も取り入れた折衷案が教皇ニコラス二世（在位一〇五八〜六一年）にみられる。つまり、聖職売買はしていないが聖職売買者から叙階の秘跡を受けたものは違法だが「同情」によってその職位に留まることを認めると（DS 691-4）。グレゴリウスもフンベルトゥスの立場をとり、[10] 続くウルバヌスもパスカリスも「無効」という言葉を用いている。ウルバヌスは聖職売買者によって叙階されたダイベルトゥスの叙階を無効とし、キプリアヌスの伝統を踏襲する「再叙階」

（厳密には、秘跡の繰り返しではなく有効な秘跡の一回目の執行）を行っている。「何も持たない者は、何も与えることができない」（DS 701-2）。これはどうみても人効論の立場である。少なくとも、グレゴリウス改革における教会刷新の柱のひとつである腐敗聖職者一掃の神学的理由づけのため、従来の事効論とはかなりニュアンスの異なる秘跡論を主張し、それが教会内でも論争になっていたのは確かである（DS 701-2, 705, 707）。改革がひと区切りついたところで、教会は人効論的秘跡理解をいいだすことはなくなった。

十二世紀から十三世紀にかけてヨーロッパでは民衆的異端運動が活発になったが、この運動を誘発した一因はグレゴリウス改革にもある。改革以来高まった使徒的生活を目指す理念が民衆の間にも浸透し、豪奢な生活を送っていた聖職者に対する批判のひとつとして清貧運動と呼ばれる動きが出現する。ヴァルドー派は十二世紀後半にフランスのリヨンから発生した清貧を生き悔悛の説教を行うグループである（「リヨンの貧者」と自称した）。当時、説教は聖職者か教会から許可されたものにしか認められていなかった。ヴァルドー派はリヨン大司教から破門されるが、聖職という身分が説教の資格を与えるのではなく、それにふさわしい徳をもったものに与えられると彼らは考えていた。それゆえ、腐敗聖職者の説教や秘跡執行に服す必要はないと説き、カトリック教会全体の組織までも否定した。また、聖書に書かれていない教義や教会の慣習も否定した。同時代のもうひとつの民衆異端運動のカタリ派はヴァルドー派よりも規模も影響も大きかった。もともとあった二元論のボゴミール派の影響を受けて発展したカタリ派はフランス南部を中心に西欧に広まった清貧と過度な禁欲を主張するグループであった。このグループも自分たちこそ本物のキリスト者であると主張し、腐敗した教会組

8　以下の論考は、次の著作に負っている。堀米庸三『正統と異端　ヨーロッパ精神の底流』中公文庫、二〇一三年（初版一九六四年）。
9　『新装版　キリスト教史3　中世キリスト教の成立』講談社、上智大学中世思想研究所編訳／監修、一九八一年、324頁。
10　堀米、前掲書、164～168頁。

織から一線を画し、独自の組織と典礼を作り上げた。

これら民衆の間に起こった異端運動は福音の理念に回帰し、清貧を旨とした共住生活を送り、民衆の間で説教活動を行うという「使徒的生活」を標榜する共通点がみられる。また十一世紀後半、ミラノを中心とした北イタリアのバタリア運動（民衆による腐敗聖職者批判）の影響もあったと考えられる。このように、腐敗した聖職者や教会組織に対する上からの改革に呼応する形で、民衆たちの下からの運動としてこれら運動が活発化した面は否めない。グレゴリウスが唱えた「腐敗聖職者の秘跡無効論」の間接的影響が指摘されるゆえんである。ただしこれら運動の行き過ぎた清貧、過度の禁欲、そして（これが一番大きなことだが）腐敗聖職者批判が結果的にカトリック教会組織全体への否定に向かったことが教会の脅威となった。ついに教皇ルキウス三世（在位一一八一～五年）は教書でもって彼らを破門する[11]（DS 760）。

中世の教皇権絶頂期にあったインノケンティウス三世は、これら運動のすべてに弾圧を加えたわけではなく、教会内に取り込めるものは取り込む政策をとる[12]。清貧運動の中であるものは異端とされ、別のあるものは教会内で合法化された。フランシスコ会とドミニコ会はこの時代、教会によって認められ誕生した托鉢修道会である。フランシスコはアシジで清貧を旨とする共同体を形成し、当初は無資格で民衆に説教を行っていた。異端とされたヴァルドー派の生活様式と近かったこともあり嫌疑の目を向けられたが、フランシスコは清貧を教会への従順と結びつけたためインノケンティウス三世によって認められた。ドミニコはもともと司祭であったので説教は許されていた。カタリ派を正統信仰へ回帰させる任を教皇庁から受けたが、貧しさを生きる「使徒的生活」者の説得のためにはみずからも貧しさを生きなければ説得力がないことを悟り、托鉢修道会設立を決意したといわれる。これら両修道会はその後の教会の歴史において計り知れない貢献をもたらす。教会統治者レベルでは教会法・位階制中心の教会理解を発展させたが、一方民衆レベルでは清貧運動や使徒的生活という福音の理念に立ち返り、「交わりの共同体」「イエスの弟子としての共同体」という理解から信仰生活をとらえなおす動きが活発化した現象は興味深い。

教会は、改革のため伝統である事効論と異なる理解で対応せざるをえなくなり、逆に教会の改革運動に刺激を受けて活発になった民衆の異端運動に苦慮し、またその異端運動とある意味で同根から出てきた宗教運動を托鉢修道会として取り込むことには成功した。何が正統で何が異端なのか。教会の自己理解において、両者は表裏一体絡み合いながら展開していくのである。この時代に異端とされた思想の影響は、その後の教会の歴史とも相まって、十四世紀後半のウィクリフ、十五世紀初頭のフスへと継承され、ついには十六世紀の宗教改革へとつながっていくのである。

三　スコラ学派：トマス・アクィナスの教会論

この章の流れを分断する形になるが、ここで十二世紀や十三世紀に隆盛をきわめたスコラ学について触れてみたい。スコラ学は東方教会からは理性主義に近すぎると批判的にみられるが、現代にまで神学思想上強い影響を与えた学派である。十二世紀は修道院と大学が学問活動の拠点であった。スコラ学派は大学を拠点として発達し、聖書や伝統だけではなくプラトンやアリストテレスなど異教の思想も統合しひとつにまとめあげる。それが「大全」（スンマ）と呼ばれ、信仰と理性が融合されたゴシック建築にも例えられる学問的統合システ

11　その後もヴァルドー派もカタリ派も存続し、教会は異端審問所設置などで殲滅をはかっていく。一二〇八年にカタリ派に向けて結成されたアルビジョア十字軍が行ったベジエでの大虐殺は有名である。
12　堀米、前掲書、231～253頁。

ムを作りあげる。そのスコラ学派の代表的神学者がトマス・アクィナス(一二二五~七四年)である。彼の主著『神学大全』(Summa theologiae)はカトリック神学のみならず、現代思想においても多大な影響を与え続けている。トマスの教会論をこの時代の教会理解の一例として素描する。

スコラ神学にもトマスにも教会を独立した論考対象として扱った記述はない。ただ、種々の論考が記述される際に、その前提となる教会理解がみられる。トマスは他の神学的論考の出発点と同じように、教会論も聖霊の恵みに基礎づける。彼によれば人間存在の目的は神との超自然的合一である。それが可能なのは、人間本性が啓示や恵みという超自然的本性によって完成される能力と指向性をもつものだからである。教会はキリストの神秘体として信仰者を結びつける。人をこの神秘体に呼び集めるのが超自然的恵みである聖霊である。「一人の人間には一つの霊魂と一つの体があり、しかしその肢体はさまざまであるのを見るが、それと同様に、普遍《カトリック》の教会も一つの体としてあり、さまざまな肢体を有している。しかし、その体を生かしているのは聖霊である。[13]」聖霊における新しい命によって人は信仰、希望、愛が可能となり、それらの行為を通して神に近づくことができる。この教会の内的本質は、多様かつ組織だった社会としての教会がもつ位階制度によって可視的になる。この位階制度は信仰への奉仕、秘跡への奉仕のためであり、特にエウカリスティアにおいてもっとも顕著に示される。エウカリスティアにおいてキリストの体は成長し繁栄するからである。

トマスは、教会の四つの属性を次のように説明する。「この教会は四つの特徴を有している。すなわち一であること、聖であること、カトリック(すなわち普遍)であること、堅固であることである」とし、各特徴の根拠を個別にあげる。[14]

一)「一であること」は、信仰の一体性、希望の一体性、愛の一体性によって。

二）「聖であること」は、聖別された教会が浄いように信者はキリストの血によって洗い浄められていることによって。教会も信者も聖なるものとなるべく霊的塗油を受けている。教会は三位一体がその中に住むことによって聖なるものとされる。神の呼び求めによって。

三）「普遍的」は、場所に関して、人間の条件（男女、社会的階級、あらゆる区別なし）、時間に関して（世の終わりまで、終末後は天上において存続）。

四）「堅固であること」は、①土台がキリスト自身。副次的土台は使徒とその教え。②迫害者によっても破壊されることなく、むしろ迫害によって発展した。③誤謬によっても破壊されない。誤謬によって真理はますます明らかになった。④悪魔の誘惑によっても破壊されることはなかった。ペトロの教会のみが使徒の信仰の中にとどまり続けた。

トマスにとって教会は時空を超えて存在しており、それは天上においてもっとも完全に実現している「栄光の教会」「勝利の教会」である。その教会の構成員は、経験上のこの世のキリスト者も含まれるが、キリスト者だけには限定されず、救われた人々すべてである。

自律国家の時代に生きていたトマスは、教会と国家の関係についてアウグスティヌスとは異なる考えをもっていた。アウグスティヌスはドナトゥス派の異端排斥のために政治権力の介入を想定したが、トマスはアリストテレスに従って、政治的権力は人間存在それ自体のうちに固有の役割を担っていると主張した。つまり、社会的存在である人間は共同体の一員として連帯のうちにおいてのみその目的に達することができるのだから、

13　トマス・アクィナス「使徒信条講話」竹島幸一訳『中世思想原典集成14』平凡社、一九九三年、779頁。
14　同上、778～783頁。

社会の事柄を制限する公的権威は必要である。トマスによれば、霊的権力と世俗権力とも神的権力に由来し、魂の救いにかかわる事柄においてのみ世俗権力は霊的権力に従属する。ただし、市民生活の善にかかわる事柄においては、霊的なものよりも国家の法に従うべきである。「カエサルのものはカエサルに」。

四　教会分裂

十一世紀以降の教会において現代にまで及ぶ大きな現象のひとつが教会分裂である。一つは東方教会と西方教会の分裂（東西教会分裂）、二つ目はカトリック教会内の分裂である。東西教会はそもそも歴史的・地理的背景にもとづいて各々が独自の発展をとげてきた。言語・典礼様式・組織統治のあり方など相当な違いを有していたにもかかわらず、相互に「キリストの教会」という相互尊重を抱きながらすみ分けていた。が、東西教会分裂はある歴史的要因によって、その認識や交流を相互に絶つ状態が制度的に顕在化・固定化されたものである。分裂後も再合同に向けた努力は続けられているし、現在もゆるやかなつながりは保っている。二つ目のカトリック教会内分裂はよりスキャンダラスで、言語・霊性・神学・文化などにおいて同質性を享受していたひとつの教会文化が別居生活を始めたようなものである。この時代においては何とか最終決裂にまでいたっていないが、次章で取り上げる宗教改革という完全別離を結果的に準備した現象といえる。これら教会分裂も、教会をとりまく時の環境、特に政治権力の影響を強く受けている。

1　東西教会分裂

三三〇年にコンスタンティヌス大帝が帝国の首都をローマからコンスタンティノポリスに遷都して以来、両都市の教会はある種の緊張関係にあった。前者はペトロの座という伝統ゆえの全教会内における首位権を主張し、後者は帝国の首都の教会としてのローマと同等の地位を主張していた。文化的にもローマを中心とする西方教会はラテン語を使用するラテン典礼で、コンスタンティノポリスを中心とした東方教会はギリシア語（地域によっては現地語）を使用するビザンティン典礼という相違もあった。さらに、三位一体における神学的立場の違いも東西亀裂の一因とみられている。四世紀末のニカイア・コンスタンティノポリスの信仰告白では、聖霊は「父より発出」という表現であったが、六世紀以降西方教会では「父と子より発出」という表現が一般に用いられるようになった（DS 150）。東方教会はこの表現を認めなかった（「フィリオクェ論争」）。さらに、古代においては五つの総大主教区（ローマ、アレキサンドリア、アンティオキア、エルサレム、コンスタンティノポリス）の権威が認められていたが、この時代になるとローマとコンスタンティノポリス以外の教会は権威も影響力も失っていた。九世紀にはコンスタンティノポリスの総大主教がローマの首位権を否定し東西教会間の緊張は高まり、一〇五四年、コンスタンティノポリスで行われた両者の会談も決裂し、教皇使節のフンベルトゥスが総大主教ミカエル・ケルラリオスを破門し東西教会は分裂した。しかしこの後、東西再合同の試みもなされている。第二リヨン公会議（一二七四年）ではフィリオクェ問題が討議され西方教会の信仰宣言が受け入れられている（DS 851-61）。フィレンツェ公会議（一四三九～四五年）では、フィリオクェ問題に加え、終末論やローマ教皇の首位権についても合意文書が作成された（DS 1300-8）。これら合意も、一四五三年オスマン帝国によってコンスタンティノポリスが陥落すると、その後コンスタンティノポリス総大主教にたてられたゲオルギオス・スコラリオスはフィレンツェ公会議の合意を破棄した。そのまま東西分裂状態が二十世紀の第二バチカン公会議にまで続くことになる。

このように東西教会の分裂は、神学的・政治的・文化的・歴史的要因が絡まった出来事である。ただ、教会分裂という現象は東西教会の分裂だけにはとどまらず、その後カトリック教会はもう一度大きな教会分裂を十六世紀に体験することになる。ちなみに、東西教会の相互破門は一九六五年にようやく解消され、和解に向けての歩みが始まった。しかし、東西教会の一致が実現したわけではない。両教会の統治形態は相当に異なり（カトリック教会の教皇のような存在は東方教会には存在しない）、典礼においても相互聖餐は実現していない。またフィリオクェの神学上の見解の相違も平行線のままである。東西教会一致の要件としてカトリック教会はローマ教皇の首位権を主張しているが、東方教会が全面的に受け入れるにはいたっていない[15]。現在は、両教会とも過去の遺恨を水に流し、合同に向けて歩み出す必要性を双方とも認識し、努力を始めているというところであろうか。

2　カトリック教会内の分裂：アヴィニョン捕囚と教会大分裂

教会と政治権力との関係についての洞察は古くは五世紀にまで遡る。いわゆる「二つの剣理論」（両剣論）である。教皇ゲラシウス一世（在位四九二～六年）は、神は教会に霊的権威を与え、政治的権威を国に与えた、と説いた。この理論をめぐる同時代の二つの解釈が有名である。パリのヨハネというドミニコ会神学者と教皇ボニファティウス八世（在位一二九四～一三〇三年）である。前者は各々の権威は自律的なものであるが、両者が衝突した場合には霊的権威がまさるという説明であるが、後者はその大勅書「ウナム・サンクタム」（Unam sanctam）（一三〇二年、DS 870-5）において、ルカ福音書の使徒の言葉「主よ、ごらんください。ここに剣が二振りあります」（22・38）という言葉をもとに、政治的権威は教会のために教会の命令と許可のもとでのみ行使されると説いた。

グレゴリウス改革の結果、教皇は霊的分野だけではなく政治の分野にまで影響力を及ぼし始め、教皇権が絶頂期のインノケンティウス三世は各国の王を破門し、政治的にも西欧に君臨していた。しかしその後の十三世紀、教会は神聖ローマ皇帝フリードリヒ二世（在位一二二〇～五〇年）をはじめとする政治権力との対立に終始し、教皇権はその争いの中で衰退していく。やっと政争がひと段落した十三世紀末には、新しい政治理念である国家主義が台頭してくる。国家という領土や民族を単位とする自律的政体が君主のもとで自己主張をなし、キリスト教勢力のくびきから独立して運営される政治形態である。十三世紀末のその代表例がフランスであり当時の王であったフィリップ四世（在位一二八五～一三一四年）である。

十三世紀最後の教皇ボニファティウス八世はフィリップ四世と政治的確執状態にあった。そのような時代背景もあり、教会と政治権力との関係にかかわるボニファティウスの大勅書では、霊的権威が政治的権威にまさるというだけではとどまらず、救いのためには教皇への従順が必要であるとまで主張されている。しかし、フランス王は教皇を逮捕し監禁してしまう。ほどなくしてボニファティウスは憤死する。一〇〇年前、教皇は各国の王を破門し、みずからを太陽、皇帝を月になぞえられていたのが、今やその教皇がフランス王に監禁され辱められる。たった一〇〇年の間で起こった歴史の妙である。フィリップ王の後援を受けて選出された教皇クレメンス五世（在位一三〇五～一四年）は一三〇五年、王の意を受けて教皇庁をフランスのアヴィニョンに移転してしまう（「アヴィニョンの捕囚」または「教皇のバビロニア捕囚」と呼ばれる）。この状況は、教皇グレゴリウス十一世（在位一三七〇～八年）が一三七七年にローマに帰還するまで続く。

ローマに帰還したグレゴリウス十一世の後継者ウルバヌス六世（在位一三七八～八九年）が就任してしばらくすると、この教皇の人格的資質の欠損からローマ教皇庁は再び大混乱に陥り対立教皇クレメンス七世がア

15　カトリック教会の中にはローマ典礼によらず、古代に遡る独自の典礼様式と教会伝承をもちつつ、ローマ教皇の首位権を認めているカトリック東方諸教会が存在する。これらはカトリック教会である。

ヴィニョンに擁立された。その後も教会内の権力闘争・政治勢力の影響や介入もあり、二人、時には三人の教皇が、ローマ、アヴィニョン、ピサに乱立する事態になった。これを「教会大分裂」（一三七八～一四一七年）という。対立教皇が擁立される事態は、歴史的には三世紀初めにもみられる現象であり、「アヴィニョンの捕囚」期間もローマに対立教皇が立てられていた。しかし、教会全体に大きな影響と爪あとを残したのは、この「教会大分裂」と呼ばれる出来事である。この事態は教会内でも大きなスキャンダルとみなされ、その解決を目指すコンスタンツ公会議（一四一四～八年）が開催される。

二人、三人の教皇が乱立するにいたった大分裂の混乱期、教会法や位階制にもとづく教会理解はもはや立ち行かなくなる。教会法や位階制は、教皇を頂点とするモナルキア・システムを想定しているからである。そのトップが定まらないかぎり、制度も法も意味をなさず教会は機能不全に陥る。そのような事態の中で唱えられたのが「公会議主義」（conciliarism）である。

3　公会議主義

公会議主義は、教皇権を公会議の権限に従わせる考えである。すでに述べたように、教会統治のあり方としての合議制は伝統の一部である。クレメンスやキプリアヌスの証言にもある通り古代教会においては、各地域の司教会議、特に重要な教理決定の場合は公会議開催など、司教たちの会議によって教会統治など重要事項を決定してきた。二世紀から六世紀終わりまでの間に四〇〇回以上も地域司教会議が開催されている。その決定事項は、五世紀半ばまでは教皇の認可を必要としていなかった。グレゴリウス一世は教皇の認可を必要だとしたものの、認可以上のものを求めてはいない。ローマ教皇の裁治権上の首位権を主張しても、地方教会の自立は尊重されていたのである。

この合議制的教会統治法を、十四世紀初めにアリストテレスの国家論を援用しつつ「公会議主義」として唱えた神学者がパドヴァのマルシリウス（一二七五ないし八〇～三四二年ないし三四三年）である。彼はアヴィニョン捕囚期の教皇ヨハネス二二世（在位一三一六～三四年）と対立していた神聖ローマ皇帝ルードヴィヒ四世（在位一三一四～四七年）の側について、教会から自律した国家の主権を主張した。一三二六年に出版された『平和の擁護者』の中で、社会規範としての法の権威と根拠は人民による人民のための制定という理論を教会にも応用し、教会法は共同体代表が参集する公会議によって決定されるべきだと論じた[16]。この思想は教会では受け入れられず彼は破門される（DS 941-6参照）。

また同時代のフランシスコ会員ウィリアム・オッカム（一二八五～三四七年ないし四九年）も公会議主義を唱えた。彼もヨハネス二二世と対立し、ルードヴィヒ四世の庇護を受け、その著作の中で教会と国家の分離を唱えた。彼の教会論では、教皇至上権のローマ・カトリック教会と、「信仰者の集い」（congregatio fidelium）であり「キリストの神秘体」である教会とが区別される。前者の位階制にもとづく可視的・外面的なカトリック教会は、後者の不可視・霊的かつ不可謬の信仰による教会とは異なる。教皇は教会において絶対権力も不可謬権ももちえない。国家の法も教会が定めた法も人為的なもので誤りうる。それゆえ、教皇のもとにある教会法は神法とは区別され、教会の霊的権威が政治的権威にまさることはなく、むしろ並列しそれぞれ自律した権威だとする。「教皇は世俗的事柄においても、霊的な事柄においても、至上権のようなものは持たないのである。」[17]

16　パドヴァのマルシリウス「平和の擁護者」稲垣良典訳『中世思想原典集成18』平凡社、一九九八年、508～539頁。教会にかかわる部分は第二講と第三講（524～539頁）。

17　オッカムのウィリアム「教皇の専制支配に関する小論」池谷文夫訳『宗教改革著作集1』教文館、二〇〇一年、93頁。同書の他の作品も参考。「教皇ベネディクト十二世への反論」「対話篇　第三部」「教皇権力に関する八提題」。

さらに、教会内において教皇は信者に対して至上権をもつものではなく「管理者」にすぎない。逆に、国家の統治システムと同様、教会において至上権をもたない教皇は信仰者の共同体を代表する公会議によって廃位されうる。このようなオッカムの主張は認められず、彼もヨハネス二二世から破門される。

しかし、その後の教会大分裂もあって公会議を主体とする教会統治の考えは待望された。この神学上の考えは単に教会統治上だけではなく、この神学理論を唱える神学者たちの教会理解と深く結びついている。公会議主義者は教会を「信仰者の集い」（congregatio fidelium）と定義する。司祭職は神によってたてられたもの（神法）であるとしても、教皇、枢機卿、司教という位階制度は人間の歴史的産物である。それゆえ、この制度にもとづく教会権威は信仰共同体の同意が必要であり、その同意を示すのが公会議なのである。つまり、公会議は教皇にまさる権威を有する。さらにこの思想は、教会権威は全体としての信仰共同体（普遍教会）にゆだねられており、この全体としての信仰共同体にキリストは不可謬性を与えたと唱える。公会議主義に共通する主張は要約すると次の三点である。

一）教会のリーダーシップとメンバーのあり方における改革。

二）教会統治上の役割を担うのは、高位聖職者団体のみならず公会議の双方である。つまり双方による教会統治。

三）究極的な権威は全体としての教会、すなわち「信仰者の集い」である教会にゆだねられており、その全体としての教会はその代表者による公会議を通じて権威を行使。

右記のような公会議主義の考えにもとづいて開催されたのが、コンスタンツ公会議である。既述したように、この公会議は教会大分裂に決着をつけるために開催されたが、同時に公会議主義者による公会議主義を是認する公会議でもあった。
公会議は三人の対立教皇を解消し統一教皇選出を目指したが、開催時から対立教皇三名とも不在という事態が生じた。そのため、教皇不在となったこの公会議では「サクロサンクタ」(Sacrosancta)(「ハエク・サンクタ」(Haec sancta)とも呼ばれる)という教令を作成し(一四一五年)、その事態を乗り切る。この教令は教皇に対する公会議の優位を言明している。「それ(公会議)は、キリストから直接その力を頂き、どのような階級あるいは身分にある者もすべて、例え教皇であっても、信仰と離教の終息、それに神の教会の頭と肢体全部の改革に関係する事柄において、それに従うよう義務づけられている。[18]」公会議は統一教皇選出を控え、もうひとつ重要な教令「フレクエンス」(Frequens)を成立させる(一四一七年)。これは、教会の混乱の原因は公会議が何年も開かれなかったことだとして、五年後にもう一度公会議を開くこと、さらに七年後、その後は十年ごとに定期的に公会議を開くことを決定したものである。

頻繁に総教会会議(注:「公会議」のこと)を開くことは主の財産を育む卓越した手段である。それは異端、誤謬、分裂というイバラ、トゲ、アザミを根絶し、逸脱を矯正し、ゆがみを正し、主のぶどう園に豊かな果実をもたらす。他方、総教会会議をないがしろにすると、上に述べたような悪が育ち、はびこることになる。(中略)こうした理由により、われわれは永遠の布告によって、総教会会議がつぎのように開かれるように定め、制定し、明示、規定する。すなわち、最初の会議は本教会会議(注:コンスタンツ公会議)の終了後五年の内に、第二回目の会議は、このつぎの会議の終了後七年の内に、そしてそれ以後は十年ご

18　ボーケンコッター、前掲書、206頁。

とに永遠に開かれるものとする。[19]

これらの布石を打った後、統一教皇としてマルティヌス五世（在位一四一七〜三一年）が選出され、公会議の重要な目的のひとつは達成される。この公会議は対立教皇乱立状態を解消すべく開催されているので、会議のリーダーシップを発揮すべき教皇がそもそも不在であった。そのため公会議主義者たちによって公会議は進められ、彼らの主張を公会議に反映させることが可能であり、二つの教令に代表される公会議主義の勝利で決着したかのように思われた。公会議は分裂終結以外に、教会が大分裂にいたった事態への反省と改革の必要性を確認し、異端者としてフスを断罪する決定も行った。

「フレクエンス」の決定に従い、マルティヌス五世は次の公会議を開催しようとしたが、参加人数の問題、ペストのまん延などもあって実現できず、次の公会議はバーゼルで行われた（一四三一年）。ここでも公会議派と教皇派の争いのため、教会改革は先延ばしにされる。バーゼルではまだ公会議主義者が力をもっており、教皇エウゲニウス四世（在位一四三一〜四七年）の廃位を決議決定する。教皇の本名を名指しし、その廃位の理由を数え上げたあと、「正当な権利にもとづいて」（ipso iure）、公会議は彼から「教皇位の尊厳を奪い、これを退位させ、貶める」と宣言し、記録している。しかし、教皇権威がフランスやドイツ諸侯の後押しもあって政治的に安定し始めた時に開催されたフェラーラ・フィレンツェ公会議（一四三七〜四五年）[20]では、教皇の裁治権上の首位権や、教皇の公会議に対する優位性が再確認された。もともとこの公会議は東西教会合同がおもなテーマだったが、会議の主導権をめぐって教皇派と公会議派の緊張関係も続いていた。合同そのものはそれなりの成果があったが（DS 1300-8, 1310-28, 1330-53）、その過程でローマ教皇の首位権を東方教会が容認したことは公会議主義にとって致命傷になる。その後、公会議主義は神学思想上では異端とされたのである。[21]

この公会議において教皇は公会議主義に勝利したかのようにみえるが、政治勢力の支持なくしてはこの決定もなしえなかった。教皇が政治勢力との力学でその職能が左右されるという意味では、教皇派も公会議主義派も痛み分けといったところである。公会議主義をめぐる教会の自己理解についての一連の議論は、その後のガリカニズムやフェブロニアニズムのような国家主義教会の出現（十七世紀後半）、第一バチカン公会議の教皇の首位権宣言（十九世紀後半）、さらには第二バチカン公会議における団体制指導（episcopal collegiality）（二十世紀後半）の再確認にいたる教会統治の歴史において重要な伏線となる。また、一連の公会議の共通認識のひとつは、当時の教会改革の必要性であった。ウィクリフやフスなどの批判がすでにあったにもかかわらず、教会はそれら批判を力づくで押さえつけ、他の問題解決を優先させ、結局改革に取り組む機会を逸してしまう。

五　宗教改革前史

1　ジョン・ウィクリフ

アヴィニョン捕囚期や教会大分裂時代に、カトリック教会の中にも改革を唱えた宗教改革の先駆者と目され

19　N・P・タナー『教会会議の歴史　ニカイア会議から第2バチカン公会議まで』野谷啓二訳、教文館、二〇〇三年、99～100頁。なお、「サクロサンクタ」も「フレクエンス」も当時の状況によって要請された一時避難的決定であり教理的拘束はないと考える学者もいる。実際、エウゲニウス四世は公会議首位主義の考えを一四三九年の教書で排斥している（DS 1309）し、公会議も「フレクエンス」の決定通りには開催されていない。

20　カトリック教会では、この公会議に先の公会議を加えて「バーゼル・フェラーラ・フィレンツェ公会議」と呼び、一七回目の公会議としている。

21　教皇ピウス二世（在位一四五八～六四年）は、一四六〇年の大勅書で公会議主義を改めて断罪している（DS 1375）。

る人物が存在していた。イギリスのジョン・ウィクリフ（一三二〇～八四年）と彼の影響を受けたボヘミアのヤン・フス（一三六九～四一五年）である。ウィクリフは『教会論』の中で彼の教会理解を展開している[22]。それは当時のスコラ哲学の実在論にもとづきながらアウグスティヌスを継承している。実在論にもとづけば、本当に「実在」しているのは感覚的・可視的・経験的に確認できるものではなく、これらを超越した普遍的概念である。この考えをウィクリフは教会にあてはめ、地上の教会（可視的教会）とキリストが支配する天上の教会（不可視的教会）を明確に区別し、感覚や制度を超越した信仰者の交わりである不可視的教会だけが「実在」するとした。感覚や制度によって成立している地上の教会の構成員の誰が救われるのかは誰にもわからない。感覚や制度は救いの保証にならないからである。誰が救われるのかは神によってのみ知られ、そしてあらかじめ決められている（予定説）。真の教会は時空を超えた救いに予定された人々によって構成される集い（不可視の教会）なのである。

また、ウィクリフは支配権について次のように述べる。あらゆる支配権は神に由来するが、それは仕えられるためではなく仕えるために来たキリストを模範とすべきであり、それは王の権威も教会指導者の権威にもあてはまる。みずからの利益や蓄財のために税金や献金を徴収することは認められない。ウィクリフは当時の道徳的に堕落した教皇を含む聖職者や托鉢修道会を批難し、堕落した教会からの異端宣告も効力がないとした。ウィクリフの教会理解によれば、経験的地上の教会の位階制の権威にもとづき、かつ道徳的に堕落している教皇が、実在する真の教会の頭であるキリストの代理者ではありえないからである。「この教皇がキリストの生き方に逆らうような場合には、それは地上で考えられるかぎりで、最悪の代理者また反キリストであると信ずる[23]」。ウィクリフの主張の根拠は、教会が拠って立つべき最大の権威は聖書であり、人間が歴史的に制定した組織や教理ではないと考えたからである。彼はイギリスの多くの人々が聖書を理解できるようにと英語（彼の母語）への翻訳を始めている。さらにウィクリフは、第四ラテラノ公会議で教理決定されたエウカリスティアにおける実体変化の教えを否定した。彼はミサに関する著作の中で、カトリック教会が教える「実体変化」の説明は初代教会の教えとは異なるという。「近年の教会はこのように教えているが、それはある人々が不信仰で何の論拠もない空想にこのような呼び名を与え、多くの虚偽に満ちた事柄をでっち上げ、教会の重荷にしたからである」[24]と激越な拒否を示す。彼はミサにおけるキリストの霊的現存は認めていた。しかし実体変化の否定は司祭の秘跡執行の最大の権能の否定につながり、ひいては位階制全体の否定につながる。当時の教会が強い警戒心を彼にもったのもうなずける。

2　ヤン・フス

ウィクリフの思想をチェコで継承したのがボヘミア出身のフスである。ボヘミア王家の女性がイングランドに嫁いだことで、ウィクリフの思想がこの地にもたらされた。危険視されたウィクリフの思想、特に教会論やエウカリスティア論を、フスはボヘミアで展開した。彼は著書『教会論』で、教会に「属しているもの」（救われるもの）と「ただいるだけのもの」（神に見捨てられるもの）という区別を人間の体の比喩を用いて説明する。人間体内の排泄物は人間の体に属してはいないが、体の中にある。同じように教会にただいるだけのものは終わりの日ふるいにかけられて捨てられる。教会に属し、体の一部となっているものはあらかじめ決められている。「ある者が永遠の生命に予定されているならば、必然的に自分は義に予定されているという気持ちをもつ

22　ジョン・ウィクリフ「教会論（抄）」出村彰訳『宗教改革著作集1』教文館、二〇〇一年、137～163頁。
23　同上、143頁。
24　ウィクリフ「祭壇の秘跡について（抄）」同上、132頁。本著作全体で実体変化論の不合理性を説いている。

ようになるのであり、また永遠の生命に従うならば、その結果として義に従うのであって、その逆ではない」[25]。救われる人は明確ではないが、そのように生きるはずだというのである。いいかえれば、教皇も枢機卿も救いに予定されているならそのように生きるはずだということである。フスは教会の権威を認めている。「教会の構成員の間では、上下の関係でいえば、教皇と枢機卿とはすぐれた権威をもつ構成員である」としながら条件もつける。「ただしそれは、彼らがキリストに忠実に従い、かつ高慢と首位権の野心を棄て去ることによって、謙虚に母なる教会への奉仕に精励するかぎりにおいてのことである」[26]と。フスはまた、当時の教会で議論になっていた免償符についても否定している。エウカリスティアに関して、フスは信徒も両形色での聖体拝領を主張し、信徒はパンの形色のみでの拝領を定めていた当時の教会とも対立した。これらの結果、フスは公の審問を受けることになる。身の保証を約束されたにもかかわらず、出向いたコンスタンツ公会議で逮捕され、審問の末に火刑に処せられてしまう。同時に、ウィクリフの墓もあばかれ、その遺骸も燃やされ川に捨てられた。

ウィクリフもフスも、キリストの福音を宣べ伝えるために存在するはずの教会が当時まったく機能しておらず、それどころか人々のつまずきになっていると糾弾した。その原因は、教皇を頂点とする位階制度が神にもとづくものではなくまさに人間によるものだからだと主張したのである。堕落した教会に聞き従う必要もないし、キリストの代理者を語りながら腐敗した教皇は反キリストであると批判し、彼らの秘跡執行の権能や異端宣告も無効だとした。というのも、彼らは真の教会の構成員ではないからである。位階制や秘跡理解への疑義、それらに優る聖書の絶対的権威の主張は、一〇〇年後の宗教改革へと受け継がれて行くのである[27]。

3　カトリック教会改革の頓挫

コンスタンツ公会議後も、改革の必要性は教会内でもいわれ続けていた。歴代の教皇の中にも改革への意欲をみせるものもいたが、公会議主義復権への警戒もあり、また当時の悪習（聖職売買やそれに伴う複数の聖職禄の兼務（蓄財目的）、いわゆる当時の社会的身分における高い家柄出身者による高位聖職独占）は続き、改革ははかどらなかった。ようやく教皇ユリウス二世（在位一五〇三～一三年）は第五ラテラノ公会議（一五一二～七年）を開催し教会改革を目指したが、この公会議を途中で引き継いだ教皇レオ十世（在位一五一三～二一年）は改革案を一切実行に移さなかった。結局、この公会議終了と同じ年にルターの宗教改革が始動することになる。

この時期のカトリック教会の自己批判の動きとして、デジデリウス・エラスムス（一四六九～五三六年）を代表とする人文主義者の活動をあげることができる。人文主義者はギリシア・ローマ古典研究を通して神や人間を考察し、人間性復興を中心とした世界観を制度や権威に縛られることなく自由に唱えた。エラスムスは、『エンキリディオン』（一五〇四年）で、当時の教会の儀式主義や過度な信心業、または免償符制度を批判し、キリスト者の生き方を平明に説いている。[28] また彼の代表作である『痴愚神礼賛』（一五〇九年）は、風刺による当時の教皇（いわゆるルネサンス教皇）、高位聖職者、司祭、修道者、神学者たちの欺瞞と偽善に対する容赦ない強烈な批判であるが、彼の意図は福音の教えからはずれた当時の教会を、キリストの福音へ立ち戻らせるこ

25　ヤン・フス「教会論（抄）」中村賢二郎訳、同上、173～174頁。本書は一四一三年に出版されている。ルターの九五ヶ条の提題（一五一七年）のほぼ一〇〇年前である。

26　同上、183頁。

27　グレゴリウス十一世が断罪（一三七七年）したウィクリフの十九の命題は次に列挙されている通り。DS 1121-39。ウィクリフとフスを断罪したコンスタンツ公会議の教令は彼らの主張を命題形式で列挙している。DS 1151-95, 1198-200, 1201-30, 1247-79。ただし、これら教会文書はウィクリフやフスを断罪した側の記録なので、彼らの実際の神学主張を正しく反映しているわけではない。

28　デジデリウス・エラスムス「エンキリディオン」金子晴勇訳『宗教改革著作集２』教文館、一九八九年、7～180頁。

とであった。[29] しかし、堕落した教会に対する不満から書かれた批判書として教会一部に受けとめられ、結果としてカトリック教会から禁書とされてしまう。エラスムスは、教会の慣習よりも聖書にもとづく信仰生活を重要視し、当時ラテン語で読まれていた新約聖書を原文で読むためのギリシア語校訂版を出版している。エラスムス自身はルターとは一線を画し、あくまでもカトリック教会内部での改革を意図していた。教皇をはじめとする当時の教会を風刺で批判したが、彼自身はカトリックにとどまった。ルターは教皇を「反キリスト」と名指しして真っ向から批難し、結局、カトリックとは決別する。ただ、エラスムスの思想がルターなどの宗教改革者に大きな影響を与えたことは事実である。「エラスムスが産んだ卵を、ルターが孵化させた」という言葉のゆえんである。

中世から近代へ展開する教会

西ローマ帝国滅亡後、西欧はしばらく安定した行政機能の不在、社会秩序の崩壊、それにともなう社会不安の時期が続いた。しかし、その間も教会は存続し、新たに入植してきた民族との関係構築の絶え間ない努力を続け、彼らをキリスト教化することに成功する。「未来への展望が、次第に形をとり始めると、西方のローマ帝国の壊滅によって、新しい社会秩序、つまり、キリスト教世界が姿を現して来た[30]」。政治的手腕を発揮した教皇、土地開拓の労働と祈りに従事した修道者たち、そしてついには旧帝国の領土を支配下に置いたフランク王国、これらの努力がある一つの結果を生んだのが八〇〇年のレオ三世によるカール大帝の戴冠ということができる。しかし、それは教会と政治権力の二人三脚の歩みの始まりでもあった。時に平和のうちの共存関係を謳歌し（同床異夢であったとしても）、時に疑心暗鬼、権謀術数が渦巻く中で、この両者はコインの表と裏のようにひとつの西方世界「キリスト教世界」（Christendom）をつくりあげていく。

教会と政治勢力の権威と権力をめぐる闘争、その局面ごとに増大・弱体化していく教皇権、堕落する教会とその自浄作用など、その歴史の中で教会はみずからの自己理解を常に問い続けることになる。そして時代に適合したあり方を、神学、霊性、組織、対外関係を通して表現する。初代教会や迫害時代とは違い、教会は巨大な組織となり、いろいろな意味で影響力をもつようになった。この時代、教会論は「交わり」から「制度」へ、「神の民」から「モナルキア」へ、「霊の自由な働きの場」から「位階制や教会法によって管理される共同体」へと展開していく。両方の要素のバランスが必要であるが、時代の要請か、制度、支配、管理の面が行き過ぎ、それに対する福音回帰の声も何度もあがっていた。しかし、教会は応えることはできないまま十六世紀を迎え、「教会とは何か」という問いに根本から向き合わざるをえない事態に直面するのである。

29　デジデリウス・エラスムス『痴愚神礼讃』沓掛良彦訳、中公文庫、二〇一四年。この作品はエラスムスの生涯の盟友であったトマス・モアに捧げられている。モアは『ユートピア』の著者。周知のようにカトリック教会への忠誠のため、ヘンリー八世の命令に従わず「大逆罪」で処刑された殉教者で聖人。

30　ボーケンコッター、同上、103頁。

第五章　宗教改革から第一バチカン公会議へ
―改革、理性、革命、保守―

十四世紀以来、カトリック教会内においても改革の必要性は叫ばれていた。しかし、周辺社会とのかかわりや、自浄能力の低下もあって、根本的改革を実行できずにいたところにルターが登場し宗教改革という分裂を招いた。歴史的現象としての教会分裂は、十一世紀に東西教会分裂を体験している。しかし、ルターに始まる十六世紀の宗教改革という分裂は、ある意味で、カトリック教会ののど元に刃を突きつけた。

この宗教改革の結果としての分裂は、それまで同じ教会共同体として信じて疑わなかった（時には喧嘩もするが）いわゆる「身内」からの反抗（プロテスト）が拡大していった結果である。カトリックを標榜する教会の隣町にプロテスタント教会が存在するという、同じ民族、同じ地域、同じ社会・市民共同体の中に反目する二つの教派が混在する事態を生みだしたのである。分裂は多くの人々にとって日々直面する現実になってしまった。この分裂は教会内のみならず、西欧社会全体にも大きな影響を与えた。その影響の詳細を取り上げることは本書の意図をはるかに超えるので、教会共同体の自己理解にしぼってみていく。

分裂は多くの場合、痛みである。特に宗教改革はカトリック教会にとって心理的にも組織的にも、特にひとつの「キリストの体」を主張してきた教会にとって、神学的自己認識上の大きな痛みであった。そして、痛みは個人レベルでも組織レベルでも自己についてあらためて見直す作業へと導く。痛みに対してどのように対応するのか。分裂などなかったことにするのか、分裂していった相手に責めを負わせみずからの正当性を主張するのか、はたまたみずからを省みて自己認識を深めていくのか。何が自己をして自己たらしめているのか。

痛みを経験した多くの人々が通常みせる真っ先の反応は「拒絶」である。カトリック教会も同様の防御反応を示した。カトリック教会にとって大きな挑戦だったのは、宗教改革という分裂から始まった十六世紀以降、その後数百年間、周辺社会や人々の思考・価値観・知的枠組みの急激かつ大きな変化に見舞われたことである。教会はそれらについて行けなかった。

一　宗教改革

1　社会的状況

フィレンツェ公会議が終了し公会議主義も抑えこまれた後、十五世紀半ばから十六世紀初めまでいわゆる「ルネサンス教皇」の時代にはいる。このルネサンス教皇の時代に宗教改革が勃発する[1]。宗教改革は何もないところから突然始まったわけではなく、教会内で高まっていた改革の声に加えて、それを支えた社会的背景があった。一つは教皇権威の相対化。アヴィニョン捕囚、教会大分裂、公会議主義の台頭などで、教皇のローマ不在は何十年にもおよび教皇権威は下がっていた。また教会内ではウィクリフやフスのように公然と教皇を「反キリスト」呼ばわりする声が出ていた。二つ目は教会全体の道徳規律の低下。聖職売買、ネポティズム（教会内高位聖職者に縁故者を優遇）、ニコライズムが依然として教会内で横行していた。三つ目に歴代教皇の世俗

1　ルターの九五ヶ条の提題発表（一五一七年）からウエストファリア条約（一六四八年）までを宗教改革の時代とする。

化。その代表として、群を抜いて乱脈だった教皇アレクサンデル六世（在位一四九二〜一五〇三年、伯父は教皇カリストゥス三世）、戦争に明け暮れた教皇ユリウス二世（在位一五〇三〜一三年、伯父は教皇シクストゥス四世）、浪費家で教皇庁を破産寸前に追い込んだ教皇レオ十世（在位一五一三〜二一年、メディチ家出身）があげられる。もっとも世俗的教皇といわれたアレクサンデル六世は、まだ若いロドリゴ・ボルジア時代に伯父の教皇によって高位聖職位を手に入れ、教皇選挙では金でその地位を買ったといわれる。四人の子どもをもうけ、その息子の一人（チェーザレ・ボルジア）を一八才で枢機卿に任命し、一人娘（ルクレティア）を政争の具として利用した。このように乱れた教会の状況への人文主義者や民衆からの批判、また十五世紀半ばに登場したグーテンベルグの活版印刷技術による社会コミュニケーションの円滑化という社会状況が、宗教改革運動を後押しした。

カトリック教会からの分裂という結果をもたらした宗教改革の指導者として、ルターのほか、ツヴィングリ、カルヴァンなどがあげられるが、ここではカトリック教会の自己理解に大きな影響を与えた改革者としてルターとカルヴァンを取り上げる。

2　マルティン・ルター

(1)　義認論

マルティン・ルター（一四八三〜一五四六年）は、当初、カトリック教会からの分裂を意図していなかったといわれる。ドイツでアウグスチノ会の修道士であったルターは、自身の実存から湧き上がる宗教的問いに悩まされていた。それは神の「義」、つまり、自分は神の前で正しい人間なのかという疑問である。いくら祈っても、断食しても、修道生活におけるありとあらゆる禁欲を熱心に行っても、ルターは自分が神の前で「義」とされているのかという疑悩に苦しめられていた。その答えのきっかけとなったのが新約聖書の「ローマの信徒への手紙」の神の「義」についての思想であるといわれる。つまり、人はその行い（祈りや善行）によって義とされるのではなく、神への信仰を通じて与えられる恵みによって義とされるという思想である。ルターのこの宗教体験から得た信念を三つのフレーズで表現する―「恵みのみ」「信仰のみ」「聖書のみ」。このように、ルター神学の出発点はきわめて実存かつ教理（特に「恩恵論」）の問題であったが、時の教会指導者たちにはびこっていた道徳的堕落や混乱、また教会内外の政治的思惑も絡んで、ルターの神学は教会論を中心とした論争へ展開してしまう[2]。

当時のドイツの教会は免償符（「贖宥状」とも訳される。「免罪符」は誤訳）の販売に熱心であった。「免償」という考えは、カトリック教会の罪のゆるしの教えとかかわる。罪を犯した人はその罪に対する悔悛を願い司祭へ告白し、司祭はゆるしを与える。罪はゆるされても、罪に対する償いは必要であり、償いは時代によって様々な形式をとる（祈り、奉仕、巡礼、教会への寄進など。現在の日本では、賠償金や罰金などに近い感覚であろうか）。生前にその償いをまっとうできなかった人は、死後、煉獄という場所でその償いいうイメージで語られる、つまり苦しい罰）を果たし、その後天国（永遠の救い、つまり神の前で義とされた状態）へ移行するという思想である。ちなみに地獄は、永遠の滅びという状態であり、そこに救いはない。現代の世界観・人間観からは想像し難いが、当時の人々には自分や家族が死後、天国・煉獄・地獄のどちらにいくのかは非常に現実《リアル》的な問題であった。その思想にもとづく恐怖心（地獄に落ちる、煉獄で苦しみを受ける）はしばし

2　ルターの思想は一五二〇年に発表された宗教改革三大論文に代表される。邦訳引用と参照は以下から巻ページを記す。
「キリスト教界の改善に関してドイツのキリスト者貴族に与える書」印具徹訳『ルター著作集2』聖文舎、一九六三年、195～311頁。（教皇制や位階制の否定）
「教会のバビロン虜囚について」岸千年訳『ルター著作集3』聖文舎、一九六九年、197～347頁。（秘跡について）
「キリスト者の自由（ラテン語版）」山内宣訳『ルター著作集2』聖文舎、一九六九年、347～399頁。（義認について）

ば民衆の宗教行為と結びつき、また、時の宗教為政者に利用された。そのような死生観が支配している時代において、教会が発行する免償符の購入によって煉獄での償いの期間（自分も、煉獄にいる家族も）の短縮というふれ込みを信じて人々は免償符を購入したのである。免償符という制度そのものはルター以前の教会の歴史にもみられるが、ルターの時代、ローマのサンピエトロ大聖堂の建立の財源確保、さらにそれを自身の教会内政治や蓄財に利用しようとしたドイツのある大司教の思惑もあり、免償符はドイツで盛んに販売された。

(2) 教会論

人は行いによってではなくその信仰によって義とされるという根本的な宗教体験を得たルターにとって、免償符購入でこの世や煉獄での償い期間が短縮されるという考え、さらにはその購入費がローマ教皇のサンピエトロ大聖堂建立の財源として使われるという事態は、とうてい受け入れがたいものであった。神の言葉によって悔い改め、秘跡を通じてゆるされるとしても、償いがお金で後始末がつけられるなど、ルターには免償という考えの乱用にしか思えなかったのである。この当時の言葉として「免償符を購入してコインが箱にチャリンと音を立てると霊魂が天国に飛び立つ」と伝えられている。ルターはみずからの疑問を「九五ヶ条の提題」にまとめ、一五一七年、その命題集をザクセンのヴィッテンベルグの教会の門に張りつけ、教会当局者との公開討論を求めた。神学的議論を意図していた彼のこの命題集のコピーは、印刷技術のおかげですぐにドイツ中に流布し、ひろく読まれ、多くの民衆の支持を得た。ルターが提起した問題はすぐさま神学教理上の問題から、当時、問題を多く抱えていた教会の位階制をめぐる論争へと論点が移って行った。教皇制をはじめとする教会の位階制は、聖書のどこにも記述がなく、それゆえ神的起源を有するものではなく人間が時代の中で創設したものである。人の手によるものならば不可謬でもないし、必要ならばいつでも修正・刷新・廃止できる、あるいはしなければならない可変的なものである。ゆえに、教皇の首位権も否定される（『ドイツ貴族に与える書』2・195－311、特に208－216参照）。「聖書のみ」から導き出したルターのひとつの結論である。聖書の絶対的権威を主張したルターは、ドイツ語訳聖書を完成させる。

ルターの教会論は、ウィクリフやフスの系列に連なる。信仰を通じた恵みによって人は義とされるのであり、それは信仰を有するものならば誰にでも無償で与えられる。この無償の恵みはイエス・キリストの生・死・復活によって人類に与えられており、今も人々は教会内の福音の告知（説教）や秘跡の執行においてこの恵みにあずかっている。つまり、ルターにとって、教会とは場所なのではなく霊による同じ信仰・希望・愛における人々の霊的集まりなのであり、そこに位階なる制度は必要ない。すべての人は恵みにおいて平等である。ただし、信仰は目にみえないので、誰がその「集い」の本当のメンバーなのかは誰もわからない。ルターはアウグスティヌスの教会論を踏襲して二つの教会を区別する。ひとつは目にみえる人間の手による地上の教会であり、もうひとつは目にみえないキリストによる霊的教会である。この二つの教会は実は「ひとつの教会」を構成する教会の二つの次元であり、人が魂と肉体という区別される二つの要素があっても「ひとりの人」というのと同じである。人の魂は肉体を通じて表現され他者へ伝達されるが、肉体の一部が欠損しても魂そのものに影響はない。目にみえない霊的教会は地上の教会を通じて人々に感知されるが、地上の教会がその使命にふさわしくなくなっても霊的教会はその影響を受けない。

(3)　サクラメント

位階制をめぐる議論は別の議論をも引き起こした。「秘跡」（サクラメント）をめぐる論争である。位階制の中の聖職身分は、秘跡の執行と不可分の関係である。秘跡はカトリック教会を理解するための根本概念のひとつである。秘跡は「目にみえない神の恵みの目にみえるしるし」と定義される。たとえば、洗礼は信仰共同体への加入という恵みを授与する秘跡であるが、水とことば（「父と子と聖霊によって」という定型句）というしるしを伴わなければ有効とはみなされない。現代のカトリック教会においては、洗礼・堅信・エウカリスティア（聖体）・結婚・叙階・ゆるし（当時は悔い改め）・病者の塗油、という七つの秘跡が定められているが、何が秘跡かをめぐる議論は歴史の中で展開され、秘跡の数も時代によって異なっていた。秘跡が七つという理解は十二世紀に一般的になり、ルターの時代も同様であった[3]。しかし、ルターは洗礼と聖体以外は聖書に記述がないという理由で、他の秘跡を否定してしまった。

> 最初に、私は七つのサクラメントを否定し、今は洗礼、悔い改め、パンのサクラメントの三つを支持しなければならない。また、われらにとって、これらはみなローマ教皇庁によって、あわれむべき虜囚の状態に導きいれられており、教会はその自由全体を奪われている。しかも、私が、聖書の用法に従って語ろうとすれば、私は、一つのサクラメントとサクラメントのもつ三つのしるしのほかは語らない[4]（『教会のバビロン虜囚』3・206）。

秘跡の執行は司教か司祭に限られており、その執行可否の基準が位階区分にあったので、ルターのこの主張は位階制否定として大きな問題となった。ちなみに、司祭叙階は独身の義務を伴ったが、ルターは叙階を秘跡と認めず、また独身制そのものに疑問を呈しており、自身も叙階されていたが結婚した（『ドイツ貴族に与える書』2・257−263参照）。叙階の秘跡を通じて人は秘跡執行の権限を与えられる司祭となり、信者は秘跡を通じて義とされると、教会は教えていた。しかし、ルターは二つの点からその考えを真っ向から否定した。

一）人は行為（秘跡にあずかること）によって義とされるのではなく、信仰を通じて与えられる恵みによってのみ義とされる。

二）人を信仰へと招く役目は位階制の一部の聖職者のつとめではなく、洗礼を受けた信仰者全員のつとめである[5]（同上200〜208参照）。これは「万人祭司説」と呼ばれる。

秘跡は教会生活の中心を構成し、それゆえ古代のドナティスト論争以来、秘跡理解をめぐる神学論争は歴史上何度も繰り広げられてきた。ウィクリフが冒瀆者として断罪された大きな理由のひとつも聖体の秘跡をめぐる彼の理解にある。これまで秘跡の有効・無効、事効論か人効論かが議論されてきたが、ルターは叙階をはじめとするいくつかの秘跡そのものの存在を否定したのである。レオ十世は一五二〇年、ルターに対して破門警告の勅書「エクスルゲ・ドミネ」（Exsurge Domine）（DS 1451-92）を発布するもルターは公衆の面前で焼き捨てる。翌年大勅書「デケト・ロマヌム・ポンティフィケム」（Decet Romanum Pontificem）でルターは正式に破門される。

3　ペトルス・ロンヴァルドゥス（一〇九五頃〜一一六〇年）『命題集』による。教会の公式文書ではフィレンツェ公会議（DS 1310-28）、トリエント公会議（DS 1601）で確認されている。

4　ルターはこの時は洗礼・悔い改め（告解）・エウカリスティア（聖体）の三つを秘跡としていたが、後に悔い改めを秘跡からはずし、二つのみを秘跡として主張した。

5　（洗礼によって）「平信徒、司祭、諸侯、司教（中略）彼らはすべて霊的階級に属する真の司祭であり、司教であり、また教皇だからである」（『ドイツ貴族に与える書』2・203）。ルターは教会内の司教・司祭という指導的立場の必要性を認めているが、それらは権能ではなく「職位」という役目ととらえ、共同体から与えられたものなので、その役目が終われば普通の信徒にもどるべきだと主張している。

制度や行いによって人は義とされるのではなく信仰によって義とされるとしたルターは、「信仰のみ」「恵みのみ」「聖書のみ」という命題に抵触するものはすべて、教会の根本概念である秘跡ですら否定した。教会の制度・行い・習慣・儀式などは、すべての人の手によるものであり、人の行いは救いの役には立たない。神のみことばが伝えられるところに信仰があり、信仰があるところに真の教会があるのである。彼は「制度としての教会」理解を徹底的に否定し、義とされた信仰者の集いである「交わりの教会」論を主張した。ルターのこの改革的主張は、その時代の教会状況（公会議主義への警戒から公会議開催不能）、社会状況（教会への民衆の不満など）、政治状況（欧州の覇権争い）[6]、情報伝達技術の進歩（活版印刷の登場など）が後押しをしたため受け入れられたといえる。ウィクリフやフスの時代ならば、彼らと同様の主張をしたルターも焚刑に処せられていただろう。しかし、ルターはカトリック教会から分裂したプロテスタント教会の設立をなしとげ、現代にまでカトリック教会を含むキリスト教会の自己理解に大きな影響を与えている。[7]

3 ジャン・カルヴァン

(1) 義認論

ジャン・カルヴァン（一五〇九〜六四年）はフランス生まれの宗教改革者で、ルターの影響を受けてその思想に傾倒し、スイスのジュネーブを拠点として活動した。ルターが預言者的著述活動をしたのに対し、カルヴァンは主著『キリスト教綱要』で宗教改革神学を「大全」（スンマ）的に展開している。[8]その第四篇で教会論を集中的に取り扱っている。

カルヴァンはルターの義認論や予定説をさらに発展させている。義認について、「信仰のみ、恵みのみ、聖書のみ」という点では一致していても、カルヴァンは、人の行ないは救いにおいて徹底的に無力だとするルターとは、ニュアンスが異なる。カルヴァンは人間の善行と無関係な義認を「夢想」だと否定し、「我々も信仰と善き行ないとの必然の結合を認めるけれども、義認を行ないに置かず、信仰に置くのである」（Ⅲ．16．1）と、一定の価値を認める。ただ、それは「行ないなしにではなく、しかも行ないによるのではなく義とされるということ」であり、人は「我々の義であるに劣らず聖であるキリストに与って義とされる」（同上）。つまり、善行によって義と認められたり聖とされることはないが、義と認められることによって人は聖へと努力することが可能になり、その結果として善行もなしうるようになるというのである。

⑵ 予定説

予定説についても、「救われる人と、滅びにいたる人」は神の中で予定されているという点ではルターと同じだが、カルヴァンは「予定」と「予知」を峻別する。神がある人の善行を「予知」して救いを与えるなら、結局は救いのために人間の協働性（善行）が必要となり、救いにおける神の絶対性を否定することになる。キリスト教では「摂理」という言葉があり、人の思いを越えて成就した出来事を「神の摂理」と表現することが

6　ルターが庇護を求めたザクセン選帝侯フリードリヒ三世に対して、当時神聖ローマ皇帝カール五世（ハプスブルグ家）と政治的緊張状態にあったレオ十世や教皇庁は、フリードリヒの支援を必要としていたため、強い態度にはでられなかった。皇帝側もフリードリヒの支援が必要だったので同様であった。

7　ルターの主張にもとづくプロテスタント教会の考えは、一五三〇年にメランヒトンによって起草された「アウグスブルグ信仰告白」にまとめられた。そこでは、神・義・教会・秘跡（特に聖体）について述べられている。『一致信条書・ルーテル教会信条集』教文館、二〇〇六年。

8　ジャン・カルヴァン『キリスト教綱要　改訳版　第一篇―第四篇』渡辺信夫訳、新教出版社、二〇〇九年。邦訳引用や参照は本書による。

ある。旧約聖書には神がユダヤの民を「選ぶ」（申命記7・6–7）という思想がみられ、新約聖書のパウロ書簡でも「選び」（英predestine）が、人の生に対する神のイニシアティブを示す言葉として用いられる。「神は前もって知っておられた者たちを、御子の姿に似たものにしようとあらかじめ定められました。（中略）神はあらかじめ定められた者たちを召し出し、召し出した者を義とし、義とされた者たちに栄光をお与えになったのです」（ローマ8・29–30　傍点筆者。1コリント2・7も参照）。カルヴァンの「予定」は、パウロの「選び」と同意義であり、しかも「救い」に限定された用法であり、救いに関する神の絶対性を表現する言葉なのである（Ⅲ．21–24）。

⑶　教会論

カルヴァンはルターと同様に救いにおける神の絶対性から、聖書を救いの唯一絶対の規範とする。一方で古代教会の信条も聖書にもとづいているものとして大切にする。キリスト論を中心として神学思想を展開したカルヴァンは、ニカイア、エフェソ、カルケドン公会議を特に重要視する。『キリスト教綱要』では、ニカイア・コンスタンティノポリス信条の三位一体への信仰告白に続いて教会への信仰が語られる。まず、カルヴァンは教会を救いのために必要な助けだと定義する。聖霊による信仰が人をキリストとの交わりへと導きいれるが（Ⅲ．1．1–4）、人は弱く信仰を保つために教会という外的助けが必要である。「私は教会から始める。神はその子たちをこの教会の懐に入れようと欲したもうが、単に彼らが乳飲み子や幼児の間だけ教会の業と務めによって養うのみならず、成人に達しても母としての配慮の下に統治し、遂に信仰の目標に到達させたもうのである」（Ⅳ．1．1）。教会の必要性をカルヴァンは、「（神）御自身が父である者にとって教会は母」（同上）であるとキプリアヌスを引用して説明する。

教会を説明する際にまずカルヴァンは教会を「今我々の関わっている可視的教会のみでなく、神に選ばれた全ての者、その数の中には死者も含まれる」（Ⅳ．1．2）とし、さらにアウグスティヌスと同様に教会を可視的教会と不可視的教会に区別する。前者はキリスト教信者の善い者と悪い者の両方を含んでいる混成の共同体。後者は選ばれた聖徒の交わりとしての不可視的教会で、神によってのみ知られている。「不可視の教会、つまり神の目にのみ認められる教会を信ずることが我々には必要であると共に、人の目でみて教会と言われるものを保持してこの交わりを重んじることが、命じられている」（Ⅳ．1．7）。究極的に誰が神の教会に属するのかは神だけが知っていて、それは終わりの日に明らかにされるという教会の終末論的次元についても触れる。

カルヴァンは教会の「一致」と「交わり」の重要性を主張し、分派教会を激しく批判する。一見すると彼らみずからがカトリック教会からは離脱したかのようにもみられるが、カルヴァンにとって腐敗した教会はもはや「教会」ではない。よって、「教会でないものからの分離」は分派の罪には当たらないとする。ローマ教皇の首位権をはじめ位階制も不可謬権も否定する（Ⅳ．6－9）。ある国のある時代に有用な制度が全世界にあまねく拡大される理由はないし、民族は各々あり方が異なる。古代のニカイアやカルケドンを含む教会会議も、人間の手によるものなので欠陥や誤謬はあるとする。欠陥や誤謬は教会会議が聖書から離れてしまったからであり、逆にこれら教会会議は聖書の光によって判断されなければならない。

⑷　サクラメント

カルヴァンはどの教会が「神の真の教会」か、次の二つのしるしを判断の基準として提示する。ひとつは、神の言葉が宣べ伝えられること、もうひとつは、聖礼典（カトリック教会の「秘跡」に対応する）が正しく行われること、である。この二つが真の教会にとって必要不可欠である。「神の言葉が真摯に説教されまた聞かれる所、聖礼典がキリストの制定に従って執行されるとみられる所、そこに神の教会があることは何ら疑うべきでない」（Ⅳ．1．9）。「教会を識別する旗印は、御言葉の説教および聖礼典の遵守である」（Ⅳ．1．10）。「御言葉の純粋な説教と、聖礼典執行の純粋な儀式は、適切な担保また確約の徴であるから、この二つを有する共同体を、間違いなく教会として受け入れることができる」（Ⅳ．1．12）。カルヴァンはルターと同様に、洗礼と聖餐式（エウカリスティア）だけをキリストによって制定されたサクラメントだと認める。カルヴァンは「神の御言葉」と「秘跡執行」が救いのために必要だと考えており、それゆえ救いの恵みを得る正統な手段を備えているかどうかが真の教会か否かの基準になる。教会の正統性をカトリック教会のように組織や制度にみるのではなく、その共同体の機能に見出す。ただ、カルヴァンは教会の二つのしるしを厳格主義的には解釈していない。「教理や聖礼典執行の内にいくらかの欠陥が忍び込むことはあり得るが、それは我々を教会の交わりから遠ざからねばならなくするものではない」（Ⅳ．1．12）。キリスト教の本質以外のことで意見の相違がありうることを認めている。この考えは教会の構成メンバーについてもいわれる。教会は別々の場所から、同じ宗教を信じる者が集められている普遍教会であり、それが各地域で個々の教会として具体化している。混成体としての可視的教会には様々な人がいて神の目からみた場合教会の外にいるとみなされる人もいる。しかし、このような人でも、公の裁判（終末）で拒絶されるまでは教会に所属している。わたしたちは彼らと折り合いをつけていかなければならない。彼らを教会の肢体と認めるためではなく、最終裁判まで教会にその位置を残すためである。最後に裁くは神のみである（Ⅳ．1．9）。しかし、意見の相違は認められても、教会をないがしろにすることに対してカルヴァンは厳しい言葉で断罪する。

福音の説教が尊敬をもって聞かれ、聖礼典が蔑ろにされない所ならば、良き時に至れば、偽りなく曖昧ならざる教会の姿が現われ出るのであって、その権威を遠ざけたり、その警告を却《しりぞ》けたり、その助言に反抗したり、その譴責を嘲笑したりするならば、誰一人として罰せられないわけにはいかない。ましてこれに背き、これとの一致を破る者においてはどうだろうか。すなわち、主は御自身の教会の交わりを重要視しておられるので、御言葉と聖礼典の真実な職務が守られているキリスト教的共同体から頑迷にも離反する者は誰であれ、宗教からの脱落と見たまい、離反者としたもうのである。神は教会の権威を推挙しておられるので、それが侵されることは、御自身の権威が低められることであると看做したもう。（Ⅳ．1．10）

教会を適切に秩序正しく治めるために、カルヴァンは四つの務めをあげている（Ⅳ．18―9）。神の御言葉を説教する「牧師」、要理教育を行う「教師」、教会統治の責を負う「長老」、種々の奉仕をなす「執事」である。これら教会の奉仕者たちの選任をカルヴァンは神からの「召し出し」と会衆の同意が必要であるとする（Ⅳ．3．15）。ルターの万人祭司説をカルヴァンは唱えていない。

聖礼典について、カルヴァンはアウグスティヌスの定義に従うが、次のようにいいかえる。「神の恵みの外的なしるし」「神に対するわたしたちの信仰の同意の証」（Ⅳ．14．1参照）。さらにカルヴァンはサクラメントを公文書や公的記録の「印鑑」「調印」のたとえで説明する。公文書への「調印」は書かれた内容への同意を外的に証しする。また、神とアブラハムの契約の「しるし」として割礼があるように、聖礼典も神と人間の契約の「しるし」なのである。さらに、聖礼典を「信仰の柱」という比喩も用いる。「建物は基礎の上に据えられ（中略）、そのように信仰は基礎に相当する神の言葉に据えられるのであるが、サクラメントが加えられるならば、ちょうど柱が立てられたようにいよいよ堅固に安定する」（Ⅳ．14．6）。また、神がご自身を明示する「鏡」とも表現する。キリストによって制定されたサクラメントは、聖書の証言によれば、洗礼と聖餐式のみである。

洗礼についてはカトリック教会の理解に特に反論はしないが、聖餐式（カトリック教会のミサ）に対してはその理解が誤謬であると退ける（Ⅳ．17－18）。

国家と教会に関してカルヴァンは、ルターが「律法か福音か」という二律背反の命題をたて両者が相容れないものとしたのとは対照的な立場をとる。国家と教会は各々自立した存在であり、両方とも神によって定められたものであるとしている。それゆえ、たとえ不正な支配者にも従うようカルヴァンは説くが、一方で神の教えにそむく命令に対しキリスト者には不服従の権利を認める（Ⅳ．20）。

二　カトリック教会改革

1　トリエント公会議

ルターやカルヴァン後のカトリック教会の改革運動について種々の呼び名がある。「反宗教改革」（Anti-Reformation）「対抗宗教改革」（Counter-Reformation）「カトリック教会改革」（Catholic Reformation）など。それぞれの名称は改革運動のどの点に注目しているかを示唆する。最初の二つは宗教改革によって引き起こされた反動的改革運動という意味合いが強いが、三番目はルター以前からカトリック教会内にすでにあった改革運動の流れの一環という認識が強い。どちらも正しい。ただし、カトリック教会がトップダウンのもと大々的に組織的改革を実施せざるをえなくなった大きなきっかけが宗教改革であることは間違いない。

確かにルター以前からカトリック教会内には改革の必要性が叫ばれ、個々のレベルでは実行されていた。フランシスコ会員のフランシスコ・ヒメネス・デ・シスネロス（一四三六～五一七年）はスペインで教会改革を実行した。エラスムスに代表される人文主義者たちは古代語や古典研究を通じてその後のカトリック教会改革を支える神学形成に大きな貢献を果たした。また、レオ十世後の教皇ハドリアヌス六世（在位一五二二～二三年）はルター問題に対処するためには、まず教皇庁に蔓延している腐敗を一掃する必要を率直に認め、ニュルンベルグ帝国議会（一五二二年）で罪のゆるしを求める演説を教皇特使にさせている。それにもかかわらず、宗教改革の勢いは止まらず、もはや教皇や教皇庁だけで解決できる問題ではなくなっていた。このような状況の中で、カトリック教会全体として取り組んだ教会改革運動がトリエント公会議（一五四五～六三年）である。

公会議主義への警戒感があるにもかかわらず、カトリック教会内外からの強い要望と神聖ローマ帝国のカール五世の協力を得て、教皇パウロ三世（在位一五三四～四九年）は公会議招集を実現させた。会議は何度も中断されたので、二〇年近くにわたる公会議となった。ルターの宗教改革を強く意識した公文書がいくつも作成されたが、教会論としては目新しいものはなく、内容としては二つに大別できる。一つは、ルターが否定した従来のカトリック教会の教理を再確認すること、二つ目はカトリック教会における教会生活の規律化を目指す自己改革に関するものである。

ルターの教会理解が「信仰者の集い」であり、真の教会は「目にみえない」（invisible）「隠れた」（hidden）ものであるとの主張に対して、公会議は「目にみえる」（visible）制度としての教会を確認・強調する。それゆえ、公会議文書はみずからの教会理解の根拠となるべき神学的テーマについて取り上げる。「聖書と伝承」（DS 1501-8）「原罪」（DS 1510-6）「義化」（DS 1520-83）「秘跡全般」（DS 1600-30）「エウカリスティア」（DS 1635-61）「告解の秘跡（罪・赦し・償い）」（DS 1667-1715）「叙階の秘跡と位階制」（DS 1763-78）「婚姻の秘跡と修道誓願」（DS 1797-1816）など、宗教改革者が否定したり疑義を唱えた従来のカトリック教会の教理を改めて明確化している。また、秘跡における「事効論」を再確認している（DS 1606）。教会規律に関しては、不在司教問題の解決や司祭養成にかかわる神学校の設置、聖職禄の取り扱いなど、教会の混乱の原因を取り除き、教会の規律回復に向けた手だてを表明している。

公会議は宗教改革者を強く意識しているので、神学的に彼らと同じ立場の教義（三位一体やキリストの受肉など）についての言及はない。興味深いことに、ルターが批判した教皇制や位階制を直接取り上げた公文書も公会議には見当たらない。ただし、公会議は一貫して「制度としての教会」理解を前提としており、そこには教皇制を前提とした共同体の自己理解がみられる。そして教皇をめぐるカトリック教会の自己理解は、十九世紀半ばの第一バチカン公会議の公文書に結実する。

この時期にカトリック教会が取り組んだ内容は、自己改革・修正・確認である。トリエント公会議はミラノの枢機卿カロロ・ボロメオ（一五三八～八四年）のような改革実践の人材を得て、司祭養成のための神学校のプログラム化、各司教区の司牧活動のあり方の見直しなど着実に成果をあげていく。また、イエズス会など新しいタイプの修道会の誕生や従来の修道会の再興、大航海時代に確立された航路によるアジアやアメリカへの活発な宣教活動など、カトリック教会は新たな生命力をとりもどしている。

2　ベラルミーノ「制度としての教会論」

トリエント公会議に沿った教会理解を神学として提示し二十世紀半ばに開催される第二バチカン公会議まで強い影響を与えた神学者としてイエズス会員ロベルト・ベラルミーノ（一五四二～一六二一年）があげられる。彼はみずからの著書『キリスト教信仰に関する論争』において教会を次のように定義する。「教会内で認められた司牧者、特に地上におけるキリストの代理者であるローマ教皇の統治のもと、秘跡による交わりと、同じ信仰の告白によって結ばれた人々の集い」。このベラルミーノの教会理解には二つの特徴がみられる。一つは、教会はルターに代表されるような「聖徒の集い」「目にみえない教会」ではなく、聖徒とはいえない人も含めた「人々の具体的集い」である。二つ目は、教会の統治は神によって定められた位階制度のもとに任命された司牧者、特に地上における代理者であるローマ教皇によって行われるのであって、人々の識別によって委ねられた人々によるものではない。ベラルミーノにとって教会は、「ローマの市民集会、フランス王国、ヴェネティア共和国と同じように、目にみえる明白な組織」なのである。教皇を教会定義に組込み、教皇、秘跡、位階制などの可視的・制度的・有機体としての教会を強調した。聖霊によって導かれる有機体としての教会理解ではなく、権威が聖霊によって保証されている法的組織であり、救いのための手段と規則を有するという制度的教会理解である。これは、後の「完全なる社会」(societas perfecta) というカトリック教会理解へと発展していくのである。

三　啓蒙主義の時代

プロテスタント教会の伸張に従い、神聖ローマ帝国内のルター派諸侯の信仰を認めたのが「アウグスブルグの和議」(一五五五年)である。これは「領主の宗教が領民の宗教」(cuius regio, eius religio)、つまり地域の領主が決めた信仰(カトリック派かルター派)に領民も従うという原則である。しかし、プロテスタント派とカトリック派の争いはヨーロッパ覇権をめぐる当時の政治的思惑も絡み、欧州全体を巻き込む「三十年戦争」(一六一八~四八年)を引き起こす。長期にわたる戦乱に疲弊した各国は「ウエストファリア条約」(一六四八年)で戦争終結に合意することとなった。この戦乱に当然カトリック教会も巻き込まれる。この条約によって信教の自由が認められ、国家を単位とする西欧の国際秩序が確立した。カトリック教会はキリスト教の中でプロテスタント教会と同等の「いち教派」とみなされるようになり、国際的な影響力を以前のようには行使しえなくなった。このような国際政治上でのパワーバランスの大きな変化とともに、十七世紀以降、教会は周辺社会で急速にすすむ別の分野での変化に直面することになり、カトリック教会の自己理解に大きな影響を受けることになる。それが啓蒙主義であり革命である。

1　教会権威の凋落

十五世紀末以降、ポルトガルによるインド航路開拓、スペインによるアメリカ大陸航路開拓や世界周航成功によって両国は繁栄していく。現地の植民地支配や富の収奪などもあるが、これら新世界との遭遇は西欧社会に従来の教会の教えとは異なる新しい世界観・社会観・人間観をもたらした。また、十六世紀のルネサンスや宗教改革、十七世紀ガリレオに代表される自然科学の進歩は、教会の権威をゆるがすもうひとつのきっかけとなっていく。教会権威への脅威は二つのプロセスに渡る。最初は内部において、次は外部に対して。

まず、中世スコラ学の体系的学問とは一線を画した人文主義者によって、教会権威から自由な思想運動が十四世紀以来始められる。その祖とも目されるペトラルカ（一三〇四～七四年）は、神や人間を中心にすえて考察する古典ギリシアやローマの文学から刺激を受け、それらをキリスト教と融合させようとした。その思想は十六世紀のエラスムスやトマス・モアなどに引き継がれ、彼らはカトリック教会内にとどまりつつも教会批判や改革の必要性を訴えた。同時代のルターはカトリック教会からの分裂という結果をもたらし、その後のカルヴァンも宗教改革運動を拡大させていった。両者ともカトリック教会の教皇制や位階制に対して激しい攻撃を加え、ついには教皇や位階なしの教会を創設してしまう。位階制によって支えられていた教会権威は激しく低下していった。それでも宗教改革運動自体は当時のカトリック教会への宗教的アンチテーゼであり、広い意味でのキリスト教内の現象である。西方世界は「キリスト教」という基本的価値や思考方法をまだ共有していたのである。

しかし、十七世紀以降、デカルト、スピノザ、ロック、ヒュームなどの思想家たちは教会の権威にもとづく教えではなく、人間理性による明晰判断思考や経験主義的哲学を提唱し始める。教会権威から自立した人間理性に照らされた認識を優先させる「啓蒙主義」(enlightenment)が広がっていく。さらにガリレオ、ケプラー、ニュートンらを中心とする「十七世紀科学革命」と呼ばれる現象は、教会権威を劇的に低下させ、それ以降の社会は教会権威とは無関係に展開していく「宗教と科学の分離」という結果をもたらした。十七世紀初頭ガリレオが望遠鏡で宇宙の観察を始め、観察結果(経験)が教会の従来の教えと異なっても、ガリレオは観察結果のほうを信じた。このような態度が教会との軋轢を生みだした例としてガリレオ裁判(「天動説」と「地動説」)が有名である。[9]ガリレオが教会裁判で有罪になっても、自然科学は進歩し続け、それは「技術革命」(蒸気機関車などの発明)や新しい技術にもとづく新たな産業形態のあり方の創出「産業革命」へとつながっていく。この時代、西方社会の世界観・社会観・人間観は一変していく。

啓蒙主義によって聖書の起源や権威に対する疑問も投げかけられた。不可侵の聖典とみられていた聖書を歴史資料の文献として扱う歴史的・批判的研究が進められ、聖書の起源や著者問題など容赦なく批判的に論じられ、時には従来の教会の教えとは異なる結論を導き出していく。神からの超自然的啓示を保持するという教会の権威は失墜し、伝統は偏見と同義語になり、批判的理性や科学は信仰よりも確かであるという理解が広まる。このような理解に対して教会は何ら発言力も影響力もなくなっていく。教会と社会は分離し、キリスト教的価

9　ガリレオ自身は敬虔なカトリック信者であった。また、ガリレオ裁判の際、教会側の判事をつとめたのが前述のベラルミーノであり、ガリレオに好意的であったといわれる。ガリレオ以降に登場した科学革命を担った自然科学者にはニュートンはじめ(教派はいろいろあるとして)キリスト教信仰を奉じ続けたものも多い。キリスト教という知的背景があったからこそ近代科学が西欧で誕生したと唱える科学史家も存在する。この問題についての詳細な検討はここでは触れないが、「宗教と科学は対立するもの」という世間一般でいわれるような単純な図式ではないことだけは指摘しておく。参照　村上陽一郎『科学史からキリスト教をみる』創文社、二〇〇三年。

値観にもとづく同じ世界観・社会観・人間観によって一致を保っていた「キリスト教世界」は、十七世紀以降寸断され、機能しなくなってしまう。キリスト教も教会権威ももはや人々の生全体を規制する規範ではなくなり、ひとつの価値観、「どの宗教を選ぶかは個人の嗜好」という選択対象のひとつとなってしまうのである。宗教の個人化・プライベート化である。

2　国家教会主義

教皇を中心とする教会権威をないがしろにする文化に囲まれ、カトリック教会は保持してきた伝統をかたくなに文字通り踏襲するという「保守主義性」を強めていく。時代や社会と対話するというよりも拒否・断罪の姿勢を強めていく。一方、教皇中心主義とする教会統治とは別の教会統治システムが、当時興隆してきた国家意識という政治環境を背景にして主張されるようになる。それが「ガリカニズム」「フェブロニウス主義」「ヨゼフ主義」にみられる「国家教会主義」である。[10]「国家教会主義」とは、教会を国家の利益に従わせる考えである。

ガリカニズムはローマ教皇の中央集権的教会統治に対しガリア教会（フランスの教会。フランスのことを「ガリア」と呼んだことに由来）の自由を擁護し、フランス王権のもとに置くという思想である。ガリカニズムのような思想は、歴史上突然出現したわけではなく、いくつかの歴史的背景がある。まず、二世紀から五世紀においては、地域ごとの司教会議などの教会会議がひんぱんに行われている。地域教会が自律して問題を討議・解決する手法は教会統治上のひとつの伝統であった。キプリアヌスの「洗礼論争」にみられるように、時にローマの見解とは異なる決定がなされたとしても、教会の一致を即座に乱すものとは考えられてはいなかった。

さらにアヴィニョンの捕囚や大分裂時代、フランスは領内に王権の意を汲んだ対立教皇を擁していた。対立教皇の乱立という事態が生んだ公会議主義という思想も教会の歴史にみられる。つまり、ローマ教皇の裁治権と教導職の権威と権利が制限される時代を、教会は経験している。十六世紀半ば、イギリスのヘンリー八世（在位一五〇九～四七年）が制定した「首長令」（一五三四年）にもとづくイギリス国教会は、ローマと分裂したまさに国家教会の代表例である。また、政治も密接に絡んでくる。三十年戦争にかかわったフランスはハプスブルグ家に対抗するため王権強化の必要性を強く意識し、リシュリューに代表されるような政治家によって国家主義体制を着々と固め、いわゆる絶対君主制が確立していく。王権はローマ教皇によるものではなく、神から与えられた絶対的権力であるという王権神授説はまさにその理論的根拠である。この絶対君主制を標榜する国家と、教皇の首位権や不可謬性を主張するローマが平和な関係を維持できるはずもない（リシュリューは枢機卿でもある）。そのような歴史的背景の中で一六六三年、ルイ十四世（在位一六四三～七一五年）治世時、パリのソルボンヌ大学から、フランス王権が教皇の統治から自由であること、公会議の権威が教皇にまさること、教皇は不可謬権を有しないことが宣言される。さらに、フランス人司教ボシュエによって起草されたガリカニズムの主張をまとめた「四ヶ条の宣言」が一六八二年、フランス人聖職者会議で可決される。内容は次の通り。

一）教皇は霊的権威を有するが、フランスの公的秩序に関する権威は有していない。よって、フランス王は公的秩序に関して教皇に従属する必要はない。

二）教皇に対する公会議の優位性を主張したコンスタンツ公会議の決議は有効である。

10　ここで用いる「国家」という言葉はネイションによって構成される近代国家の意味ではない。「民族」「エスニシティ」「ネイション」「ナショナリズム」の意味は多義的で相互関係も複雑である。ここではプラトンの「国家」で論じられるような、主権（皇帝か王か国民か問わず）とそのもとにある公民で構成されるなんらかの一体性を有する緩やかな政治単位、という意味で用いる。参照　塩川伸明『民族とネイション―ナショナリズムという難問』岩波新書、二〇〇八年。

三）教皇の決定は公会議の決定およびフランス教会の習慣に規定される。
四）信仰の問題に関し、教皇の決定は公会議で批准されたときのみ撤回不能（不可謬）である。

以上の四ヶ条は、フランスの王権と教会がローマから自由であることを主張しているが、一六九〇年にローマによって断罪されている（DS 2281-4）。しかし、ガリカニズムの影響はその後も、フェブロニウス主義やヨゼフ主義という形で続くことになる。

フェブロニウス主義はドイツ語圏で広まった教会に関する考えである。[11] 一七六三年、フェブロニウス（偽名）の名前で発表された地域の司教と教皇との関係を扱った著作に由来する。キリストはその権限を一部聖職者や役職者ではなく教会全体に与えたこと、教皇の首位権は名誉上の首位権であること（裁治上の首位権の否定）、教皇は司教団や公会議の決定に従うべきこと、教皇の役割は統治ではなく普遍教会の一致と調和をはかることなどが主張された。さらに、教皇の決定事項も、ドイツにおける司教の任命に関しても地元の同意の必要性を主張している。フェブロニウス主義はドイツ語圏の政治権力と教会の関係というよりは、おもにドイツ語圏における教会とローマとの関係を主眼にしている。一七六四年ローマから断罪されている（DS 2592-7でも改めて断罪）。一方、ヨゼフ主義の名称は、一七六五年に神聖ローマ帝国の皇帝位についたヨゼフ二世（在位一七六五～九〇年）にちなむ。ヨゼフ二世は「啓蒙専制君主」といわれ、啓蒙主義による帝国の近代化と改革を進めた。宗教寛容や農奴解放の政策をすすめ帝国の国力と王権の強化をはかり、その一環として宗教的教えに直接関しない事柄に対する教会の介入を排除し、教会と宗教活動を国家の管理下に置くという思想である。ただし、カトリック教会と敵対するものではなく、宗教寛容令のもとでもカトリック教会の優位的立場を認めている。ヨゼフ主義は教会をローマではなく自国の統制下に置くことを目指した主張である。

このように啓蒙主義時代、教会と国家の関係の新たなあり方が主張されていく。啓蒙主義は教会の存在そのものを否定はせず、むしろ人類の秩序と平和のために必要かつ有益な道具であるとみなす。それゆえ、教会の使命は人類に対する教育であり、教会は倫理的集団であるとみなされる。一方この時代、西欧各国は台頭してきた国家意識を背景に富国強兵にはげみ、教会を自国内の公的秩序に従属させようとしていく。そこでは、地域・民族・政治・経済・社会を越えた「キリストのひとつの体」という普遍教会という意識は後退し、教会は国家と共に国家のための存在と位置づけられていくのである。

四　革命の時代

1　フランス革命

国家と深く結びついた教会は、国家の変革の影響を強く受けることにもなる。フランス革命はそのひとつの代表例であろう。啓蒙主義時代、イギリスのホッブズやロック、フランスのルソーやヴォルテールらによって絶対君主制に代わる社会契約にもとづく国家体制が主張され、自由にもとづく民主主義思想が人々の間に広まっていった。十七世紀後半のイギリスの清教徒革命や名誉革命、アメリカ独立戦争（一七七六年「独立宣言」）なども、フランスにおける国家体制変革（王政から立憲制）への民衆の渇望を刺激した。フランス革命そのものは複雑な経緯をたどった政治社会現象であるが、カトリック教会にも驚天動地の大事件であった。

アンシャンレジームと呼ばれたフランスの当時の体制では、第一身分の聖職者、第二身分の貴族（二つとも

11　フェブロニウス主義については次を参照。ボーケンコッター、同上、296～297頁。

特権階級）、第三身分の市民という三つの階層から構成されていた。フランス革命は市民階級による特権階級打倒と近代ブルジョワ社会建設を目指した市民革命である。[12] 教会はこのアンシャンレジームの中で打倒されるべき守旧派とみなされ、フランス革命によって国内の教会は徹底的に破壊された。革命派は伝統的なカトリック国であるフランスの非キリスト教化を目指したのである。教区は廃止され、教会財産は没収され、修道院は閉じられ、多くの聖職者や修道者がその身分を追われた。教皇がフランス教会に対して有していた裁治権は廃止され、その首位権も名誉上のものとされた。ただし、革命派も人民支配上、宗教が果たす役割は認め、キリスト教に代わる崇拝対象として「理性」を利用し、「理性の祭典」などを開催している。フランス革命が標榜した「自由・平等・博愛」はカトリック教会にとって呪いの言葉として記憶されることになる。千数百年にわたり西欧のキリスト教世界の中で不可欠な役割を果たしてきた教会は、啓蒙主義においてその存在の希薄化をとめることもできず、フランス革命にいたっては殲滅すべき対象となってしまったのである。教会はその制度どころかみずからの存在自体を否定される体験をしたのである。

フランス革命は国内だけではなく、その周辺諸国を巻き込む事態となり（フランス革命戦争）混迷をきわめた。その時期に登場するのがナポレオン・ボナパルト（一七六九～八二一年）である。軍事力を握ったナポレオンはイタリアにも侵攻しローマを占領する。ナポレオンは自分の意のままに教皇をコントロールしようとしたが、当時の教皇ピオ六世（在位一七七五～九九年）は従わず、結果、身柄を拘束されてフランスへと強制連行され、その途上で亡くなってしまう。イタリア全土を掌握したナポレオンは後継教皇であるピオ七世（在位一八〇〇～一八二三年）と一八〇一年、政教条約を結ぶ。ナポレオンは、革命派が推進した非キリスト教化政策は無意味と考え、むしろ教会を政治利用しようとする。ピオ七世との条約は、国家が教会を認める代わりに、教会を国家の管理下に置くというガリカニズムの実践がその内容である。ナポレオンは教皇をみずからの皇帝戴冠式に招待するが、教皇が皇帝を戴冠するという西方の伝統に従うためではなく、ナポレオン自身がみずからに戴冠をし、教皇をその証人・祝福を与えるものとして政治利用するためであった。その後、ナポレオンがイギリスの大陸封鎖策に対して教皇領の中立性を保つよう要請したが教皇は拒絶。ナポレオンは教皇領を没収し、教皇はナポレオンの破門をもって報いた。しかし、ルターの時と同様、破門が事態打開策としてもはや何の効力もないことを示しただけである。ロシア戦で手痛い敗北を喫したナポレオンは一八一四年、六年間フランスに軟禁していたピオ七世のローマ帰還を許可した。ナポレオン失脚後、欧州各国が参加して開催されたウィーン会議（一八一四～五年）ではナポレオン後の欧州秩序再建が議題とされ、その会議で教皇は教皇領統治者として承認されている。教皇と教皇庁は権威ばかりか、実際の居場所も失う体験をし、生き残るために自分たちの居場所（領土）の必要性を痛感したのである。

2　産業革命

革命という言葉に関連して、市民革命とは別の歴史的現象がこの時代に起きている。産業革命である。十八世紀半ばから十九世紀にかけて発生した工業生産の飛躍的拡大は、イギリスから始まり欧州へと広まった。この産業形態の一大変革は、人々の意識や関心を精神的次元から物質的次元（富）へ向けさせる転換の契機となった。海外植民地支配、蒸気機関などの新技術の発明と改良、その結果として生産性の向上、交通網整備などの社会資本の整備、それを支える市場の拡大など、社会形態を大きく変える現象は個々人のレベルでも様々な影響を与えた。富が社会の一部階層から広く市民へもたらされることによって蔓延した拝金主

12　フランス革命の時期については諸説あるが、一般的には貴族による騒乱（一七七六年）からナポレオンによるクーデター（一七九九年）まで革命時期とされるが、ナポレオン失脚後のウィーン会議（一八一四～五年）をもって革命の終了とする主張もある。

義と宗教無用の潮流、また急激な社会変化に伴う貧富の格差や労働問題などの社会問題は、教会がその後取り組む課題となっていく。

啓蒙主義の登場以来、教会が体験した周辺世界の大きな変革、すなわち科学革命に代表される世界観・人間観の根本的変化、ナショナリズムを背景とした国家教会主義や市民革命にほんろうされる教会と国家の関係、産業革命がもたらした劇的社会形態の変化、これら三つの「革命」に十六世紀の宗教改革も加え、教会は周辺世界との関係におけるみずからの立ち位置にとまどい、みずからをどのように認識し、世界の中でどこに位置づけていくのかという問いにさらされていく。キリスト教世界（Christendom）は崩壊し、周辺社会とともに周辺社会のために存在する教会という自己理解はもはや無意味となった。代わりに教会を無視あるいは敵視するあらゆる勢力を敵とみなし、時代遅れの独善的自己主張を繰りかえすマインドを教会内に醸成してしまうのである。自己保存が教会の存在目的となり、教会は外に対してみずからを閉ざしてしまうのである。

五　十九世紀の教会

1　カトリック・リベラリズム

大きな社会変化の状況にあって、カトリック教会内にも時代に適応すべきだという声が出てくる。フランス人司祭のフェリシテ・ド・ラムネー（一七八二〜八五四年）によって提唱されたカトリック・リベラリムズ（自由主義運動）は、そのひとつである。彼はみずからが主宰する「未来」という新聞において、教育の自由、出版の自由、政教分離、普通選挙実施などを唱え、若手聖職者やカトリック知識階級の支持を得た。現代では当たり前の主張であり、ほとんどの国家の共通価値観となっている。しかし、フランス革命を経験したばかりの当時のカトリック教会はラムネーの主張を革命思想と同一視し、教皇グレゴリウス十六世（在位一八三一～四六年）は回勅「ミラリ・ボス」（Mirari Vos）（一八三二年）をもって断罪する。「ある人々は愚かにも種々の意見の完全な自由、無制限の自由を主張し、このように有害な誤謬へと人々を導き、宗教上のことがらについても、世俗のことがらについても、完全な自由を求めている」（DS 2731）。この回勅では、人々の「自由」の許容は、キリスト教における超自然的啓示の否定と宗教無差別主義を主導するものと考えられ、明確に拒否されている。[13] カトリック教会の「自由」に対するトラウマはかくも根深いものだったのである。一八三四年にラムネーは正式に破門された。しかし、カトリック・リベラリズムの思想はその後も残り続け、教皇ピオ九世（在位一八四六～七八年）の「誤謬表」やその後の第一バチカン公会議（一八六九～七〇年）で再び排斥されることになる。

2　ロマン主義と教会論

啓蒙主義以来、教会の伝統的教えは次々と覆されていき、十九世紀、ダーウィンの進化論『種の起源』の出版（一八五九年）は、人間の起源に関する教会の教えの信頼性にとどめを刺す。一方で、理性中心の啓蒙主義への反動として、ロマン主義運動も十八世紀末から展開される。理性によって定式化・教条化された理解にあきたらず、人間が有する感情や直観にもとづく主観性や独自性に着目し表現するのがその特徴である。ロマン主義は、この時代の文学（ゲーテ、シラーなど）、絵画（ドラクロア、ターナーなど）、音楽（シューマン、ショパン、リストなど）の芸術一般にみられるが、神学にも強い影響を与えている。宗教は人間の実存的本質から発生するものであり、キリスト教も例外ではない。よって論争の末に成立・確立した教理（理性の産物）がある一方、

13　グレゴリウス十六世は「自由」を標榜する近代的マインドを嫌悪し、教皇領内の鉄道敷設も許可しなかった。

人間の実存的発露としての宗教的習慣・信心・崇敬も時代や文化に応じてみられる。十九世紀の教会にも、静寂主義、敬虔主義、の信心（カトリック教会のみ）など霊性思想は健在であった。このようなロマン主義的時代精神のもとに展開された教会論として、テュービンゲン学派のプロテスタント神学者シュライエルマッハーとカトリック神学者メーラーをあげることができる。

(1) シュライエルマッハー

「近代プロテスタント自由主義神学の父」と称されたフリードリヒ・シュライエルマッハー（一七六八〜一八三四年）は、属していた敬虔主義の伝統から出発する。[14] 彼はまず、宗教を倫理・哲学・教理・制度と同一視する立場を否定し、「人間が超越性に対して有する直観としての絶対的依存の感情である」と定義する。つまり、人がみずからの生全体を委ねることができる対象への独特な心情的あり方が信仰なのであり、一連の教理の塊である教義の受容ではない。この絶対的依存の感情という直観こそが神についての直観であり、それは人ならば誰でも有している。しかし、キリストが特別な存在なのは、その直観が完全であり、それゆえキリストと神を同一視しえるほどに神がキリストにおいてまったき形において存在しているからである。[15] キリストは弟子たちに彼の神直観を伝え（それが救いの業）、キリストの昇天後、弟子たちはキリストのその業を継承していった。その継承という活動を通じて教会が誕生したのである。[16] それゆえシュライエルマッハーは教会を「キリストの完全な像」「キリストの神秘体」と呼ぶ。伝統にみられる教会論の再発見である。

シュライエルマッハーはさらに、教会を聖霊によって生かされ、聖霊が働く、キリストにおいて神をみる信仰者の交わりであるとも説明する。教会は、この経験世界と関係している領域と、神と関係している領域、つまり二重構造をもつ組織と考え、二つの領域を区分する。「可変的教会」と「不可変の教会」の二つであり、それは「可視的教会」と「不可視の教会」に対応する。教会における変わりうるものすべては、この世界によって規定されている。つまり、教会においてこの世的な領域は「可変的」であり、ゆえに「可視的」なのである。神とのかかわる領域において教会は「不可変」であり、ゆえに「不可視」なのである。不可視の教会は、回心し、聖化された状態にある「生まれかわった」「再生」された人々によって構成される交わりの教会である。可視の教会は、福音を聞き、神からの呼びかけを受けている人々以外によって構成される組織であり、そのような組織の人々を彼は「教会の外面的構成メンバー」とか「教会の構成メンバーの候補」と呼んでいる。また、敬虔主義は個人の内面や心情を重要視するので組織や制度を否定する傾向が強く、特に教会と外的組織（国家など）との過度に密接な関係に対して警鐘を鳴らす。「王子が市民社会における特別なメンバーである教会に特権を与えると宣言するやいなや、その教会の堕落は否応なく始まるし、それは避けられない」[17]。しかし、シュライエルマッハーは偏重をさけつつも、信仰者の交わりの場としての教会組織や制度の必要性はある程度認める。教会の神的領域はこの世的領域を通じて表現されるからである。

⑵　メーラー

十九世紀にいたるまで、教会論という科目はカトリック神学に確立されていなかった。無論、教会について

14　敬虔主義とは信仰の本質を教義ではなく個人の内面の心情や敬虔さにもとめるプロテスタント内の改革運動のひとつである。聖書にもとづく禁欲生活とそれによる「再生」を目指す信仰生活のあり方を主張した。
15　Friedrich Schleiermacher, *On Religion: Speeches to Its Cultured Despisers*, trans. John Oman(New York: Harper & Row, 1958), 148.
16　Friedrich Schleiermacher, *The Christian Faith*, ed. H. R. Mackintosh and J. S. Stewart (New York: Harper & Row, 1963), 568-69.
17　Schleiermacher, *On Religion*, 167.

の論考はあったが、キリスト論や秘跡論、恩恵論などのようないち科目として教会論がみなされるようになったのはヨハン・アダム・メーラー（一七九六〜一八三八年）によるといわれる。初期の頃はシュライエルマッハーの教会論に同調していたメーラーは、シェリングの自然哲学の影響を受け、教会を制度や閉じた組織としてのメカニズムではなく、「有機体」として把握する。つまり、各部分が密接にかかわり合いながらひとつの生命体として存在する「有機体」概念から教会を理解したのである。有機体としての生命は各々の部分が密接に関連し合ってひとつの同一性を保持している。同様に、教会においても信仰者の意識と教会の集合体的意識（「伝統」と呼ぶ）との間にも同一性が存在する。教会は外的な様式や組織によって構成されているのではなく、第一義的には聖霊の内なる働きによって導かれる共同体であり、その聖霊の恵みを受けた信仰者相互の交わりなのである。[18]しかし、彼は教義など教会の外的要素を排除しない。教会統治の外的形態、すなわち司教、司教団、教皇の首位権は、聖霊の働きとして教会の有機体的同一性保持のため、共同体の必要性から生まれたものなのである。[19]現在ある教会統治の形態はキリストによって直接的に制定されたわけではないが、歴史を通じて聖霊の働きによって形成されたものなのである。

メーラーの教会論の特徴は、十九世紀にほとんど忘れさられていた聖霊論を教会の存在に基礎づけたことである。彼の聖霊を中心とした教会理解は、当時のカトリック教会改革者やカトリックの啓蒙主義的神学者のそれとは一線を画す。ベラルミーノは教会の「魂」である聖霊について言及しているが、彼の教会定義では「体」としての教会の外的特徴（位階制、典礼、法など）が強調される。宗教改革者が「目に見えない教会」を強調したのとは対照的に、ベラルミーノをはじめとするカトリック教会改革者は「目に見える教会」、特に「制度としての教会」を強調したのである。しかし、同じカトリック教会の中でメーラーは、教会を外的要素ではなく内的要素から定義しようとする。信仰者の総体である教会は聖霊が満ちている場であり、その聖霊によって常に刷新され、その活力を保ち続けていくひとつの生命体なのである。[20]

メーラーはプロテスタント神学者との論争において、彼の教会論をより発展させる。彼は教会論にキリスト論を援用し、教会は神の恵み（神的要素）と人間の自由（人的要素）が出会う場であると主張する。カルケドン信条の「受肉」概念を用いて、目にみえる教会は人的形態によって示される神の子、すなわち受肉した神の子であると唱える。それゆえ、神の子の受肉としての教会の構成メンバーである信仰者は「キリストの体」なのである。メーラーは他のカトリック教会改革者と同様に教会の「可視性」を強調するが、その可視性を制度に求めない。むしろ、可視性を歴史における受肉したキリストの臨在の証と考えたのである。[21]

カトリック教会論におけるメーラーの重要性は、一）教会理解における聖霊の復権、二）受肉中心の教会理解がもたらした「キリストの神秘体」としての教会理解、三）キリスト論と神学的人間論にもとづいた教会論の発展、である。教会は信仰の神秘を伝達するただの道具ではなくその神秘そのものなのである。この新たな視点は救いにおける教会の本質とミッションについての考察を深化させる大きな原動力になった。受肉概念にもとづく教会の可視性は、神の恵みの目にみえるしるしである秘跡ともつながり、秘跡としての教会理解はその後のカトリック神学において大きく発展していく。[22]

18　Johann Adam Möhler, *Unity in the Church or The Principle of Catholicism Presented in the Spirit of the Church Fathers of the First Three Centuries*, ed. And trans. Peter C. Erb (Washington, D.C: Catholic University of America Press, 1996), 93.
19　Ibid., 222.
20　Ibid., 84.
21　Johann Adam Möhler, *Symbolism: Exposition of the Doctrinal Differences Between Catholics and Protestants as Evidenced by Their Symbolical Writings*, trans. James Burton Robertson (New York: Crossroad, 1997), 259.
22　教皇ピオ十二世回勅『ミステチ・コルポリス：キリストの神秘体』（一九四三年発表）中央出版社、一九六五年、参照。

3　ピオ九世

一八三二年のグレゴリウス十六世の回勅によって近代思想や文化への順応を拒否した教会の姿勢は、後継教皇であるピオ九世にも引き継がれ強化されていく。歴代最長在位記録（三二年間）をもつこの教皇の統治は、その後のカトリック教会に、評価は別として、大きな足跡を残した。

ピオ九世は教皇に選出されると、前教皇がかたくなに拒絶していた鉄道敷設を認め、政治犯の恩赦、下院の普通選挙、出版検閲の緩和を実施し、人身保護法も発布するなど、近代思想に理解を示す教皇とみられた。人柄も魅力的で民衆の人気も高かった。しかし、ピオ九世の「近代」に対する態度はほどなく一変する。隣国フランスの不安定な政治はイタリアにも波及し、教皇は一八四八年、変装して政情不安なローマからの脱出を余儀なくされた。一八五〇年にはローマに帰還するも、今度はイタリアで機運が高まりつつあった国家統一運動と対立する。一八六一年にイタリア王国が誕生したが教皇領はフランス軍によって防衛されていた。しかし、一八七〇年に普仏戦争でフランスが敗北するとフランス軍はローマから撤退し、イタリア王国が教皇領を含むローマをイタリアの首都と制定し、教皇領は消滅してしまう。一八一四年のウィーン体制で復活した教皇領を、教皇は再び失うことになる。以後、バチカンはイタリア政府と国交を断絶し、ピオ九世はみずからを「バチカンの囚人」と呼びイタリア政府に妥協しない態度を貫いた。両者の断交は一九二九年のラテラノ条約によって現在のバチカン市国誕生まで続くことになる。以上のような近代国家との対立や摩擦、その結果としての教皇領の喪失などの体験を経て、ピオ九世は近代国家やその背景にある近代思想、特に自由という概念に対し強い不信感を抱き、それが彼の教会統治にも反映されていった。

⑴　ウルトラモンタニズム

ピオ九世は、フランス教会で勢力を保っていたガリカニズムに対しても強い姿勢にでる。ローマの介入を認めないフランスの司教会議を禁止し、ローマ中心の教会統治を進める。このような教皇の姿勢に賛同する勢力が「ウルトラモンタニズム」と呼ばれる。ヨーロッパ北方からみてローマはアルプスという「山脈」（montes）の「向こう側」（ultra）にあたるので「山の向こう」というラテン語に由来する表現である。ローマの首位権を認め、ローマを中心とした教会一致や秩序の回復を目指す運動である。この運動の要因として、従来の教会の教えに沿った世界観や価値観が崩壊し、その反動として明確な権威を伴う指導が望まれたこと、近代国家の政治力が増した結果として各国教会が国家の統治下で自由を制限されたことなどがあげられる。このような状況下で各国固有の教会のあり方ではなく、教会統治、教会生活、神学など教会に関する諸問題をローマ教皇指導によって対処しようとする動きが活発化した。価値観や政教関係が混沌とした中で登場した教皇中心主義、あるいはローマ原理主義という、当時の時代への反動形態のひとつともいうべきものである。この運動のひとつの成果が一八五四年十二月八日に発表された「聖母マリアの無原罪の御宿り」（DS 2800-04）の教義宣言である。さらに、保守教皇はウルトラモンタニズム派の後押しを受け、一八六四年に近代思想の八〇の命題を誤謬としてリストアップした「誤謬表」（「シラブス」と呼ばれる）を公布する。最後の八〇番目の誤謬を引用する。「教皇は進歩、自由主義、現代文明と和解し、妥協できるし、またそうしなければならない」（DS 2980）。これは「誤謬」として示されているのであって、この命題とこの表にリストアップされた命題を奉じる者は「呪われよ」（anathema）と断罪されているのである。この誤謬表の公布は、同時代の良心的カトリック信徒にも大きな衝撃を与えた。教会による近代社会との決別の辞である。教皇とウルトラモンタニズムによる反近代思想との戦線はさらに拡大し、第一バチカン公会議で頂点をむかえる。

(2) 第一バチカン公会議

「誤謬表」公布は、周辺世界とかい離していくカトリック教会の不安と焦りの反映であり、教会はますますその視野狭窄的保守性を強め、第一バチカン公会議はその歴史的モニュメントともいえる。ピオ九世は一八六九年十二月八日に第一バチカン公会議を召集する。この公会議では啓示に関する憲章 Dei Filiusと、教皇の不可謬権に関する憲章Pastor Aeternusが発表される。他にも教会一般に関する文書や教会と国家に関する文書の発表も考えられていたが、普仏戦争により会期は中断され、閉会宣言がなされないまま終了してしまう。教会論として重要なのは教皇の首位権と不可謬権を扱う二つ目の憲章である。導入と四つの章から構成されている。

導入では、憲章公布の目的として教会の一致とその一致の保証である教皇権の範囲を明確化する。司教職の唯一性、司祭団の一致への言及後、次のように続ける。「全部の信徒が信仰と交わりの一致を保つように、聖ペトロを他の使徒たちの上に立て、そのペトロ自身のうちに両者の一致の永久的源泉と目にみえる基礎を制定した」(DS 3051)。さらに当時の教会の周辺社会に対する不信感を反映するような表現もみられる。「地獄の門は日増しに増大する憎しみをもって、できるならば神によって設立された教会の基礎をくつがえそうとしている」(DS 3052)。

第一章では、ペトロがキリストによって使徒たちの頭、教会の目にみえる頭として立てられたことが述べられる。「イエズスはシモン・ペトロだけに、その群全体の最高の牧者、統治者としての裁治権を与えた」(DS 3053)。ここでは公会議主義者の次の二つの主張「頭としての首位権は直接ペトロに与えられたわけではなく教会全体に与えられ、その教会を通じて牧者であるペトロに与えられた」「ペトロがイエス・キリストから直接に固有の裁治権の首位を与えられたのではなく、名誉上の首位を与えられた」が、明確に否定される(DS

3055)。

第二章では、ペトロに与えられた裁治権上の首位権は彼の後継者に永続的に引き継がれることが神法であり、その後継者がローマ教皇であると述べる（DS 3058）。教皇の首位権の本質と権能について述べる第三章では、教皇の裁治権が普遍的裁治権であり、それは「信仰と道徳に関することがらだけでなく、全世界の教会の規律と統治」にまで及び（DS 3060）、「教会の統治のために使徒座またはその聖省によって布告されたことがらは、世俗の権力の同意を得なければ効力を発しない」というガリカニズム、フェブロニウス主義、ヨゼフ主義などの国家教会主義の主張を斥ける（DS 3062）。また使徒の最高裁判官である教皇の判決が最終的なので、その判決を「あたかも公会議が教皇以上の権威をもつかのように考えて、公会議に控訴することが許される」という公会議主義の主張も排斥対象とされる（DS 3063）。

最終章の第四章で教皇の不可謬権について述べる。不可謬権についての論述は過去の公会議の決定を引用し慎重に展開されていく。教皇の首位権の中に「最高の教導職（不可謬権）」が含まれていることを述べた後、「聖霊がペトロの後継者たちに約束したのは、聖霊の啓示によって、新しい教義を教えるためではなく、聖霊の援助によって、使徒たちが伝えた啓示、すなわち信仰の遺産を確実に保存し、忠実に説明するため」の権限であると説明する（DS 3070）。そして、教皇の不可謬権についての次の定義を結論として示す。

教皇が教皇座から宣言する時、言い換えれば全キリスト信者の牧者として教師として、その最高の使徒伝来の権威によって全教会が守るべき信仰と道徳についての教義を決定する時、救い主である神は、自分の教会が信仰と道徳についての教義を定義する時に望んだ聖ペトロに約束した神の助力によって、不可謬性が与えられている。そのため、教皇の定義は、教会の同意によってではなく、それ自体で、改正できない

ものである。（DS 3074）

教皇の不可謬権の定義を憲章に含めるかどうかは、公会議参加者の中でも意見が分かれた。反対する者の多くは、署名を避けるためにこの憲章を討議する総会前に会議を去っている。教皇がこの不可謬権を行使するためにはいくつもの条件が設定されている。

一）宣言する場合の教皇の立場。「全キリスト者の牧者として教師」として宣言しなければならない。教皇の私的なことがらや全キリスト者に関係ないことは宣言できない。

二）権限行使の根拠。「最高の使徒伝来の権威」によって「教皇座から」（ex Cathedra）宣言しなければならない。

三）権限の対象。教会の「信仰と道徳」に関することがらのみ宣言できる。すでに啓示された教理の意味を解き明かすためであって、新たな教理を宣言するためではない。

四）宣言内容の範囲。宣言される信仰と道徳は「全教会が守るべき」ものでなければならない。

以上の四つの条件は厳密であり、実際に不可謬権をもって宣言された教えは現代にいたるまで「聖母の無原罪の御宿り」と「聖母の被昇天」（一九五〇年）の二つだけと考えられている。[23] 右記四つの条件に加えてさらに四つの条件を加える神学者もいる。宣言内容が、①聖書と伝承に合致、②全教会の同意、③司教団の同意への公的表明、④全教会（司教、枢機卿、神学者）による入念な審査と同意、である。[24]

この公会議で宣言された教皇の不可謬権は、反近代思想の教皇とウルトラモンタニズムの勝利の結果であり、公会議主義やガリカニズムなどの国家主義教会を封じ込めるものとみられた。しかし、留意すべき点が二つある。一つは、この公会議は途中で中断している。公会議は教皇の不可謬権についての文書と共に、教会全般についての文書と教会と国家の関係についての文書も想定されていた。しかし欧州政治（普仏戦争）によって中断を余儀なくされ、教会論としては教皇の首位権と不可謬権だけが宣言され、教皇中心の教会理解が広まることになる。そこには「キリストの神秘体」「交わりの教会」「聖霊の神殿」という教会理解ではなく、教会法を根拠とした位階制からなる「（教皇中心の）制度としての教会」だけが強烈に打ち出される結果となった。

二つ目は、どの公会議も同様だが、この公会議も十九世紀半ばという歴史的制約を強く受けている。公会議開催までの経緯、開催時の教会内外の環境、公会議文書の思想的前提や表現方法など、現代とはかなり異なっている。たとえば、反啓蒙主義的色彩が強い環境で開催された公会議だが、公文書が前提としている「真理」理解や真理の「表現言語」理解は現代からみるとかなり単純稚拙《ちせつ》で、ある意味で啓蒙主義者同様、人間理性に対する過度な楽観主義的態度のように映る。啓示された真理とその人間側の受容（理解・解釈・伝達）に関する議論はよりニュアンスを含むものであり、慎重に検討される必要がある。また十九世紀にいたるまでカトリック教会は分裂の痛みを何度も経験しているにもかかわらず、公文書ではキリストの教会はカトリック教会のみという態度を当然のごとくとっている。不可謬権の問題は公文書にも明記されているように首位権から導き出される考えだが、そもそも教皇の首位権を認めていない東方教会やプロテスタント教会にとってはまったく意

23　どの教えが不可謬なのかはそれほど明らかではない。教義が宣言されるときに不可謬であるかどうかは明言されないからである。ただし、多くの神学者がマリアに関する二つの教えは不可謬を伴うものと同意している。

24　Avery Dulles, "Moderate Infallibilism: an Ecumenical Approach," in *A Church to Believe In* (New York: Crossroad, 1982), 136-138. 以上のような条件をすべて満たすのは今後ますます至難のわざである。反対意見も多い中で議論され宣言された教皇の不可謬権は、現在「抜くに抜けない伝家の宝刀」になってしまっている。

味がない。それにもかかわらず公文書は躊躇なく「全キリスト者」という表現を使用する。現代からみればきわめて狭い教会理解であるが、「制度としての教会」理解を前提としている以上、エキュメニカルな視点を入れることは不可能なのであろう。さらに同時代との対話という視点が決定的に不足している点も、当時の教会が置かれた環境に起因するのかもしれない。カトリック信徒をはじめ社会の多くの人々は近代思想に順応し、その知的枠組みの中で生活しているにもかかわらず、カトリック教会は身内だけに通じる言語・表現・思考方法で公文書を作成している。「誤謬表」で世間の反発を受けたにもかかわらず、多くの誤解を招きかねない不可謬権の定義を公にすることは、ニューマン枢機卿の言葉通り「時宜にかなっていない」といわざるをえない。カトリック教会内(高位聖職者間)では保守派が勝利したかもしれないが、結果的には教会の教えは人々の生活とますますかい離していくばかりであった。以上のような第一バチカン公会議にみられる教会論の諸課題に教会が真剣に取り組むためには、あと一〇〇年近く待たなければならなかった。しかしその前にもうひとつ、教会論に関連する論争が勃発する。「近代主義」(Modernism)である。

六　二十世紀前半の教会論

1　近代主義

ピオ九世は非妥協的政策をとり続けた。というより、教会の周囲で激しく進んでいく政治・社会・思想面での近代化・自由主義的文化に教会を適応させるという課題は、彼の能力をはるかに超えていた。彼が逝去した一八七八年には「教会は社会と戦闘状態に陥っていた[25]」。そのピオ九世の後を継いだのが、教皇レオ十三世(在位一八七八~九〇三年)である。彼は近代社会に対して前任者とは異なる態度をとった。「文化闘争」で有名なカトリック教会と対立していたビスマルク主導のドイツとの関係修復に乗り出し、カトリック教会の知的再興にも努めた。バチカンの文書資料館の公開、聖書研究のための委員会の設置も行っている。信仰と知性の調和をトマス・アクィナスの神学に見出し、トミズムを復興させた。この教皇が一八九一年に公布した有名な回勅が『レールム・ノヴァルム』（Rerum Novarum）である。この回勅は労働者の権利擁護など社会問題に対する教会の考えを示しており、近代カトリック教会における初めての社会教説とみなされている。このような自由な気風がやっと教会にも吹き始めた時に問題となったのが「近代主義」である。この近代主義をめぐるカトリック教会の公的な態度は、二十世紀前半のカトリック教会に再び暗い影を落とすことになる。この思想のリーダーと目されたのが、アルフレド・ロアジー（一八五七～九四〇年）とジョージ・ティレル（一八六一～九〇九年）である。

聖書の歴史的・批判的研究はプロテスタント神学の中ですでに活発に行われ、カトリック教会もその研究結果を無視できなくなっていた。その研究者のひとりである自由主義神学のハルナックは一九〇〇年に出版した自著で、キリスト教の本質は歴史の中で歪曲されてきたと主張した。それに対しロアジーは『福音と教会』（一九〇二年）でカトリック教会の立場から反論する。[26] 歴史における発展や変化は、その本質を維持するために自然かつ必要なことであり、それらを通じて教会はキリストの教えを維持している。ロアジーは、教会をイエスが伝えた神の国と同一視することはできないが、神の国が到来する準備であると考えた。彼の有名な言葉「イエスは神の国を伝えたが、やってきたのは教会だった」は、彼の考えを簡潔に表現している。ここでは、歴史のイエスと教会の連続性と非連続性がいわれている。つまり、イエスなしに教会は存在しなかったが、教

25　ボーケンコッター、同上、351頁。
26　Alfred Loisy, *The Gospel and the Church*, introduction by Bernard B. Scott (Philadelphia: Fortress Press, 1976), 166.

会の起源を直接歴史のイエスに求めることはできない。教会は歴史の中で、イエスが伝えた福音を信仰者の必要に応じて適応させてきたのであり、それは福音の曲解ではなく、福音の必要かつ適切な発展であるとみなす。ロアジーは進化論のモデルを教会の教えにも適応する。教会に啓示された真理の説明である教理は天から直接降って来たものではなく、人間が理解できるように人間によって類比的に表現されたものなのである。ロアジーは真理そのものと、その理解・伝統との間に区別を設ける。権威や制度はどのような社会でも必要であり教会も例外ではないが、ロアジーはそのような権威や制度のあり方が当時のカトリック教会のように中央集権的である必要も、裁治権的である必要も必ずしもなかったし、ゆえに変わりうるものであると述べる。

もうひとりの近代主義のリーダーであるティレルは、神学の歴史性に着目する。[27] 神学は過去の神学的言明に一致するかどうかではなく、歴史上の経験に合致するかどうかが問われるべきであると考えた。啓示は不変だが、神学的命題は発展も変化もする。それは人間言語によって表現されたいかなる命題も神的啓示を表現し尽くすことはできないからである。教会の教えは各時代の思想によって概念化された知識なのである。

ロアジーやティレルをはじめとする近代主義思想は、十九世紀に発展した歴史的・批判的方法論や、近代における人間経験を神学に応用しようとした。しかし、この近代主義の思想はカトリック教会からは不信の目でみられた。なぜなら、教えを歴史に位置づけて理解する方法や、発展や進化といった概念を神学に持ち込むことは、教会の教えと権威の相対化であると危惧されたからである。教会の保守的神学者は、古代教会と現代の教会の教えが異なりうるという立場を、教導職にもとづく古来からの教えには誤謬が含まれているという主張だと理解し、それはひいては不可謬権やキリストの教えの真理の否定であると断罪したのである。ローマで教えられていた歴史的コンテキストを排除した非歴史的神学と、十九世紀・二十世紀前半の歴史的意識にもとづく歴史的・批判的方法論にもとづく神学との対立は、第二バチカン公会議まで続くことになる。

教皇ピオ十世（在位一九〇三～一四年）は一九〇七年、近代主義の命題をリストアップした教令「ラメンタビリ」（Lamentabili）で、ロアジーとティリルを名指しすることを避けつつも彼らの思想を批判・断罪し（DS 3401-66）、同年同趣旨で回勅Pascendi Gregisも公布している（DS 3475-500）。ロアジーは一九〇八年破門され、教皇庁は近代主義思想に目を光らせ、一九一〇年には反近代主義教令Sacrorum Antistitum（DS 3537-50）を公布し、その宣誓を聖職者や教会の哲学者や神学者に義務づけた。[28] 近代主義思想に親近感をもつ神学者はみずからの意見や思想を公にすることを避けるようになり、地下にもぐってしまう。これにより聖書学や神学の発展はひと世代停滞したといわれている。

2　「キリストの神秘体」教会論

近代主義断罪によって歴史のダイナミズムという次元をきっぱり排除した教会論がカトリックの神学校で教えられていた時代、教皇ピオ十二世（在位一九三九～五八年）の回勅『キリストの神秘体』（Mystici Corporis）が、一九四三年に公布される（DS 3800-22）[29]。この回勅は教会を「キリストの神秘体」と定義づけ、そこから教会の本質や使命について展開していく二十世紀前半のまとまったカトリック教会論である。メーラーの聖霊論的・キリスト論的教会論の流れを汲みつつも、この回勅ではベラルミーノやカトリック教会改革者の教会論の特徴である「目に見える教会」の線に沿って論が進められていく。頭なるキリストから霊的力が及ぶキリス

27　George Tyrell, *Through Scylla and Charybdis* (London: Longmans, Green & Co., 1977).
28　この宣誓文は一九六七年、パウロ六世によって正式に廃止された。
29　DS 3800-22は部分邦訳である。全文邦訳は次を参照。教皇ピオ十二世回勅『ミステチ・コルポリス：キリストの神秘体』前掲書。引用邦訳は本書による。

トの霊的からだとしての教会理解（「目に見えない教会」）と、その本質からして制度的・位階的教会理解（「目に見える教会」）の統合を試みてはいるが、後者が優っている。

「キリストの体」という教会イメージはパウロ書簡にも出てくるが、体の各肢体を構成する全キリスト者が頭であるキリストの下ひとつに一致しており、その一致は物理的一致というよりも神的恵みによる神秘的一致であるという教会理解を提示する。キリストは、自分の体である教会が成長発展しみずからを建設するように作用する頭である。そのキリストの体はローマ・カトリック教会と同一視され、からだの構成メンバーはカトリック教徒と、「望み」によってカトリック教会に秩序づけられた人々のみである。教会のため、キリストは人々を教え導くための権能を使徒とその後継者に与えており、その権能が教会の「法」の根拠である。ゆえに、キリストは目にみえない仕方で教会を治めているという考えは誤謬であり、キリストは地上の代理者を通して目にみえる形でその神秘体を治めている。司教は頭であるキリストに特別なきずなで結合し、司牧者としての使命を、裁治権をもって独立して行うにせよ、その裁治権はローマ教皇から直接与えられる。聖霊は不可視の原理で体の各々の肢体を結びつけ、頭とも結びつけている。「キリストは頭、聖霊は教会の魂」といわれるゆえんである。結果、愛に満たされている教会と制度としての教会は一致している。「聖霊のみえざる派遣といわれるものと、司牧指導者がキリストから授けられた法的任務との間には何の対立も衝突もなく、両者はわれわれの中での魂と肉体のように、ともに補い完成し合うものであり、同じ救い主を源としている」（63）のである。

以上のように、恵み、聖霊、キリスト論的位格的一致などの言葉を用いて教会を説明するが、体としての教会が可視的・可見的であり、制度を伴い、特に位階的構造であるという主張も決して忘れない。「教皇と司教がからだの主要部分で、信徒はそれを支える存在である」という文言は、いかにも位階制中心の教会理解である。また、体としての教会構造を説明する際に、社会にみられる通常の集団の構造・組織との比較はみられるが、体について聖書学的成果からの考察はみられない。

保守からの脱皮を目指して

長い伏線を経て勃発した十六世紀の宗教改革で根本的自己認識を迫られた教会、その後のカトリック教会改革によって刷新を目指した教会、十七世紀と十八世紀の啓蒙主義と革命の時代に翻弄された教会、十九世紀から二十世紀にかけた近代思想や社会との対話を拒否する姿勢をとり続けた教会は、まさにひたすら古いものを死守する姿勢に終始した。特にナポレオンによる教皇の政治利用やピオ九世の「バチカンの囚人」といった事態は、自律した宗教組織としての教会の存在の危機であった。そのような環境だからこそ登場したウルトラモンタニズムや誤謬表は、ある意味で教会の生き残りのためのうめき声であった。このみずからの内にこもった閉鎖的な姿勢が十九世紀の教会を特徴づけ、その空気は一九五〇年代まで続いた。教会のその状態を教会史家のジョン・オマリーは「長い十九世紀」と呼んでいる。

しかし、このような教会の自己理解や他外姿勢が驚くほど変化する出来事が二十世紀半ばに登場する。それが第二バチカン公会議（一九六二～五年）である。トリエント公会議終了（一五六三年）から第二バチカン公会議開始までの四〇〇年間、カトリック教会は劇的なスピードで変化していく周辺社会の世界観、人間観、国家観、倫理観などに振りまわされ続け、時に世界から超越したものとして独善的になり、時に教え導くものとして攻撃的になり、時に被害妄想から閉鎖的になりながら自己保全を図ってきた。しかし、その間にも信仰と理性の調和、世界との対話を目指すべきとの声は教会内でも絶えることはなく、教会論をはじめキリスト教神学の試行錯誤の努力は続けられてきたのである。二十世紀の近代主義に対する教会の過剰な拒否反応にもかかわらず、ドイツやフランスでは歴史や聖書の批判的研究も続行されていた[30]。そのような動きや努力、研究が第二バチカン公会議で一気に花開く。

30 『キリストの神秘体』を公布したピオ十二世は同年、回勅*Divino Afflante Spiritu*を公布した。この回勅はカトリック教会内での聖書学研究の自由を認めたものである。

一方で、同教皇は一九五〇年公布の回勅*Humani Generis*で、当時唱えられていた進化論や歴史神学を誤謬として断じている。ただし、ヨハネ・パウロ二世は一九九六年、進化論を科学的根拠にもとづく説明として、実質容認する発言をしている。実際、カトリック系教育機関ではこの発言以前から進化論は教えられている。

第六章 第二バチカン公会議―適応、刷新、対話、混乱―

二十一世紀を迎えてまだ十数年しかたっていない二〇一五年現在では、二十世紀の歴史的評価を客観的に判断するのは難しいかもしれない。しかし、ある歴史学者が「暗黒の世紀」と名づけたとしても反論するのは難しい。二つの世界大戦と近代兵器投入による大量殺りく、いくつもの虐殺事件など、歴史上かつてないほどの人間の残虐性が示された世紀である。二十世紀初頭まで人類が漠然と抱いていた理性に対する楽観的信頼は見事に崩れ去る。教会の教えではなく理性が人類に幸福と秩序をもたらしてくれるはずだったのに、実際は逆の現実が出現した。確かに自然科学の発展や技術の発達は、人類に膨大な知識と飛躍的な進歩をもたらした。時空や宇宙に関する新たな理論、宇宙開発、複雑な自然の解明、医学の進歩による長寿化、交通手段の発達や情報技術の進歩による人・物・金・情報のすさまじい勢いでの移動・交換など。一方で、制御不能な新たな問題も発生している。人口爆発、食糧問題、環境問題、世界的規模で流行する感染症、価値観の多様性を尊重しつつ解決できない文明間の衝突など。理性を無邪気に信仰していた人類のマインドは二十世紀後半以降、大きく変化した。そのような世界の中でカトリック教会は、第二バチカン公会議でみずからの本質と使命を教会内外に宣言したのである。

教会の自己理解は、すべて歴史的現実と結びついている。キリスト教のアイデンティティはその歴史の中で保持され伝えられていく。いいかえれば、そのアイデンティティは常に原点に立ち返りながら異なる表現様式をまとうのである。何が変わりうるものか、何か変わらないものかを問い、議論し、教えてくれるのが第二バチカン公会議である。歴史上直近の公会議である第二バチカン公会議は、現在のカトリック教会の自己理解のもっとも重要な規範となっている。この章では第二バチカン公会議をみていく。

一　公会議招集

カトリック・リベラリズムの断罪、第一バチカン公会議での教皇不可謬権の決定、その後の近代主義の拒否と警戒といった教会の「自己防衛」時代が十九世紀と二十世紀前半まで続いた。聖書学研究の自由化、典礼刷新運動、教父学の再興、フランスを中心とした「新しい神学」(Nouvelle Theologie) の潮流、教会一致運動などの新しい動きも教会内にはあったが、依然として新たな神学動向への教皇庁による警戒は続き、リュバック、コンガール、ラーナー、キュンクなど、第二バチカン公会議で中心的役割を果たすことになる神学者たちに対する教職停止処分などが行われていた。ピオ十二世の後継教皇としてヨハネ二三世(在位一九五八～六三年)が選出されるが、この教皇選出を境に教会が劇的な変化へと舵を切っていくとは、選出当時、誰も予想していなかった。七八歳という高齢での選出も、この教皇選出が当時の保守派とリベラル派の妥協の産物であることを物語っている。保守派は当然教会の変化を望んでいなかったし、保守派ではない多くの人々もこの教皇に対して変化への期待を抱いていなかったのである。しかし、ヨハネは教皇に選出された五日後には公会議開催の意図を側近に伝えていたといわれる。

一九五九年一月に教皇が公会議召集の意図を枢機卿たちに伝えた際、多くの枢機卿は驚きをもって受けとめたという。第一バチカン公会議から一〇〇年が経過し、二度の世界大戦によって世界は大きく変化し、この時期での公会議開催が教会に何をもたらすのか枢機卿たちには見当もつかず不安であったからである。当時の世界はソビエト連邦と西側諸国との「東西冷戦」真っただ中にあり、朝鮮戦争（一九五〇年）、ベルリンの壁建設（一九六一年）、キューバ危機（一九六二年）など核戦争も起きかねない一触即発の危機に見舞われていた。このような状況の中で、相変わらず世界から遊離し自己防衛的態度をとり続けていたカトリック教会の公会議開催宣言は、教会のみならず世界からも驚きの声をもって迎えられた。教皇は当初一九六三年秋に公会議開催を考えていたといわれるが、公会議開催そのものに積極的ではない教皇庁の抵抗勢力の遅延行為に対し、教皇は、みずからの年齢もあって、公会議開催を早めることによってその準備を促した。実際に開始されたのは一九六二年である。公会議は四つの段階を歩んでいった。一）前準備段階：二八二一に及ぶ質問を世界中の司教、修道会総長、神学部などに送付、二）準備段階：準備委員会による公会議での議題の調整、三）公会議：一九六二年から一九六五年にかけて毎年秋に開催（計四回）、四）公会議公文書公布、である。[1]

公会議開催が宣言されると世界中のメディアが興味を示した。このメディアの存在は公会議に影響を与えた。それまでの公会議は会議場で使用される言語はラテン語であり、会議参加者の発言や考えが途中で知られることはなかった。しかし、二十世紀半ばにはメディアの影響力は格段に強くなっており、公会議開催前から様々な報道がなされ、それによって会議参加者のみならず、教会の内外に公会議の様子が伝えられることになっ

1　第二バチカン公会議の公文書については次を参照。『第二バチカン公会議公文書　改訂公式訳』カトリック中央協議会、二〇一三年。本書は、公文書の最新の邦訳のみならず、最初に、公会議開催までの経緯、その歴史的意義、準備段階、公会議の展開の模様などが述べられ、翻訳文書に続いて各公文書の解説が掲載されている。以下、本文で引用する公文書文章は本書訳による。

た。メディアによって公会議への関心が世界的に高まったのである。キュンクのように、典礼における聖書の積極活用、典礼での母国語使用、禁書目録の廃止、教皇庁改革など、みずからが考える公会議に向けた問題を公に提起し、世論に問う神学者もあらわれた。

また、教皇の意図のひとつに、この公会議を「普遍的教会会議」（Ecumenical Council）とすることがあった。キリスト教一致に向けて、準備段階からプロテスタント教会や東方正教会との会談を重ね、オブザーバーとして会議への参加を求めた。さらに、カトリック教会全体の参加を呼び掛け、それまでの公会議では教会の高位聖職者や教皇庁の官僚によってなされていた議論に、信徒の参加も求めたのである。また、この公会議ではアジアやアフリカの多くの司教も参加している。まさに、文化や言語を越えた文字通り「世界の教会」を目指した公会議であった。

第一バチカン公会議以降、教皇の首位権と不可謬権のもと、各国の司教は教皇や教皇庁の指示に従う受け身の態度であったが、この公会議ではローマ以外の参加司教たちが積極的な役割を果たし、教皇もそれを後押しした。以上のような前例にとらわれない決定、異例の準備プロセスは「ローマは変わる」という期待を人々に抱かせ、この公会議は「新しい聖霊降臨」と受けとめられるようになっていった。

この公会議の目指した方向性は、教皇のイニシアティブのもと、かなり最初から明確であった。（当時の）現代社会との対話と適応、規律と教義にしばられる教会生活ではなく人々の救いのニーズに応える教会のあり方の模索、（合併・合同ではない）キリスト者の一致である。これまでの公会議でたびたび用いられてきた、ある考えや思想を断罪・排斥する「呪われよ」（anathema）という表現は、この公会議では一切用いられていない。新しい教義や神学体系を提示する公会議ではなく、現代世界において教会はどのようにキリストの救いという希望を教会の内外に伝えられるのかを模索する司牧的公会議を目指したのである。「教会とは何か」について徹底的に自己追及を行った、まさに歴史上初めての「教会論の公会議」なのである。公会議開催時の教皇の演説の次の言葉は、公会議の精神を如実に示している。

信仰に対する熱意に燃えてはいても、現代社会を破滅と災いと捉え、現代を過ぎ去った世紀と比較して全く悪い方向へさまよってしまったと主張するのは公正な判断と賢明な思慮に欠けています。

あたかも破滅が迫っているかのように、つねに災いしか預言しないあわれな預言者には、全く同意できません。

忠実に守られるべき、この確固不動の教えが、現代の要求する方法で探求され、説明されなければなりません。信仰の遺産（depositum fidei）であるところの古くからの教えの実質と、これを表す方法とは同じではありません。

おもに司牧を目的としている教会教導職は断罪するのではなく、教義の妥当性を明らかにすることで、現代の要望に応えなければなりません。[2]

2　G・アルベリーゴ『第二ヴァティカン公会議　その今日的意味』小高毅監訳、大森志帆・桑田拓治訳、教文館、二〇〇七年、65～66頁。第二バチカン公会議の詳細な経緯は次を参照。*The History of Vatican II*, vol. 1-5, ed. Giuseppe Alberigo, Joseph Komonchak (New York: Orbis Books, 1998-2006).

二　教会論

この公会議では一六の公文書（四つの憲章、九つの教令、三つの宣言）が公布された。[3]各文書のテーマは多岐にわたるが、「教会論の公会議」と称されるだけあってすべて現代社会の教会にかかわる。その中でも、教会論としてもっとも重要な文書が『教会憲章』と『現代世界憲章』である。『教会憲章』（全八章で構成）は教義憲章といわれ教義的面から教会を説明する。一方、『現代世界憲章』（二部構成。第一部四章、第二部五章で構成）は司牧憲章といわれ教会の司牧的本質と使命について述べている。以下、第二バチカン公会議の教会論を概観していくが、上記二つの文書を中心にし、必要に応じて、他の文書も参照にする。

1　二つの憲章公布までの経過

(1)　『教会憲章』

教会を直接扱う本文書は、公会議後のカトリック教会の歩みに決定的な影響を与えた。文書公布後五〇年たった今もその重要性は失われず、歴史におけるその輝きは増すことはあっても減じることはない。「教会論の公会議」といわれた第二バチカン公会議の中でもモニュメント的文書である。

本文書の第一草案はまずオッタヴィアーニ枢機卿（当時教理省長官）とトロンプ神父（イエズス会）によって作成された。トロンプはピオ十二世の回勅『キリストの神秘体』の実質的な著者といわれており、実際、この第一草案もその回勅の内容を踏襲するものであった。公会議の討議においてこの草案は「教会勝利主義」「教会法的理解」「聖職者中心主義」であり抽象的かつ法文的用語が多用されているとの批判を受けた。聖書や教父の視点が欠けており、奉仕や司牧というヨハネ二三世が示した方向性がもっと強調されるべきとの指摘も受けた。大幅な修正を受けた第二草案については、司教の協働性、それと教皇との関係性、永久助祭の復活、信徒の共通祭司職と位階制の関係、司教と修道司祭の関係、マリアに関する部分の取り扱いが議論された。これら議論を踏まえてさらに修正された最終決議案が、『教会憲章』として一九六四年に公布された（最終投票結果は賛成二一五一、反対五）。

(2)『現代世界憲章』

ベルギーのスーネンス枢機卿は一九六二年一二月四日の公会議での演説において、この公会議で教会が取り上げるべき議案を教会の「内向け」(ad intra) のものと「外向け」(ad extra) のものに整理し、その両方を扱うべきとの提案をヨハネ二三世に行った。[4] ミラノのモンティニ枢機卿（後のパウロ六世）もその提案に賛同を表明した。この提案がもとになって文書の作成が開始された。この文書の最初の草案は一九六三年二月に出来上がるが討議を経て何度も書き直されている。一九六四年六月にまとめられた第一三議案が最終文書作成のたき台として承認され、修正を加えた最終決議案が『現代世界憲章』として一九六五年に公布された（最終投票結果は賛成二三〇九、反対七五、無効七）。

この文書は司牧憲章であり体系だった学問的な神学文書ではない。それゆえか、繰り返しも多く冗舌すぎる嫌いがある。『教会憲章』との連続性を強く意識しているので、そこからの引用も多い。また、タイトルが単に「世

3　公文書は「憲章」「教令」「宣言」の三つに区分される。教えとしての重要度もこの順による。なお、憲章についての概説は次を参照。『第二バチカン公会議公文書　改訂公式訳』740～741頁。アルベリーゴ、同上、7～12頁。
4　本人の記録によれば、一九六二年三月にはすでに提案していたとされる。

界憲章」ではなく『現代世界憲章』とされたのにも意味がある。公会議以前の教会の自己理解は、自分たちは不変の真理を擁護する牙城であり、世界が自分たちに耳を傾けるべきであるとの姿勢が強かった。しかし、当時の世界の諸問題に対する教会の考えを示すこの憲章は、教会の自己主張をただ繰り返すのではなく、変わり行く世界と共に歩み続けたいという「対話」の姿勢を示している。まことにこの憲章公布によって、パウロ六世が言う通り、カトリック教会は「現代の人々との対話に入った」のである。

2　教会の本質

教会を直接テーマにした『教会憲章』は、「諸民族の光（Lumen Gentium）はキリストである」（LG 1）という書き出しで始まる。教会が光なのではなくキリストこそが光であり、教会はその光を仲介するのである。この書き出しは奉仕者としての教会の本質と使命を展開していく本文書の性格を象徴している。ただ、すでに述べたように、この公会議自体は新しい教えや神学を提示する意図のもとに開催されたわけではない。ある体系だった教会論を抽象的に提示するというより、現代世界に対して、教会の自己理解を描き出す。それゆえ、公会議は様々なイメージを用いて教会について語る。「神秘」「交わり」「秘跡」「キリストの体」「神の民」「聖霊の神殿」「天のエルサレム」「汚れなき小羊の汚れなき花嫁」など。しかし、それらは相互に排他的ではなく、公会議の教会理解の豊かさを表現するための多様なイメージなのである。それらの中でも、二つの中心的イメージがある。『教会憲章』第一章で提示される「秘跡としての教会」と、第二章で展開される「神の民としての教会」である。

「秘跡」概念は「神秘」「交わり」という概念と密接な関係にある。第一章では、「教会はキリストにおけるいわば秘跡、すなわち神との親密な交わりと全人類一致のしるし、道具」（LG 1）であると教会について定義する。秘跡は神秘そのものである神の恵みを人々に伝える道具であり、神と人との一致をこの世界において示すしるしである。教会はまさに諸々の秘跡の中の根本秘跡として位置づけられる。普遍的「秘跡としての教会」(LG 48, AG 1・5, GS 42)「救いをもたらす一致の目に見える秘跡」(LG 9) という表現は他の箇所でも繰り返される。神の恵みの道具でありしるしである教会はカトリック信者だけのものではなく、全世界、全人類のためである。教会の存在目的はもはや自己にあるのではなく、全世界に向けられている。

第二章では、「神の民」としての教会が描かれる。「神は、救いの実現者、一致と平和の本源であるイエスを信じ仰ぐ人々を招き集めて、教会を設立した」(LG 9)。「神の民」のイメージは、教会を「信仰者の集い」(congregatio fidelium) と理解する中世以来のひとつの伝統に連なる。法的位階的教会理解ではなく、人間共同体としての教会理解である。教会は信仰者によって平等に構成されるとし、信徒の地位を改めて確認するものである。洗礼によってキリストの祭司職を受けた信徒は、「霊的な家および聖なる祭司団となる」(LG 10) といわれる一方、信徒の共通祭司職と位階的祭司職との間に、段階だけではなく本質的な区別を設ける (LG 11)。ただし、神の民全体としての全教会に聖霊が注がれているので、信仰におけることがらに関し、司教を含む「信者の総体が信仰と道徳のことがらについて全面的に賛同するとき、神の民全体の超自然的な信仰の感覚」によって誤ることができない (LG 12)。

一章と二章で述べられる二つの教会の中心的イメージは、歴史にみられた教会の自己理解の諸要素の現代的

5　第二バチカン公会議公文書の略記は次の括弧内を用いる。『典礼憲章』(SC)、『教会憲章』(LG)、『カトリック東方諸教会に関する教令』(OE)、『エキュメニズムに関する教令』(UR)、『教会における司教の司牧任務に関する教令』(CD)、『修道生活の刷新・適応に関する教令』(PC)、『キリスト教以外の諸宗教に対する教会の態度についての宣言』(NA)、『信徒使徒職に関する教令』(AA)、『信教の自由に関する宣言』(DH)、『教会の宣教活動に関する教令』(AG)、『司祭の役務と生活に関する教令』(PO)、『現代世界憲章』(GS)。

統合を目指している。「救いの秘跡としての教会」は創造から終末までの神の計画という超越的次元から教会をとらえ、「神の民としての教会」は神に導かれて救いの歴史を歩む教会を史的次元から描写する。キリストは教会を「信仰、希望、愛の共同体を目に見える組織としてこの地上に設立し（中略）、この教会によって、すべての人に真理と恵みを分け与える」。同時に、「位階制度によって組織された社会とキリストの神秘体、目に見える集団と霊的共同体、地上の教会と天上の善に飾られた教会は、二つのものとして考えられるべきではなく、人間的要素と神的要素を併せ持つ複雑な一つの実在を形成している」（LG 8）。文書はこの統合を受肉の神秘になぞらえ、「イエス・キリストは真の神、真の人」（DS 301-2）というカルケドン公会議の定式と同じように、教会も「神的かつ人的」という二つの次元を有しながら統合された一つの実在として提示する。

3　教会の組織

二つの次元—信仰共同体と制度的構造—を有する教会は、位階制（教皇、司教、司祭、信徒、修道者）にもとづく権威構造と、各位階特有の奉仕（ミニストリー）から構成される組織である。[6]

(1)　教　皇

この公会議では司教職について強調するが、教皇理解は第一バチカン公会議を踏襲している。「このキリストの教会において、ローマ教皇は、キリストからご自分の羊と小羊を牧するようにゆだねられたペトロの後継者として、神の制定により、霊魂の世話に関して最高、十全、直接、普遍の権能を有している。したがってローマ教皇は、すべての信者の牧者として、普遍教会の共通善と個々の教会の善について配慮するために派遣されているので、すべての教会の上に通常の権能として首位権を有している」（CD 2, DS 3061, LG 22-3も参照）。言うまでもないが、「すべての教会」は諸教派を含むキリストの教会すべての意味であり、これまでのカトリック教会の立場を変えていない。また、教皇の不可謬権についても改めて確認し宣言している（LG 25）。

(2) 司　教

前の公会議が教皇についてのみの文書公布で終わったこともあり、この公会議では司教職の本質・使命・重要性について取り上げ、教会内の権威に関するバランスをとろうとしている。第三章では司教職について詳細に述べる。「個々の司教は、各自の部分教会における一致の目に見える根源であり、基礎である。それらの部分教会は、普遍教会の像に似せて形づくられ、それらのうちに、またそれらから、唯一単一のカトリック教会が存在する」（LG 23）。司教は自分に託された部分教会の司牧統治権をゆだねられた自律的存在であるが、「それらから」という文言が示す通り、各部分教会同士の「交わり」にも言及されている。個々の司教は司教団の一員でもあり、その頭はローマ教皇である（LG 22）。ここに司教が直面する二重構造が発生する。一方では、司牧上託された部分教会において自律的存在であると同時にローマ教皇の裁治権下にあり、もう一方では司教団の一員として全教会に対する責任を有する（司教の協働性と団体的性格）と同時にその頭としてローマ教皇をあおがなければならない。[7] それにもかかわらず、前公会議にみられたガリカニズムなどの地域主義教会や公会議主義に対する警戒はこの公会議文書では触れられておらず、司教職の積極的な役割が強調されている。[8]

6　以下の分析は次に負っている。Roger Haight, *Christian Community in History. Comparative Ecclesiology*, vol. 2 (New York: Continuum, 2005). 388-400.
7　「ペトロの後継者が使徒的交わりを否認するか拒否する場合、司教は任務に就くことはできない」（LG 24）。
8　国や地域ごとに司教が協力する体制の重要性を認め、司教協議会設置について定めている（CD 36-8）。

(3) 司　祭

司祭の権能は司教に由来する。「司祭は祭司職の頂点にあるのではなく、自分の権能の行使において司教に依存している」のであり、さらに「司祭は、司教職にとっての賢明な協力者、その助け手、道具であって、神の民に仕えるために召され、自分たちの司教とともに種々の職に携わる」（LG 28）のである。司祭の職務は、神のみ言葉を伝え、秘跡―特に感謝の祭儀―を執行し、教会の名のもと人々と世界のために祈ることである（PO 5）。また、信仰の教育者として教会を造り上げ、すべての人と交わらなければならない。特に貧しい人々とより弱い人々は司祭にゆだねられている（PO 6）。

本憲章では第三章で司教職を扱ったあと、第四章では信徒についてテーマが移る。つまり、司教と信徒についてはひとつの章を割いて述べているが、司祭職については司教職を扱う第三章の終わりに付け足しのように触れられているにすぎない[9]。司祭の権能が司教に依存しており、司祭は司教の「助け手、助言者」であるという主張はこの公会議で鮮明に打ち出される。司祭は「司教とともに、唯一かつ同一のキリストの祭司職と役務に参与している」、したがって「司教団と司祭団の位階的交わりが求められる」と同時に、司教はみずからの「役務と任務における必要な助け手、助言者」として司祭をみなす（PO 7）。この公会議が提示した（あるいは提示を避けた）司祭職理解は、公会議後の教会の混乱の一因との指摘がある。

(4) 信　徒

この公会議の特徴として、司教職についての重点的考察とともに信徒への言及の多さも注目に値する（LG 30-38, AA, GSも参照）。「信徒の使徒職は教会の救いの使命そのものへの参与であり、すべての人は洗礼と堅信を通して主ご自身からこの使徒職に任命される」（LG 33）。「信徒は、同じようにキリストの祭司職、預言職、王職に参与するものとされ、神の民全体の使命の中で自分なりの役割を教会および世において果たしている」（AA 2）。「神の民」である教会において信徒固有の責任と役割が強調され、キリストのからだである教会を造り上げる責任があるとする。それゆえ「自らの分に応じてそのからだの成長に寄与しない部分は、教会にも自分自身にも無益なものといわなければならない」（同上）。さらに信徒は、「教会の中でも世においても、霊的な秩序においても現世の事物の秩序においても、その使徒職を果たしている」（AA 5）。教会における信徒の役務だけではなく、現実世界の中での信徒としての職務をこれほどまでに強調したカトリック教会の公文書は初めてであろう。また、司牧者の指導に従いながらも、「信徒は使徒職を行う義務と権利を、頭であるキリストとの一致そのものから保持している」（AA 3）としている。信徒の権利と義務に関しては次のようにもいわれている。「信徒は、恵まれた知識、才能、卓見に応じて、教会の利害に関することがらについて自分の意見を表明する権利を有し、時にはそうする義務がある」（LG 37）。教区統治への信徒の参加（CD 27）、信徒使徒職の養成（AA 28-32）についても言及されている。

⑸　修道者

三つの修道誓願（貞潔、清貧、従順）のもと神に全面的に生涯をささげる修道者という身分は、位階制の区分にあてはまらない。「教会の聖なる位階制度との関係からいえば、このような身分は、聖職者と信徒との中間的存在ではない」（LG 43）、「福音的勧告の誓願宣立によって成立する身分は、教会の位階的構造を目指して

9　第三章は一二項目から成っているが、そのうち一〇項目が主テーマの司教についてであり、残りの一項目が司祭と助祭にそれぞれ割り当てられている。公会議はこの他、司祭に関して二つの教令を作成している。『司祭の養成に関する教令』『司祭の役務と生活に関する教令』。

いるわけではない」（LG 44）が、神からの賜物であり、救いをもたらす教会の使命に奉仕するものとして、教会組織に深くかかわっていると説明される。この公会議では多種多様な修道生活が存在することを認めた上で、修道生活の刷新・適応について多くの考察を割いている。「修道生活の刷新・適応は、キリスト信者のあらゆる生活形態の源泉ならびに会の原初の精神にたえず立ち帰ることと同時に、会を変化した時代の状況に適応させることを含むものである」（PC 2）。自由に働く聖霊の賜物を制度の中で客体化してきたカトリック教会において、修道生活は教会組織を超えて働く聖霊の証として、また教会の豊かさを増し加える教会の生命力そのものとしてとらえられている。

4　教会所属

歴史上、教会は分裂を経験してきた。この公会議の二〇年前に発布された回勅『キリストの神秘体』では、「キリストの教会はローマ・カトリック教会」と明記されている。そこにはキリスト教他教派を考慮する余地はみじんもみられない。全人類のための「救いの秘跡としての教会」を標榜する第二バチカン公会議は、カトリック教会とキリスト教他教派の関係、さらには他宗教との関係をどのように考えているのであろうか。誰がキリストの教会に所属しているのであろうか。

この問題は「秘跡」と「神の民」という概念から論じられる。「すべての人が、神の新しい民に加わるように招かれている」、「地上のすべての民族の中に神の一つの民が存在している」（LG 13）。神は人間性（humanity）を一つのものとして創造した。神は人との交わりの一致のしるしであり道具として秘跡を制定し、なおかつその根本秘跡として教会を建てた。それゆえ、すべての人は「秘跡としての教会」に秩序づけられているのである。

　神の民のこの普遍的一致は、世界的な平和を前もって表明し促進するものであり、すべての人がこの一致に招かれている。また、カトリック信者も、キリストを信じる他の人々も、さらには、神の恵みによって救いに招かれているすべての人々も、種々のしかたでこの一致に属し、あるいは秩序づけられている。(LG 13)

「神の民」である教会に属し、あるいは秩序づけられている人々として教会が心にかける対象はまずカトリック信徒とその洗礼志願者である(LG 14)。次に、キリスト教他教派について公会議は次のように語る。「(キリストの唯一の)教会は、この世に設立され組織された社会としては、カトリック教会のうちに存在し、ペトロの後継者および彼と交わりのある司教たちによって治められる。しかし、この組織の外にも聖化と真理の要素が数多く見いだされるが、それらは本来キリストの教会に属するたまものであり、カトリック的一致へと促すものである」(LG 8、傍点筆者)。「うちに存在」は"subsistit in"という言葉が使用されている。『教会憲章』の草案段階では、この箇所に"est"(英語の is)が使用されていたが、キリストの教会を排他的にカトリック教会とする表現だと批判され、「うちに存在」という表現に修正された。この表現とそこにいたるまでの議論の経緯から神学者の中には、カトリック教会以外にもキリストの教会が存在する可能性をカトリック教会は歴史上初めて認めたと理解した[10]。また、公会議はカトリック以外のキリスト者のしるしとして「生活の規範としての聖書」「父なる神と子であるキリストへの信仰」「洗礼によるしるし」「教会共同体への所属」「聖霊によって生かされている」などをあげている(LG 15, UR 3, 13-23)。これは、「神の御言葉が伝えられ」「サクラメン

10 「うちに存在」(subsistit in)という表現の解釈をめぐっては論争が続けられている。次を参照。Edward Schillebeeckx, *Christ: The Human Story of God*, (New York: Crossroad, 1990), 189-195; Francis A. Sullivan, *The Significance of the Vatican II: Assessment and Perspectives. Twenty-five Years after (1962-1987)*, ed. Rene Latourelle (New York: Paulist Press, 1989), II, 272-87. 他多数。

トが行われている」ところに教会があるとした宗教改革者の考えに近い[11]。

さらに、公会議は続けて「福音をまだ受け入れていない人々も、いろいろなしかたで神の民に秩序づけられている」(LG 16)とする。まず、キリスト教がそこから誕生したユダヤ人、また創造主を認めアブラハムへの信仰を保っているイスラム教徒は留保なしに神の民に秩序づけられている。続けて、「本人の側に落ち度がないまま」という条件をつけながらも、キリストや神を知らないうちに探しもとめている他宗教の人々や、特定の宗教をもつことを拒否しつつも良心に従って生きる「無神論者」さえも神の民へと秩序づけられているとし、彼らの救いの可能性を肯定している。これも、カトリック公文書上、初めて明言された[12]。まさに、断罪する教会ではなく、対話と招きを基本とする教会を目指した公会議の姿勢が如実にみられる箇所である。

5　教会の宣教使命

第二バチカン公会議は教会の使命として、イエス・キリストのわざをこの世において継続することを強調する。「地上を旅する教会は、御子の派遣と聖霊との派遣とに由来するのであるから、その本性上、宣教的である」(AG 2)。その宣教活動の目的は、「教会がまだ根を下ろしていない民族や集団の中に福音を宣べ伝え、教会を植えることである」(AG 6)。その際、みずからが植えられた土地の「風習と伝統、知恵と教え、芸術と学問から、創造主の栄光を賛美し、救いの恵みを明示」(AG 22)する。そのためには、「将来他の国民のもとに行こうとする者は皆、その地の遺産と言語、慣習を大いに尊重しなければならない」(AG 26)。公会議文書では「文化順応」(inculturation)という言葉は使用されていないが、その概念の重要性と必要性は十分認識している。神から派遣された教会は、みずからの使命を絶えず自覚し深め、世界と歴史においてその使命を果たしていかなければならない。この公会議では教会がその本質上宣教的であるという伝統的主張を確認しているが、「宣教」

という概念は公会議後、多くの議論を重ねていくことになる。

6　教会と典礼

公会議の決定事項の中で、教会の誰の目にもみえる形で劇的な変化をもたらし、その変化を現在も日常的に体験し続けているのが典礼であろう。しかも、当時ほぼ全世界に広まっていたカトリック教会でいっせいにその変化が実施された事実も、驚くべきことである。

『典礼憲章』は、公会議開催にいたるまでのカトリック教会内の新たな動きのひとつとして十九世紀半ばから始まった典礼運動の実りである。それらの成果を踏まえ、「刷新」「適応」という公会議の精神がまず『典礼憲章』という形で公にされた。公会議で最初に発布された本文書の冒頭で、公会議全体の目的が変更すべき教会の諸制度を現代の必要性によりよく適応させることにあるとし、そのため「公会議は、格段の配慮をもって典礼の刷新と促進をも行っていくべきであると確信している」（SC 1）と、まず典礼の重要性について触れる。それは、キリストのあがないのわざが典礼―特に聖書朗読とみ言葉の宣布を伴う感謝の祭儀―において示されると考えるからである。「典礼は、キリストの神秘と真の教会のまことの本性を信者が生き方をもって表し、他の人々に明らかにするためにきわめて有益である」（SC 2）。教会と共にいるキリストは、特に典礼行為において現存する（SC 7）。実際、典礼は教会形成の第一の原動力である。前述した通り、ユスティノスの証言でも、

11　教皇庁教理省は、プロテスタント諸教派は厳密な意味でキリストの「教会」ではないという立場。詳細は第七章で扱う。

12　条件の「本人の側に落ち度がない」という状態が具体的にどのような状況を指すのか、教会が公式に説明したことはない。また、続けて説明される「彼らのもとに見いだされるよいもの、真実なものはすべて、福音への準備であり……」（傍点筆者）という文章における「福音への準備」という表現もどのように解釈すべきなのか議論が分かれる。

信徒たちの定期的な感謝の祭儀を含む集いが大切にされ、このような典礼行為が教会共同体へと発展していった。典礼が共同体をつくり、共同体が典礼を磨き上げるのである。定期的な典礼行為を通じて共同体はキリストの現存を思い起こし、新たに体験する。「典礼祭儀はすべて、祭司キリストとそのからだである教会のわざであるので、他にまさる聖なる行為であり、教会の他のいかなる行為も、同等の資格や程度をもってこれに匹敵する効力をもつことはない」（SC 7）とまで表現される。教会活動における典礼の位置づけは次の箇所でこの上ない形で明言される。「典礼は教会の活動が目指す頂点であり、同時に教会のあらゆる力が流れ出る源泉である。使徒的な活動が目指すところは、すべての人が信仰と洗礼を通して神の子となって一つに集まり、教会の中で神をたたえ、いけにえにあずかって主の晩餐を食することにあるからである」（SC 10）。

公会議は典礼の教会における位置づけについて語るが、具体的な刷新・適応についてはガイドラインを示すに留まる。歴史、文化、言語、風習が異なる各地域における典礼刷新の具体化は一律かつ画一的に実施できるものではなく、細やかなニュアンスが必要となるからである。ガイドラインには、典礼委員会の設置（SC 44）、神学の各分野と関連づけられた典礼教育の充実（SC 14-20）、信徒の典礼への行動参加（SC 31）、信仰教育の場としての典礼の工夫（SC 35）などが含まれる。この公会議が示した典礼刷新において、ミサが背面式から対面式になったこと、使用言語が二千年近く続いたラテン語から母国語へと変化したことは、全教会に大きなショックをもって迎えられた。しかしこの変化は、教会に保持すべき伝統と進歩のために変えていくべき伝統の区別があること、その刷新に聖域がないことを、教会の内外に示したのである。

7　教会と現代世界

第二バチカン公会議のもっとも大きな特徴は、世界や人間性に対する肯定的態度である。これまで何度も指摘してきたが、それ以前の教会の自己閉鎖的態度や被害者意識から脱却し、教会と世界の関係の再構築を目指したのである。公会議の最後の文書である『現代世界憲章』の書き出しは、教会のその確固たる決意を改めて示す。「現代の人々の喜びと希望、苦悩と不安、とくに貧しい人々とすべての苦しんでいる人々のものは、キリストの弟子たちの喜びと希望、苦悩と不安でもある」（GS 1）と始まり、人類とその歴史に対する深い連帯への決意を示す。それゆえ、この文書が話しかける相手も「ためらうことなく、教会の子らとキリストの名を呼ぶすべての人々だけでなく、全人類に話しかけ、現代世界における教会のあり方と取り組みについてどのように考えているかをすべての人々に明らかにしたいと思う」（GS 2、傍点筆者）。カトリック教会が宗教や信条を問わず全人類に語った歴史上初めての公文書である。このように教会と世界についての論考は公会議の中心テーマの一つである。

　創造主である神を大前提としつつ、世界が人間によって造り上げられたものであるとし、公文書は人間と世界の考察を中心に進められる。人格と人間社会は相互依存関係にある。どの社会的集団も他の諸集団の必要性と正当な要求を忘れてはならないし、さらには人類をひとつの家族として共通善を考えなければならない。そのため、人間らしい生活のため、食糧、住居、家庭、教育、労働、宗教的なことがらに関する自由を尊重しなければならない[13]。それゆえ、人間の尊厳にもとづく本質的平等や社会正義の追求（GS 29）、他者に対する無関心や怠慢な態度である個人主義的倫理の克服の必要性が求められる（GS 30）。

　教会は世界を競合相手としてではなく、ましてや敵対勢力ではなく、神の創造のわざであり、種々の分野において固有の法則、秩序、方法が備わっている自律的存在として尊重する。「被造物や社会そのものは独自の

13　直近の三つの回勅、ヨハネ二三世『マーテル・エト・マジストラ』（Mater et Magistra）、『地上の平和』（Pacem in Terris）、パウロ六世『エクレジアム・スアム』（Ecclesiam Suam）を踏襲している。

法則と価値をもち、人間がそれを次第に発見、利用し、秩序づけていくことと解釈するならば、この自律が求められるのは当然である」（GS 36）。科学の進歩も人間活動の自律性のひとつであり、信仰と対立するものではない。しかし一方で、教会は罪が世界にまん延している事実も忘れない。「価値の秩序が乱され善と悪とが混同されている以上、（中略）世界はもはや真の兄弟愛の空間ではなくなり、増大した人間の力が人類そのものを破滅させる危険がある」（GS 37）。正しい自律性こそが求められる。

教会と世界はお互いの自律性を認めつつも相互浸透の関係でもあり、両者の境界線を明確にひくこともできない。教会を構成する人々も世界の中でその生を営んでいる。世界の出来事は教会にも影響を与え、教会は世界にあって世界が神の創造の秩序へと変容していくように様々な方法で働きかける。「教会は『目に見える集団と霊的共同体』であって、全人類とともに歩み、世と同じ地上的な成り行きを経験する。教会は、キリストにおいて刷新され、神の家族に変容されるべき人類社会のパン種のようなものであり、いわば魂である」（GS 40）。パン種として教会は宗教のみならず、必要ならば政治・経済・社会分野に関しても発言し貢献しなければならない[14]（GS 42-43）。

教会と世界は相互に密接な関係のうちにあるがゆえ、教会とその教えは、みずからが置かれた世界や文化を通じて常に再解釈され続けられねばならない。「神学者は神学独自の方法と規則を用いながらも、つねに同時代の人々によりよく教理を伝える方法を見いだすように求められている。なぜなら、信仰の遺産そのもの、すなわち信仰の諸真理と、それを表現する方法とは別のものだからである」（GS 62）。その際、神学や哲学以外の学問も助けとすべきである。それは教会も世界から多くのものを受けて来たことを知っており、時には「自分に抵抗する者あるいは迫害する者の反対からさえ、多くの有益なことを得たし、得ることができることを認めている」（GS 44）からである。[15]

公会議が述べる世界と人間に関する考察と呼びかけは、神によって、位階制にかかわらずすべてのキリスト者がそれぞれの役割の中で聖性を追求すべく召されていること（LG 40）、そして「神の像」として創造されたすべての人がよりよい世界建設のために召されているという確信にもとづく[16]（GS 11-2）。そこで語られる聖性とは、ピラミッド型の位階制にもとづく聖性理解でもなければ（位階制上位がより聖なる存在）、競合的・排他的宗教理解にもとづく聖性理解でもない（この宗教はあの宗教よりも聖なる宗教）。公会議以降、教会は、世界を「世俗」（secular）「この世」（temporal world）という消極的存在としてではなく、みずからがその中に存在し、みずからの存在目的として、共に歩み奉仕する相手として世界を理解し、その世界との積極的な対話に入っていくのである。

8　信教の自由と教会一致

ヨハネ二三世の公会議開催の狙いのひとつに「キリスト者の一致」がある。「一」「聖」「普遍」「使徒的」教会は、歴史上、何度も分裂を経験してきた。教会の分裂は福音の証になるどころか、まさにつまずきである。互いを非

14　「キリストがその教会に託した固有の使命は、政治・経済・社会の領域に属するものではない。キリストが教会にあらかじめ示した目的は、宗教の領域に属する」（GS 42）という前提も忘れてはならない。

15　『現代世界憲章』では無神論を現代の大きな課題のひとつとして論じる（GS 19-21）。しかし、一方的な断罪口調ではない。「教会は無神論を全面的に排斥する一方、信じる者も信じない者も皆、ともに生活しているこの世界を正しく建設するために協力しなければならないことを率直に言明する。」「教会は、無神論者に対し、開かれた心をもってキリストの福音を考察するよう、礼を尽くして招く」（GS 21）。日本において課題となるのは、西洋の知的枠組みの中で形成された論理だった無神論や不可知論ではなく、宗教自体に関心がない「無宗教」や、西洋とは異なる宗教観にもとづく「対宗教センス」であろうか。

16　『教会憲章』第五章「教会における聖性への普遍的召命について」（LG 39-42）、『現代世界憲章』第一部「教会の人間の召命」（GS 11-45）。

裂という現状に対し、「キリスト者の一致」のみならず「人類の一致」も視野に入れて真摯に取り組んだ。

難し排斥し合う行為は「聖」でもないし、その結果の分裂は「普遍」「一」「使徒的」に反する。公会議は教会分

(1) 信教の自由

現代において、信教の自由は基本的人権に属するいわば当然の権利である。それは公会議開催当時の世界にとっても自明であった。公会議が『信教の自由に関する宣言』を発布したのは西欧の歴史的背景がある。西欧では千年以上にわたる長い間、キリスト教圏（Christendom）としてカトリック教会が唯一の宗教として君臨してきた。しかし、十六世紀の宗教改革以降、信教の自由をめぐって多くの血を流すこととなった。その後の歴史的経緯もあり、公会議直前まで歴代の教皇は唯一の宗教であるキリスト教、唯一のキリストの教会であるローマ・カトリック教会という主張を固持していた。[17] しかし、信教の自由が人格の尊厳に属するという認識が共通理解となり、多くの国が政教分離を統治原則とするようになった現代世界において、カトリック教会はこのテーマについてみずからの姿勢を明確に宣言する必要があった。

公会議は信教の自由に対する教会の態度を明らかにし、その定義を示す。「このバチカン教会会議は、人格が信教の自由に対する権利をもっていることを宣言する」（DH 2）。「信教の自由とは、市民社会において強制を免れているという意味である」（DH 1）。何人も公権力から個人の意に反して宗教を強制されてはならない。なぜなら、「宗教の行使は、（中略）人間が自らを直接に神に向かわせるという自発的かつ自由な内的行為のうちに成り立つもの」（DH 3）だからである。「公共の秩序を正しく守っている人間に対して社会における宗教の自由な行使を拒むようなことがあれば、それは人格と、神によって人々のために設けられた秩序そのものに対して不正をなすことになる」（同上）。信教の自由は個人の人間としての不可侵の権利であり、それゆえ公権

力から自由であるし、むしろ公権力は個人のその権利が侵犯された際には擁護する役目がある（DH 6-7）。

この宣言は公会議後の教会と世界に大きな影響を与えた。「聖なる教会会議は、人格の不可侵の権利と社会の法秩序とに関する最近の教皇たちの教えを展開するつもりである」（DH 1）。まず「教えの展開」という表現である。それまでの直近の教皇文書は信教の自由を認めていない。しかし、ここでは明らかに反対の姿勢を示している。「展開」は「発展」の意味である。信教の自由は、「人格の不可侵の権利」である。当時、東西冷戦時代の真っただ中にあって、共産主義国家の公権力による信教の抑圧に否を突きつけた。その後のベルリンの壁崩壊につながっていく役割を果たす。さらに「社会の法秩序」という考えである。教会は国家にまさる存在でもなければ対等の存在でもなく、双方固有の役割があり、それゆえ政教分離の原則を確認し支持している。

(2)　教会の一致

公会議は、カトリック教会の外にも「聖化と真理の要素が数多く見出される」とキリスト教他教派の教会論的価値を肯定しただけではなく、教会一致を推進する「エキュメニズム」への積極的姿勢を示す。「この聖なる教会会議はすべてのカトリック信者に対し、時のしるしを知って、エキュメニズムの事業に賢明に参加するよう勧告する」[18]（UR 4）。分裂にいたった原因は、双方に等しく過失があったことを認める。さらに、神から啓示されたあらゆる真理と恵みのすべての手段を備えているのはカトリック教会だとした上で、「カトリック信

17　ピオ九世「誤謬表」DS 2915-8、レオ十三世回勅 Immortale Dei『国家と教会』DS 3176参照。後者は国家が容認した他宗教を認める文言もあるがあいまいさが残り、カトリック教会外から批判を受けていた。「カトリック教会は多数派の時は他宗教に対して不寛容であり、少数派の時は信教の自由を要求する」と。

18　「エキュメニズム」という言葉は、この公会議で初めて使用された。

者は、エキュメニカルな活動において、分かれた兄弟のために祈り、教会のことがらに関して彼らと交流し、彼らに向かって最初に歩み寄ることによって、躊躇することなく彼らに気遣いを示さなければならない」（UR 3）。一致は、片方が相手を吸収することでも合併することでもない。双方が歴史的に培ってきた伝統、規律、習慣や慣例、霊性を尊重した上での「交わりの回復」である。交わりの回復は共に「祈る」ことによって、また各共同体の教理と生活についての「対話」によって促進される。対話においてカトリック側がみずからの教理を説明する際には、次の点に注意しなければならない。「カトリック教理の諸真理とキリスト教信仰の基礎とのつながりは種々異なったものであるため、諸教理の比較に際しては、それらの諸真理の間に秩序すなわち『順位』が存在することを忘れてはならない[19]」（UR 11）。

交わりの回復にいたるまでのプロセスは、分裂した経緯によっても異なる。東方諸教会については、信仰と秘跡生活においてカトリック教会と多くの一致がみられるとし、特に東方典礼と霊性の遺産は双方の和解のために重大な意義をもつものとされる（UR 14-8）。種々の条件はあるが、東方諸教会との聖体の相互晩餐が行動指針で定められている（OE 26-7）。西欧の諸教会・諸共同体との和解は彼ら自身の中でも相互に相違があるので、エキュメニカル運動がより複雑なプロセスを必要とすることを認める。しかし、それがキリストへの信仰における交わりの回復の妨げにはならないとする[20]（UR 19-23）。「この聖なる教会会議は、カトリック教会の子らが始めた企てが分かれた兄弟の始めた企てと結ばれて発展し、摂理の種々の道にいかなる妨げも置かれず、また聖霊の将来の励ましが阻害されないことを強く希望する」（UR 24）。

(3) 他宗教との関係

二十一世紀において諸宗教間対話の必要性は、いち宗教の枠組みで取り扱うべき問題ではなく、地球規模の課題としてとらえられている。公会議当時、教会は世界との対話に入る際、諸宗教間対話の必要性と重要性に気づいてはいたが、そのテーマについて一定の公式見解を発表するには時期尚早であった。世界中から参集したとはいえ、参加者のマジョリティはキリスト教圏からであり、アジアなど非キリスト教圏の問題について十分な光をあてることはできなかったのである。ユダヤ教とイスラム教に対する親近感はみられるが、それら以外の伝統的諸宗教に対しては人間本性に普遍的に備わっている宗教性にもとづくものとして、尊敬の念を表明するにとどまる。「カトリック教会は、これらの宗教の中にある真実にして神聖なるものを何も拒絶することはない。その行動様式や生活様式も、その戒律や教理も、心からの敬意をもって考慮する。それらは、教会が保持し提示するものと多くの点で異なっているとしても、すべての人を照らすあの真理そのものの光を反映することも決してまれではないからである」（NA 2）。諸宗教の問題は現在、グローバル化した時代において政治・経済は言うに及ばず、世界平和と人類の未来にかかわる。他宗教への尊敬を示し、共存を目指した公会議の姿勢は、二十一世紀のこの課題に対するさきがけとなった。

三　変化と転換

教会を広範囲に扱ったこの公会議においてなされた、従来の教会理解からの大きな変化や転換のおもな点について、以下箇条書きスタイルで要約する。

19　「諸真理の順位」という考えはエキュメニズムだけではなく、カトリック教理全体を考える際にも非常な重要な概念である。

20　ここで「諸教会」と「諸共同体」とを区別している基準は、洗礼の有無、聖体の神秘をめぐる理解と実践である。「われわれから分かれた諸教会共同体には、洗礼から流れ出る、彼らとわれわれとの完全な一致がなく……」（UR 22）。

〈教会観〉

一）「制度としての教会」観から「秘跡としての教会」「神の民である教会」「交わりの教会」観へ。この変化を反映して、公会議文書に使用される言語スタイルも裁治権にかかわる法文調ではなく、人々を励ます司牧調に。命令・断罪・排斥の表現ではなく、招き・呼びかけ・励ます表現の多用。「時のしるし」を見極め「適応・刷新」に開かれた教会へ。

二）仕えられる教会ではなく、人類世界に奉仕する教会へ。特に貧しく周辺へ追いやられた人々と連帯する教会へ。「預言者」としての使命を自覚する教会へ。

三）真理と恵みに満ちた「完全な社会」(societas perfecta)の教会観から、みずからの懐に罪人を抱えながらも終末の完成に向けて人類と共に歩み続ける「旅する教会」(ecclesia peregrinantis)「たえず清められるべき教会」(ecclesia semper purificanda)観へ。

四）変化を必要としない永遠不変の教会観から、時代と共にみずからも変化・進化・発展していく「たえず刷新される教会」(ecclesia semper reformanda)観へ。

〈教会組織・制度〉

五）教会統治において「権利と義務」を教皇と共有する司教団の役割。司教の団体性指導原理の確認。

六）聖性への普遍的召命のもと全信徒が有する固有の召命の相互尊重。そのために奉仕する位階制度という理解。

〈教会の本質と使命〉

七）教会の本質的使命「宣教」における、人々との協力体制の構築。「教える」「おしつける」宣教ではなく、「対話の内に共に歩む」宣教。

八）「信仰の遺産」に含まれる「諸真理の順位」の識別の必要性と重要性。

九）一致の重要性を保ちつつ、カトリック教会内にもキリスト教会内にもみられる種々の意味での多様性の積極的評価。

一〇）カトリック教会だけが救いの道ではなく、聖霊による聖化と恵みは教会の外にも働いているという認識。エキュメニズムと諸宗教対話の促進。「違い」は克服されるべき負の遺産ではなく、神の豊かさ・神からの祝福を示す宝であるという認識。


宗教改革を機にみずからの教会改革を目指したトリエント公会議から四〇〇年後、「地獄の門は日増しに増大する憎しみをもって」という表現がみられる第一バチカン公会議から九〇年後、ヨハネ二三世の預言者的リーダーシップのもとで開催された第二バチカン公会議はそれまでのあらゆる教会会議の姿勢、言語とはまったく異なる。世界に広がる教会がもはやいち地域、いち文化、いち文明の枠に縛られず「世界の教会」へと脱皮を目指したこの公会議は、教会史上ひときわ高いランドマークとして輝き続けるであろう。トリエント公会議や第一バチカン公会議の空気が支配的であった時代、教会は大きな変化を恐れず自己改革に挑戦し、劇的な変化をもたらした。しかし、カトリック教会のアイデンティティはこの公会議の前後で変わったわけではない。フランス革命前も後もフランスはフランスであり、明治維新前も後も日本は日本である。ただ、フランス革命や明治維新でもみられたように、大変革には常に不安と混乱がつきまとう。次に、第二バチカン公会議の評価と受容に移る。

四　評価

「新たな聖霊降臨」と呼ばれた公会議に対する評価は肯定的なものが多い。代表的な三名の評価を取り上げる。ラーナーはこの公会議によってカトリック教会は真の意味で「普遍（カトリカ）」になったと評する。キリスト教は確かに全世界に広まり、ほとんどの国に教会が存在していた。しかし、その教会はヨーロッパから各地へ輸出された「メイド・イン・ヨーロッパ」であり、輸出先の文化・霊性・宗教性の影響は最低限しか受けつけなかった。しかし、この公会議によって、ヨーロッパ中心主義から脱却した「世界の教会」が出現したのである[21]。この公会議は、ユダヤ人主体の共同体から異邦人主体の共同体へと発展するきっかけとなった「エルサレム会議」（使徒言行録一五章）、さらにローマ帝国の宗教として一気に拡大するきっかけとなった「コンスタンティヌスの寛容令」（三一三年）に匹敵する。

オマリーは教会史上の二つの大きな教会改革であるグレゴリウス改革（十一世紀）と宗教改革（十六世紀）と、この公会議を比較する。先の二つの改革は教会の個別の問題に光をあててその解決を図ったが、この公会議は個別の問題ではなく新しい教会論のための新しい神学的パラダイムを提示した。言葉のスタイルも対立や叱責ではなく包み込み励ますスタイルであり、また過去二つの改革はグレゴリウスやルターといったカリスマ的人物によって主導されたのに比べ、公会議はヨハネ二三世のリーダーシップはあったが、会議を主導し文書を作成した多くは神学者たちや委員会であった。また先の二つの改革の結果、枢機卿団や婚姻聖職者という教会内に新たな「身分」が登場したが、この公会議では新たな身分が登場しているわけではない。にもかかわらず、この公会議は先の二つの改革に匹敵する刷新を教会にもたらした教会のパラダイムシフトである[22]。

ポットマイヤーは公会議の受容に関して、教会に二つの段階があったと指摘する。「最初の段階」は興奮であり、「次の段階」は幻滅・あきらめである。メディアの注目もあって公会議は人々の耳目を集め、その成果は「教会は変わる」との期待を人々に抱かせ高揚感が教会にあふれた。しかし公会議終了後、刷新・適応が具体的に実行された部分もあるが、時間の経過とともに、二千年という伝統の重みをもつ巨大組織がそうそう簡単に変われるわけがないという現実にも直面することになる。それでも、この公会議のひとつの大きな意義は、それまでの四〇〇年間、カトリック教会を支配していたトリエント公会議と第一バチカン公会議の教会論が最終的なものでもなければ絶対的なものでもないと示したことにある。歴史の中でそれら二つの公会議の果たした役割は正当に評価しつつも、教会論としては数あるモデルのひとつであると相対化したのである[23]。

上記三つの評価のうち、最初の二つはまだ「高揚感」の中にあるかのような印象を受ける。つまり、第二バチカン公会議に対する過度の楽観論である。確かにこの公会議は劇的な変革を教会にもたらしたが、その変革の実現は、半世紀たった現在でも、まだ道半ばである。公会議を評価する際に、二つの視点が大切になる。教会の対世界観と人間に生来備わっている保守性である。

公会議以前の教会は世界に対して常に警戒の目を向けていた。新しいものを取り入れることもせず、みずからの中で伝えられてきた遺産をミイラのようにそのままの様態・形式で守り続け、その結果、教会は世界の動

21　Karl Rahner, 'Towards a Fundamental Theological Interpretation of Vatican II,' in *Theological Studies* 40, no. 4 (December 1979): 716-27.
22　John W. O' Malley, 'Tradition and Transition,' in *Theological Studies*, 44, no. 3 (September 1983): 373-406.
23　Hermann J. Pottmeyer, 'A New Phase in the Reception of Vatican II: Twenty Years of Interpretation of the Council,' in Guiseppe Alergio, Jean-Pierre Jossua, and Joseph A. Komonchak, eds., *The Reception of Vatican II*, trans. Matthew J. O' Connelle (Washington, D.C.: Catholic University of America Press, 1987), 34.

きからとてつもなく遅れ、アナクロニズムの組織となってしまっていた。そこに現代世界への適応や対話を標榜し、必要な刷新を謳う公会議が開催されたのである。ただその時代の世界はどのようだったのであろうか。第二次世界大戦が終了し、東西冷戦はあったとはいえ、国際連合や米ソという二つのスーパーパワーのもとで、国際秩序はある種の安定をみせ、多少のつまずきがあるとしても、人類は平和と進歩の道を歩み続けると漠とした夢をみていたのではないだろうか。

ひるがえって二十一世紀初頭の世界は、自然災害、環境問題、地域紛争、大量虐殺、資源をめぐる領土紛争、文明の衝突など安定と平和にはほど遠い状態である。性倫理や生命倫理も価値観の多様化や技術の進歩でより慎重さが求められる時代である。世界の未来を楽観視する人はごく少数派であろう。より複雑化する世界に対応できる体力づくりをしたのがこの公会議であり、この公会議があったからこそ教会は二十一世紀の世界において、ミクロ・マクロレベルで固有の役割を果たしているともいえるし、今後、どのように果たしていくのかがこの公会議の評価の大きな分岐点となるであろう。

劇的な変化は反動を伴う。人はそれまで大過なく過ごしてきた環境の変化を嫌うものである。たとえ、その環境が知らず知らずのうちにみずからを死においやるように変わっていっているとしても。人は突然変わった環境に置かれるとその変化に容易に気づくが、徐々に進行していく環境の変化には気づきにくいものである。トリエント公会議も第一バチカン公会議もその時代の必要に応じて開催され、教会の方向性についてある判断を下した。その時はそれでよい。しかし、その後世界は大きな変化を遂げていくにもかかわらず、教会はその変化についていけなかったしついていく必要も感じていなかった。自分たちの伝統的なやり方で事足りると教会統治の責任者の多くは考え続けた。カエサルは「人は現実のすべてが見えているわけではなく、見たいと思う現実しか見ない」といったとされる。劇的変革をもたらしたこの公会議でも、過去に固執する保守派と、適応・対話を目指す改革派が激しい議論を交わしている。その実りである公会議の各文書には、新しい方向性と共に過去の公会議を踏襲する両方の考えが混在し、併記されている。時のしるしを見極め、教会が歩むべき方向性を明確に示しつつも、過去との連続性を断ち切ったわけではないのである。それゆえ、公会議文書には常にあいまいさが残るし、保守派の反動的運動の根拠にされる。公会議後の教会を公会議前の教会へ回帰させようという運動も途切れることはなく、時には極端な事例も生まれた。

公会議にも参加したフランスのルフェーブル大司教は公会議後の教会をカトリック教会と認めることができず、ローマとの対立姿勢を鮮明にしていった。ルフェーブルは「聖ピオ十世会」という団体を創設し、第二バチカン公会議を「教会分裂の会議」「悪魔の業」と攻撃し続けた。教皇庁はこの団体をカトリック教会の団体と認めず、ついに一九八八年、ルフェーブルがローマからの命令を無視して四人の司教を叙階したため、彼と叙階式参加司教を破門した。二〇〇九年、破門は取り消されたが、当該団体はいまだバチカンから認められていない[24]。ルフェーブルとその団体は極端な反動の例である。しかし、公会議に反対まではしないまでも賛成しない、警戒する人々は現在にいたるまで存在する。

新たな旅路へ：第二バチカン公会議からの出発

第二バチカン公会議が教会の歴史に残る教会会議であることは誰しも認めるであろう。ただ、その評価と受

24　教会内で「それはカトリック教会の伝統ではない」「伝統に反している」と口にする人々がいるが、その場合の「伝統」はせいぜい四〇〇年前のトリエント公会議にまでしかさかのぼれないことが多い。ある時代の教会を切り出してきて、その教会の制度・習慣・姿勢を、置かれている時代や環境を無視して絶対視することは、教会理解の方法論として危険であるどころか間違っている。

容は、相互に触発されながらまだ揺れ動いていくであろう。大きな出来事が発生すると、その出来事の影響が大きければ大きいほど受容には時間がかかる。ニカイア公会議（三二五年）の決定が教会によって最終的に受容が確定したのは五六年後のコンスタンティノポリス公会議（三八一年）であった。宗教改革も国際上の一応の決着であるウエストファリア条約（一六四八年）にたどりつくまで長い年月がかかっている。第二バチカン公会議の影響は今後も続くであろうし、受容までさらに時間がかかるのであろう。ただ、これだけはいえる。教会はこの公会議で新たな一歩をすでに踏み出したのである。その歩みをとめることは誰にもできない。エジプトから脱出したイスラエルの民は約束の地を目指して旅を続けた。民は荒野の旅の途中不平不満をモーセにぶつけ、あまつさえ金の子牛の像まで造った。モーセは約束の地に入ることはできずヨシュアが後を継いだ。それでも、イスラエルの民は神の示す約束の地への歩みをとめることはなかった。教会は「旅する教会」であり、絶えず刷新や清めを必要とする。それは世界と共に、世界のための教会であり続けるために。

第七章　教会の一致

　これまで教会が二千年の歴史の中でどのように自己を理解し、そのミッションを果たしてきたのかをみてきた。歴史の中で様々な出会いや出来事を通じて教会はアイデンティティを形成してきた。ミッション遂行においては成功もあれば失敗もある。現代の価値観からいえば眉をひそめたくなる事例もあれば、時代に関係なく反福音的だと判断せざるをえない行動・あり方もみられる。教会は「しみのない小羊」「神の神殿」として「聖」でありながら、一方、人間の集いとしてその罪深さがあらわにされる場でもある。教皇ヨハネ・パウロ二世は教会の名のもとで「教会の子ら」が犯した過失についてゆるしを乞う文書を二〇〇〇年に発表した[1]。確かに、現代の価値観で過去を判断したり、ましてや断罪することには慎重でなければならない。しかし、教会は常に歴史において存在する人間的次元をもつ共同体である以上、自己を省み、神からのミッションに忠実であったかどうかを振り返る必要があり、その過程で課題と挑戦に向き合う勇気も求められる。二十一世紀に入った現在、過去を踏まえながら未来に向けた教会の自己理解の課題とは何か、教会の属性「一」「聖」「普遍」「使徒継承」を軸にみていく。まず「一」について。

1　教皇庁国際神学委員会『記憶と和解　教会と過去の種々の過失』（二〇〇〇年発表）、カトリック中央協議会、二〇〇二年。

一　一つの教会？

カトリック教会、東方正教会、プロテスタント諸教派の主要教会が共有するニカイア・コンスタンティノポリス信条で、教会は「一」「聖」「普遍」「使徒継承」と告白される。教会を形成する四つの属性であるが、そのひとつ「一」は最初に置かれている。[2]「主は一人、信仰は一つ、洗礼は一つ」（エフェソ4・5）、人種や性別、社会的身分を超えて信じる者はキリストにおいて「一つ」（ガラテヤ3・28参照）だからであり、それは「わたしたちも数は多いが、キリストに結ばれて一つの体を形づくっている」（ローマ12・5）というパウロ神学に根拠をもつ教会のアイデンティティだからである。ここでパウロがいう「一つ」というのは「一致」を意味する。しかし、これだけパウロが一致の重要さを繰り返し唱えているのは、教会が一致を乱す勢力に常に脅かされ、一致を保つことが難しかった当時の教会の現実の裏返しである。「あなたがたはめいめい、『わたしはパウロにつく』『わたしはアポロに』『わたしはケファに』『わたしはキリストに』などと言い合っている」（1コリント1・12）と、割れている教会の状況をパウロは嘆く。他にも新約聖書には「反キリストの霊」（1ヨハネ4・3参照）に注意すること、ニコライ派と呼ばれる教会の脅威について（黙示録2・6）触れており、初代教会にとって一致を保つことがどれほど困難であったかが推察される。一なる教会、すなわち教会の一致は、教会にとって生命線であり、それを譲ることは教会の自己同一性の放棄である。しかし、歴史は教会が文字通りの意味で一枚岩ではないことを冷徹に示している。

1　分裂の原因である「教理」と「制度」

一致を標榜する教会に分裂が生じる原因は、おもに「教理（教え）」と「制度」をめぐる理解の相違である。「教理」に関していえば、キリスト教誕生当初から、その信仰の本質を歪曲するような解釈や思想は存在していた。既述の通り、新約聖書諸文書にもその危険性への警告がみられる。ユダヤ教を母体として発生したキリスト教信仰が当時の周辺世界の宗教思想や世界観と対峙する中で自己理解を形成し、また人々への自己説明の概念や表現を借用してくるのは避けられなかった。しかし、すべてを無批判に受容したわけではなく、自己同一性を脅かす思想との対決や拒絶も必要であった。それが異端として排斥されたが、異端は同時に何が正統なのかを明確にする機能も果たした。異端によって正統がより明確になり、キリスト教信仰の本質や自己同一性が形成されてきたのである。その意味では、正統と異端は対概念であり、どちらか一方だけで存在することは不可能である。初期キリスト教の異端はおもにキリスト論に関するものであり、仮現論、エビオン派、マルキオン派、アリウス派などの異端との論争の結果、三位一体の正統信仰が確立した。教父たちの著作の多くが異端駁論をテーマにしているのも時代の要請である。異端とされた教派は時代によっては支持者を集めて隆盛したが、歴史の中で多くは消えていった。しかし、ある異端的教派はキリスト教的異端として存続していった。

「制度」に起因する分派は「教理」ともかかわる。制度は教会組織や教会生活を規定するものだが、当然正

2　ギリシア語原文（DS 150参照）や教皇庁のカテキズム（フランス語、英語、イタリア語、ポルトガル語、スペイン語、ドイツ語、アラビア語、中国語、ラテン語）では本文通りの順序だが、日本カトリック司教協議会認可（二〇〇四年二月一八日）の邦訳では、「聖」「普遍」「使徒的」「一」の順序になっている。なお、日本カトリック司教協議会監修のもと二〇〇三年に発行された『カトリック教会の教え』の本信条の該当箇所は、「一」が最初に置かれている。言葉の配列順序はきわめて重要であり基本信条ならばなおさらであるが、日本の司教協議会認可二〇〇四年版で「一」がなぜ最後に置かれているのか、奇妙といわざるをえない。

統信仰を基盤として設計される。教会はそれが組織である以上必ずある制度によって成立する。同時に、制度は自己表現の最大の形式である。教理がより抽象的なものだとすれば、制度はより具体的なものであり、そこにはより人間的要素が入り込む。制度にはその時代の世界観・社会観・人間観が反映される。制度とかかわる教会一致を脅かす議論は、まず古代初期に発生した教皇の後継者問題をめぐる対立教皇擁立という事態にみられる。種々の理由で複数の教皇が立ち、それぞれを支持する各グループが発生した。また三世紀半ばのデキウス帝の迫害時の棄教者の教会復帰をある条件のもとで受け入れるか受け入れないのか、北アフリカの教会で両者の対立と緊張が高まった。その議論の中で強調されたのがキプリアヌスの教会の一致についての考えである。考えの相違があるのは仕方がないとしても、一致こそが教会にとってもっとも重要であり、その一致の破壊者こそがもっとも罪深いと主張したのである。教会はただ一つであり、教会一致の破壊者はみずからを教会から閉めだしているのであり、その意味でキプリアヌスは「教会の外に救いなし」といったのである。教会一致をめぐる議論は、ディオクレティアヌス帝の迫害に端を発した棄教者の秘跡執行の有効性をめぐる、ドナティスト派とアウグスティヌスの論争にもみられる。アウグスティヌスは論争相手の秘跡理解もさることながら、ドナティスト派の共同体としての分派活動を激しく批難した。十一世紀の東西教会の分裂も異なる文化や歴史にもとづく制度の違いが、両者の断絶にまでいたったケースである。

十六世紀の宗教改革で、カトリック教会は修復不可能な分裂という痛みを強烈に体験する。しかし、改革と名がつく運動はそれ以前から存在していた。十二世紀のヴァルドー派やカタリ派は異端として撲滅されるが、教会の位階制度の否定とみずからの分派活動が、彼らが断罪されたおもな要因のひとつであった。ウィクリフとフスも秘跡論にもとづく制度否定の主張が断罪の原因である。彼らの改革運動は、当時の教会のあり方への疑問と批判から出発し、イエスの福音という原点に立ち返り、そこから自分たちなりの共同体や制度を形成してしまった。イエスの教えに従うという点では共通していても、それをどのように組織化し制度化していくのか。歴史の中で一度形成された制度を神法の名のもと絶対視して継承していくのか。福音という原点をふさわしく表現できなくなった制度は廃止して新たに作り直すのか。教会の堕落の原因は制度そのものにあるのか、制度を運用する人間にあるのか。さらには、その制度を支えてきた教理にあるのか、また制度が教理を不健全なものにしたのか。このような種々の問いをはらんでいた改革萌芽運動が、周辺の政治・社会環境の変化も相まって爆発したのがルターの宗教改革であった。

2　分裂の増殖

十六世紀、それまでなんとか分裂せずに同一性を保持してきた西欧カトリック教会に対して、批判勢力が内部改革を超えて完全に袂を分かつという事態を引き起こしてしまう。宗教改革者はみずからの行動を「分裂」とは理解していない。教会が一つであることは彼らも受け入れていた。しかし、それまでキリストの教会を標榜していたカトリック教会は彼らの時代にははなはだしく堕落し、もはや教会の名に値しなくなった。よって、イエスの福音に忠実な教会を新たに形成するのは当然のことであり、自分たちこそがキリストの「一つの教会」を継承するものであり、その行動は決して分裂ではないし分派活動でもないと改革者は理解したのである。既存の教会制度への批判は従来の秘跡神学の再考も促し、彼らの教理にもとづき、彼らの教理を反映した制度や組織を形成した。しかし、いったん分離・創設を経験したプロテスタント教会は、その内部でさらなる分裂・増殖を繰り返していく。ルーテル教会（ルター）、聖公会（イギリス国教会）、改革派・長老派教会（カルヴァン）、会衆派・組合派教会（聖公会から分離）、バプテスト教会（聖公会から分離）、メソジスト教会（聖公会の信徒運動からウェスリーによって分離）、メノナイト教会（再洗礼派）などがあり、そこからさらに派生した教派は数知れない。教理の面ではカトリック教会もプロテスタント諸教派も、「キリストの教会」という相互認証の最低ラインとしてニカイア・コンスタンティノポリス信条を共有しているが、秘跡をはじめとした教理理解、何より共同体理解とその制度は異なり、それら諸教会が現在まで続いている。

一つの信仰、一つの教会を標榜はしていても、現代の大多数の人々にとってキリスト教はまぎれもなく「分裂」している。そのように映っている。「あの教会はキリストの真の教会であることをやめたので、新しく真の教会をつくりました、そしてこれが唯一のキリストの教会です」と強弁したところで、誰もその言葉を信じない。分裂状態にあるとみられている教会が、どうして一致について語ることができるのであろうか。どうやってこのつまずきの現実を説明するのであろうか。

二　分裂なのか多様性なのか

現実問題として、現存するキリスト教諸教会のどれかを「唯一の教会」だと選び出すことは不可能である。しかし、教会が一つであることは大前提であり、それを譲ることはできない。教会の本質である唯一性と、現実の多元性を同時に理解するために、マクグラスがまとめた四つのアプローチが参考になる[3]。

一）帝国主義的アプローチ。諸教会の中から唯一の真実の教会を選び出す。他の教会は神学的意味では教会ではない。カトリック教会が第二バチカン公会議前までとっていた立場。

二）プラトン主義的アプローチ。真の教会はイデアとして存在し、地上の経験的教会はどれもその影である。

三）終末論的アプローチ。地上の経験的教会が複数あるのは終末までの一時的現象で、終末において解消する。「可視的」教会と「不可視的」教会の区別。

四）生物学的アプローチ。経験上の諸教会を統一した有機生命体を構成する異なる各部分として理解することで、生命体としての一性を確保する。

帝国主義的アプローチは名前の通りみずからを絶対化し、他を劣っているとする不寛容で貫かれている。真理と恵みは自分たちだけが保持しており、それゆえみずからの教会を「完全なる社会」と呼ぶ。教会分裂の責任は自分たちの教会から飛び出していった側にあるということになる。この考えは哲学的にも不完全であり、心理的にも現代では受け入れられない。真理をまるごと独占できる個人も団体も存在しえないし、他との共生が人類の課題となっている現代において、自己絶対視はもっともそこから遠い姿勢である。その姿勢にイエスが告げた希望も喜びも見出すことはできない。残念ながらカトリック教会は第二バチカン公会議前までこの姿勢をとり続けていた。

次の二つのアプローチは、経験上の諸教会を平等に扱いつつ、その完成を超越的次元に見出すのか、終末的次元に見出すのかの違いである。イデア論的教会理解はグノーシス主義に偏った場合、地上の教会の存在価値を無意味にしてしまう危険性がある。「可視的」「不可視的」という区別は歴史上多くの神学者が唱えており、教会の超越的次元とこの世的次元のバランスをとった理解である。普遍性は個別性を通じてしか認知しえないが、認知しえた個別性は普遍性へとつながっている。生物学的アプローチも経験上の教会のつながりをうまく説明できると同時に生命体としての一性へと収れんさせることができる。

3　アリスター・マクグラス『キリスト教神学入門』神代真砂実訳、教文館、二〇〇二年、675～676頁。この四つのアプローチはマクグラスがまとめた理解のモデルであって、彼自身がどのアプローチを支持するかは示されていない。

近年ではキリスト諸教会があい対するよりも、相互の一致へと向けた「エキュメニズム運動」がさかんになっている。「教会一致運動」と日本語では訳されるが、一致の基軸をどこに見出すのかが重要である。一致（unity）は画一化（uniformity）ではない。教会一致という場合、キリスト諸教会のどこかに他が吸収合併されて画一的な統一単体教会を造り上げることではない。教会の一致の源はまさに一つの信仰、つまりキリストにある。新約聖書においても使徒教父文書においても、イエスをキリストと告白し、イエスの招きに応え、彼の弟子として歩む人々の共同体が「神の教会」と呼ばれているのである。パウロがローマ、コリント、ガラテヤ、フィリピなどの各地の共同体を教会と呼び、アンティオキアのイグナティオスがローマまでの護送の途中、スミルナやトラレスなどの各地に送った手紙のあて先はいずれもその地の「教会」であった。東西教会が十一世紀に分裂するまでは使用言語、典礼、文化、歴史が異なっていても相互に「キリストの教会」と認知し合っていた。そこには「キリストへの信仰」が共有されていたからである。[4]

三　教会の同一性（Oneness）

現代の著名なカトリック神学者ハンス・キュンクは、教会には異なる歴史的現象形態がありながらもどれも正当な権利を有していると肯定する。それは同一教会の異なる諸現象であり形態なのである。

異なった教会同志が互いに正当なものと認め合い、（中略）教会としての相互の交わりを維持し、とりわけ祭式と聖餐を共同に行ない、（中略）とくに迫害と困難の時に当たって支え合うならば、教会が多数並存していることに異議が出てくるはずがない。（中略）教会の一致のうちにあって皆一つであるという確信の支配の下に置かれている。[5]

「相互承認」「交わりの維持」「共同で行う典礼」「支え合い」の重要性を認め実践していれば、歴史的外的相違は教会の一性を阻害するものではない。教会の一致を本当に脅かすのは、「並存が共存と理解を含まず、きびしい競存、対立となるときである。相違、差異自体が直ちに悪なのではなく、相違が排他的となるのがいけないのである」[6]。教会同士の差異を真の教会か否かの排他的な指標としてもちだし、相手に突きつける時、「他教会はもはや一つの教会の正しい表現形姿ではなく、キリストの教会をいつわり歪めたものとみなされることとなる」[7]。

キュンクは教会の一性を外面的な形態、形式、道徳的なところには求めず、ましてや社会的単一性や同一性にはみない。教会の一性は一致であって、画一性ではないからである。人類が人類としての一性を共有しているにもかかわらず多様な民族的、地理的、文化的、歴史的差異があるように、教会もその一性のゆえに諸教会の存在を前提とする。「言語、歴史、風習、生活様式、思考法、成員などみな本来相違を呈している。誰もこれを奪うことはできない。同じものが、いつどこでもどの教会にもふさわしいということはない」[8]。諸教会の存在は画一性をもって克服すべき課題ではなく、むしろ一致を前提とした多様性と多元性を神からの祝福の豊かさの表れととらえるべきである。パウロが霊の賜物として「使徒・教師・預言者」など様々な身分によって

4　現代でも、カトリック東方諸教会は歴史、典礼形式、司祭の妻帯規定などはラテン典礼とは異なるが、カトリック教会としてバチカンも当事者も認知している。第二バチカン公会議『カトリック東方諸教会に関する教令』参照。
5　ハンス・キュンク『教会論　下』石脇慶総・角田信三郎訳、新教出版、一九七七年、23頁。
6　同上。
7　同上。
8　同上、21頁。

神の教会が豊かにされたと理解したように、キリストの諸教会も相互排斥するのではなく、差異を認め合いながら、交わりにおいて神の豊かさを祝うべきなのである。このように教会の一致の根源をキリストに見出す限り、諸教会の存在という多元性は、教会の本質と矛盾するどころかむしろ前提なのである。

四　プロテスタント諸教会は「教会」なのか？

すでに述べたようにカトリック教会は第二バチカン公会議前と後では、キリスト教諸教派や他宗教に対する態度を大きく変えている。この変化が教理の変化なのか、対象への向き合い方の態度の変化なのか注意する必要がある。『教会憲章』では「(キリストの唯一の)教会は、この世に設立され組織された社会としては、カトリック教会のうちに存在し」(LG 8)とし、「うちに存在する」(subsistit in)という表現を使用することでカトリック教会以外にもキリストの教会が存在する可能性について含みをもたせた。「うちに存在し」(subsistit in)という言葉の解釈をめぐり、ある神学者は最大限の幅で解釈してカトリック教会以外にもキリストの教会が存在するという意味であるとし、別の神学者は最小限に解釈してキリストの教会は地上においてカトリック教会にのみ具現化している意味だとする。前者の解釈で有名なのはブラジルの神学者レオナルド・ボフである。キリストの教会は「プロテスタント教会のうちにも存在する」とした言明である。しかし、この立場は公会議文書を曲解した誤りであるとバチカンははっきりと否定する。

subsistit in との言語表現からキリストの唯一の教会が非カトリックの諸教会と諸教団にも「存する」ことができるとする命題を考案する者の解釈は、公会議本文の正真正銘の意味とは相反する。「それゆえ、公会議がsubsistit inを選択したのは、ただ一つの真の教会が『存すること』を明らかにするためで、そのためにその目に見える境の外にあるのはただ『教会の要素』のみであるが、一方では、これは教会そのものの要素であるから、カトリック教会を指向しており、これに導くものである」[9]。

この後もこの表現の解釈をめぐる議論は続き、二〇〇七年に教皇庁教理省は改めて文書を発表している。文書では、この表現は従来の教えの変更ではなく、キリストの教会はカトリック教会においてのみ地上で具現化していることを意味しているとし、教会の唯一性をカトリック教会のみに帰している（二〇〇七年発表「教会論のいくつかの側面に関する問いに対する回答」および、その「解説」を参照）。

さらに教理省はカトリック教会以外のキリスト教的共同体が厳密な意味で「教会」とは呼ばれえない理由を二つあげる（二〇〇七年同上文書より）。以下、教理省の説明と、それに対する意見の要約を記す。

1　ペトロの座に関して

〈教理省の見解〉

カトリック教会以外のキリスト教諸教派はペトロの後継者との完全な交わりを欠き、それゆえ教会固有のカ

9　教皇庁教理省宣言『主イエス―イエス・キリストと教会の救いの唯一性と普遍性について』二〇〇〇年、注55。この宣言は当時の教理省長官ヨゼフ・ラッティンガー（後のベネディクト十六世）名で発布されている。邦訳はカトリック中央協議会（二〇〇六年）より。
ボフを名指しで批判した通知は次の通り。Congregation for the Doctrine of the Faith, "*Notification Sent to Fr. Leonardo Boff regarding Errors in His Book, Church: Charism and Power,*" (March 11, 1985)。ボフの本書の邦訳は次の通り。『教会、カリスマと権力』石井健吾・伊能哲大共訳、エンデルレ書店、一九八七年。

トリック性に欠けているので、厳密な意味では「教会」とは呼べない。

〈これに対する意見〉

一）ペトロがイエスから指導的立場を委託された聖書の記述はあるが、それが彼単独のものか、どのような意味での指導者・頭なのか、またその指導的権威は継承されうるのかは議論が分かれる。

二）ペトロと同様に教会の礎とみなされる他の使徒たちは、ペトロとどのような交わりをもち続けていたのか。多様な交わり方があったと考えるほうが自然であり、現在のカトリック教会が求めるような方法のみが「ペトロの座との完全な交わり」とはいえないのではないか。

三）ペトロの奉仕職（教皇職）はこれまでみてきたように歴史の中で形成されてきたものである。歴史の中で形成されてきたからという理由でそれを軽視する理由にはならず、逆に長い歴史に裏づけられた重みは尊重すべきである。ただし、その地位と人間は区別されるべき。堕落した君主が居座る王権に人民は従わずよりよい王を求める。歴代の君主が堕落した人間ばかりだと、王権制度という統治体制そのものの正当性が問われ、別の政体を模索する場合もありうる。ペトロの奉仕職が教会の本質を規定するのではなく、教会の本質を守り継承するためにペトロの奉仕職が存在する。よって、カトリック教会が求めるような仕方でのペトロの後継者との完全な交わりが、教会構成の必要条件とはいえないのではないか。

四）教会の本質構成要素として、カトリック教会が説明するような仕方でのペトロの座の承認（裁治権上の首位権など）やその後継者との交わりは、キリスト教共同体として相互承認している諸教会間で共有している聖書やニカイア・コンスタンティノポリス信条では触れられていない。

2　聖体の秘跡に関して

〈教理省の見解〉

宗教改革のキリスト教諸教派は叙階の秘跡を認めず、よって司祭がいない。司祭がいないところで聖体の秘義は不完全であり、教会を教会たらしめる聖体の秘義がない共同体は教会の本質を欠いているので、厳密な意味で「教会」とは呼べない。

〈これに対する意見〉

一）エウカリスティアは聖書にも根拠があり初代教会でも大切にされている。しかし、聖書にみられる聖餐式がカトリック教会の説明通りのエウカリスティアかどうかは議論が分かれる。少なくとも「実体変化」は十三世紀の第四ラテラノ公会議で教理決定された後づけの説明である。カトリック教会が大切にしてきたものをカトリック信者も大切にすることは必要だが、秘跡理解、実体変化は歴史の中で成立しており、その理解を共有していないからといって他のキリスト教諸派を教会ではないと判断する根拠にできるのか。

二）叙階された司祭による聖体秘義、それが「教会」の本質を構成するとは、聖書にもニカイア・コンスタンティノポリス信条でも触れられていない。

3　一致を阻害する指標

教皇庁教理省の立場は、以上二つの理由からプロテスタントのキリスト教共同体は「教会」ではなく「キリスト教的共同体」だとする。「キリスト者」「キリスト教的」であることと、キリストの「教会」であることの区別が、秘跡理解―特に聖体理解―によって慎重に使い分けられている。

さらに指摘すべきことは、カトリック教会の秘跡神学にもとづいて他教会や他宗教を判断する傾向がみられる。教理省宣言『主イエス』が他宗教について述べる際、次のように判断する。「(他宗教には)キリスト教の秘跡に固有な神的起源と事効的効力(ex opera operato)を認めることはできません。さらに、迷信やその他の誤謬に基づいている他の儀礼は、永遠の救いにとってむしろ障害となっていることも無視できません」(21)。叙階の秘跡もその事効論もプロテスタント教会の中にはない。カトリック・アイデンティティの唯一性を保持するために必要なことと、宗教としてのキリスト教の本質を構成するものを区別する必要がある。ニカイア・コンスタンティノポリス信条を信仰宣言として共有しているにもかかわらず、信条では触れられていない表現・理解で信条の共有相手を「教会」ではないと否定するのは論理矛盾ではないか。キュンクの指摘通り、自分たちの指標をもち出してそれとは異なる相手を「キリストの教会ではない」と批判・否定するのは、非常に危険である。教会論をめぐる議論は、カトリック教会の自己理解にとっても重要であり、今後も続いていくものと思われる。

課題と未来

一九八二年、ローマ・カトリック教会、東方正教会、聖公会、プロテスタント諸教会が、洗礼、聖餐、職務について合意した『リマ文書』が成立している。また一九九九年には、宗教改革の発端となった「義化」「義認」をめぐって、カトリック教会とルーテル世界連盟は『義認の教理についての共同宣言』が発表され、この問題についての大筋での合意が形成された。このような努力は「交わり」の努力の一環として重要であり今後も続けるべきであろう。しかし、エキュメニズムに関しては「一致」が何を意味するのか注意が必要である。「合同・合併」「合意」「共有」「共存」「承認」など様々なレベルがある。

エキュメニズムは教理の面では合意形成が可能であっても、制度の面でのハードルが高い。実際、教会生活の具体的問題になるとすぐに行き詰まってしまう。位階制にもとづく教会統治（特に教皇の首位権）、司祭の独身制、女性叙階の問題、幼児洗礼、修道生活、同性愛の理解、中絶、結婚と離婚など、秘跡神学、倫理神学の乗り越えがたい相違が厳然として存在する。さらに日常の信仰生活というレベルに目を向ければ、マリア崇敬、聖人崇敬、聖地巡礼、聖体訪問、祈りの形式など、すでに各教会の信徒の日常生活に深く根づいている信心文化があり、それぞれには堅固な伝統がある。実際問題としてそれらに何らかの変更を加えることは不可能であり、また加えるべきものでもない。「家族」という概念でくくられる生活形態があっても、歴史の中で形成されてきたそれぞれの家族の「家風」の相違は解消できないし、それが反社会的でない限り解消すべきものでもない。各教会の伝統的な信仰生活の具体的形態が、キリストへの信仰を護り強める限り、尊重されるべきである。大切なのはキリストの教会としての相互尊敬にもとづく「交わり」である。

第八章　教会の奉仕職《ミニストリー》

宗教改革によって大きな危機を迎えたカトリック教会は、改革者が否定した教会制度、特に位階制のあり方を、トリエント公会議で逆に強調・強化した。また、その後の啓蒙主義時代の思想や近代国家の教会への締め付けへの反動として、教皇中心の教会理解を先鋭化させた。その頂点が第一バチカン公会議で宣言された教皇の首位権と不可謬権である。その一〇〇年後の第二バチカン公会議では、時代への適応・対話という姿勢で新たな教会論を模索し提示した。第二バチカン公会議は過去の否定ではない。第一バチカン公会議を踏襲しつつ、そこで議論されなかった司教の位置づけや権限について改めて考察し、「使徒継承」の教会としてどのように時代に適応し、そのミッションを果たしていくのか、現代世界という視点から提示している。つまり、第二バチカン公会議は第一バチカン公会議にいたるまでの教会との連続性を保ちつつ同時代との対話に向けて大きな一歩を踏み出したのである。第一バチカン公会議もトリエント公会議の制度としての教会理解を全面的に受け継いでいる。過去五〇〇年のカトリック教会の自己理解は、トリエント公会議や第一バチカン公会議にみられる制度としての教会理解から、第二バチカン公会議で強調された「神の民」「交わり」の教会理解へと、広い幅の教会論を示している。この章では、第二バチカン公会議が組織としての歴史から受け継いだもの、またそれがもたらした混乱や課題を、教会の奉仕職からみていく。

一　教皇職：ペトロの奉仕職

キリスト教の教会の歴史は良くも悪くも教皇制抜きでは理解できない。これは、教皇あるいは教皇職なしでキリスト教が存在しえないということを意味するものではない。キリスト教の第一かつ唯一の原理はイエスである。イエスなしのキリスト教は存在しえない（第二章参照）。しかし、カトリック教会の奉仕職を考える際、ペトロの奉仕職と呼ばれる教皇制を無視するわけにはいかない。

1　キリスト教と教皇

イエスの教えに従う弟子たちが歴史の中でみずからのアイデンティティを形成し継承するための共同体を形成したのは、自然の成り行きである。その共同体形成の初期においてユダヤ教の影響を強く受けているが、地中海沿岸に拡大した共同体はヘレニズム文化の中でみずからの共同体組織を発展させていく。それはユダヤ教的要素を残しつつも、当時のグレコ・ローマン文化に適応し、なおかつ共同体にローマの社会的・政治的・地理的要因を組織形成に取り込んでいった経緯を含む。キリスト教はそのごく初期から帝国の首都ローマという街を中心に発展した。そのローマ教会の司教職が、使徒たちのリーダーであったペトロと結びつき、教会全体における指導的役割を発揮するとともに、時代の要請の中でその役割を期待されるようになった。ローマ司教の権威と権能は世俗におけるような権力闘争の結果ではなく、教会全体のミッションのために内部から委ねられた結果なのである。それゆえ、その権威と権能は支配するためではなく奉仕のためであり、それゆえ教皇職は「ペトロの奉仕職」と呼ばれるのである。

そのペトロの奉仕職は二千年継続してきた。その権威と権能が地位と名称にふさわしく機能した時代もあれば、乱用された時代もある。ペトロの奉仕職が教会一致の要《かなめ》として機能したこともあれば、東西教会分裂や宗教改革の原因にもなった歴史的事実も否めない。その評価がどうであれ、キリスト教全体が現在の姿へといたったその歴史の節目において、教皇は決定的な役割を果たしてきた。その意味で、キリスト教の歴史は教皇抜きでは理解できないのである。それは東方正教会でもプロテスタント諸教会においても然りである。[1]

2 教皇の権威と権能

教皇職が歴史の中で形成されてきた経緯はすでにみてきた（第三章参照）。ペトロの奉仕職の出現はあくまで教会内の要請と政治力学の結果である。教会の外から与えられたものではないし、それゆえその権威も権能も外部に根拠をもつものではない。教皇職はローマという街とその歴史と密接な関係にある。帝国の首都というローマの政治的・地理的な特別な位置づけ、ペトロとパウロの活動と殉教地という宗教的権威、帝国首都としての機能の喪失後も大レオや大グレゴリウスによって教会のみならず街としてのローマ社会の秩序維持に果たした歴史的意義、キリスト教がローマ帝国の国教とされたこと、これら歴史的経過の結果としてローマの司教は教会内外から特別な権威と権能を有する教皇とみなされるようになった。しかし、いったんローマ司教が教皇としての権限と地位が教会から認められると、今度は演繹的に教皇の権威と権能が教会に対して行使されるようになる。つまり、教会が教皇を規定するのではなく、神法を背景として教皇が教会を規定するようになっていく。位階制も共同体秩序のために発生した三職の役務（司教、長老、助祭）から発展したものだが、時代とともにその頭としての教皇は奉仕者というよりも位階制の君主であるかのようにみなされていった。歴史においてインノケンティウス三世（「教皇は太陽、皇帝は月」）、ボニファティウス八世（霊的権力の下にある世俗権力）、第一バチカン公会議（教会＝位階制＝教皇）の主張には君主モデルとしての教皇理解がみられる。

一方、教皇権力は無制限ではない。時代の経過の中で教皇職が機能不全を起こすと、教皇の退位と新教皇選出による刷新（教皇乱立時代）、教皇の権威や権能を著しく制限する公会議主義（コンスタンツ公会議）、教皇職そのものを否定するプロテスタント運動があらわれる。また周辺国家の政治的力の盛衰は直接・間接的に教皇権力に影響した。教皇の権力伸張の盛期の後には、屈辱的経験（捕囚など）と権力の抑制の時期が続く。ペトロの奉仕職は常に教会のためであり、自己保身のためではない。教会が教皇のためにあるのではなく、教皇が教会のために存在する。それゆえ、たとえば、教皇だけが正しく全教会が間違っているようなことはありえないし、全教会を破門する教皇はみずからを破門しているとみなされる。「教皇が教会のからだ全体との間に必要な霊的交わりと結合を保持しない場合、あるいは教会全体を破門しようとする場合、あるいは使徒の伝統によって守られてきた教会の慣例をすべて取り消そうと欲する場合、教皇自身が離教者となる」[2]。また種々の理由で教会のために教皇の退位も教会法上認められている。つい最近、健康を理由としたベネディクト十六世の生前退位も記憶に新しいところである。教皇職を慣例的に終身制としてきたことにはそれなりの意味が認められるが（二重権力構造の回避など）、時代の変遷（医療技術の進歩など）とともにその理由の正統性が薄らげば、時代に適応した教皇職のあり方を目指すのは、よりよい奉仕職遂行のために必要である。

キュンクはペトロの奉仕職を現代において正しく理解するために七つのポイントをあげている。これらはきわめて健全かつ有益と思われる[3]。

1　もちろん、現在のカトリック教会も他教会の存在によって自己を理解しなければならないという意味で「逆も真なり」である。
2　キュンク、前掲書、316頁。
3　同上、313～314頁。

一）教会はペトロの奉仕職の観点からではなく、逆にペトロの奉仕職が教会の観点から理解されるべき
二）権力ではなく奉仕職
三）教会とは普遍教会だけではなく、元来地方教会のこと
四）教皇は「教会の頭」と呼ばれるべきではなく「全教会の牧者」と呼ばれるべき
五）司教は教皇から任命のときではなく、司教への聖別のときに全権能を受ける
六）教皇と司教は普遍教会の指導と統治に対して共同の連帯責任を負う
七）中央集権的体制は実行的な措置によって改革されねばならない

3　教皇と司教：教会統治「補完性の原理」と「団体性指導」

教会統治に関して教皇と司教の健全かつ密接な関係がいかに重要かは歴史が証言するところである。グレゴリウス七世の叙任権闘争は司教の任命権をめぐる闘争であり、司教任命権なしに教皇による教会改革は不可能であることを示した。公会議主義では教皇権と公会議の優劣をめぐる議論であり、一時は教皇権は公会議の下位に置かれた。ガリカニズムなどの国家主義教会は、ローマの介入を嫌った国家が教会をその支配下に置き、自国の司教を重要視する教会政策を行ったが、その結果、下位聖職者の反発を招きウルトラモンタニズムを引き起こす一因となった。第一バチカン公会議での教皇権の強調の一方、第二バチカン公会議では司教職に光をあて、司教の権限を大幅に認め団体性指導による教会統治体制を確認している。

一八九一年にレオ十三世が公布した回勅『レールム・ノヴァルム』以来、カトリック教会は社会教説について発言する際、ある原理を基準として採用している。それが「補完性の原理」（principle of subsidiarity）という国家理解の原則であり、教皇と司教の関係や教会統治にも応用されている。この原理は「社会の上位機関は、

下位機関・組織・個人の自由や権能を奪うのではなく尊重し、共通善の観点から必要なときは支え援助しなければならない」という考えである。教皇ピウス十一世（在位一九二二〜三九年）の回勅『クアドラゲシモ・アンノ』（一九三一年）では「補完性の原理」を教会の国家理解・組織理解の原則として明示している。

個人の創意と努力によって行うことができることを個人から奪い取って公共団体に移管することは許されない。これと同じように、小さな下級の団体が公共団体のために果すことができることを取上げて、もっと大きな、上の社会にまかせることは、不正なことであり、また正しい秩序を大きく乱すことである。社会の干渉の本来の目的は社会共同体の成員を「補助」することであって、決してこれを滅ぼしたり吸収したりすることではないからである。……『相互補足』の原則によって各種の団体の間に段階的秩序が十分に守られておれば、公共団体の権威とその機能とはますます強大なものとなり、公共の事業は一層円滑になり、一層繁栄した国家となるであろう。（DS 3738、回勅86―88）

この原理はその後の歴代の教皇によっても踏襲され、ヨハネ二三世（『マーテル・エト・マジストラ』『パーチェム・イン・テリス』）、ヨハネ・パウロ二世（『新しい課題』）、ベネディクト十六世（『真理に根ざした愛』）の回勅でも繰り返される。教皇文書のみならず一九二二年に教皇庁から発行された『カトリック教会のカテキズム』（日本カトリック司教協議会認可邦訳は二〇〇一年カトリック中央協議会より発行）でも、この原理が確認されている（1883-85）。神がすべての権限を自分だけに留保せず、被造物にも固有の能力によって各々の役目を与えているのだから、この統治様式を人々は見習わなければならない。つまり、自由はなるべく尊重し、規制はなるべく緩和したほうがいいのである。

この原理は国家理解だけではなく、教会組織の統治においても応用されている。第二バチカン公会議が司教の権限について多くのページを割いて述べるのもこの原理ゆえである。司教はその権能によって、「配下の者に対して、法を制定し、裁判を行い、礼拝と使徒的活動の序列に関するすべてのことがらを調整する聖なる権利と、主の前における義務とをもっている」（LG 27）と、司教の固有で通常かつ直接的な統治の権能について明言されている。[4]司教はローマ教皇の代理者ではなく固有の権能をもっているのである。司教の権能は、「最高普遍の権能によって排除されるのではなく、かえってそれによって肯定され、強められ、保護される」（同上）。これは司教団が教会の最高指導権を有することを意味すると同時に、第一バチカン公会議で宣言された教皇が単独で指導権を行使する場合との兼ね合いが問題となる。司教の団体としての指導（コレジアリタス）をどのように理解するのか。

第二バチカン公会議では司教の団体性指導についても述べ、第一バチカン公会議で定義された教皇権力と司教職の本質と機能をうまく統合した。教会を指導する際の「団体性」は、教皇と共に全教会に対する司教団の責任の果たし方を示す言葉である。公会議後、団体性指導に関して二つのことが実現している。そのひとつであるシノドス（世界代表会議）は、一九六五年以降パウロ六世が定めた一定の間隔で教皇が招集する地域教会代表会議である。目的は教皇を含めた司教団のより緊密な一致であり、教皇庁と全教会のより有効な協力体制構築である。教会と世界の関係など重要なテーマを取り上げ議論する。特に緊急性と必要が認められる場合には「特別シノドス」が開催され、教皇は司教団と共に問題にあたる。立法機関ではなく諮問機関だが情報交換として現在まで有効に機能している。

もうひとつは地域の司教協議会とその連盟の設置である。日本でいえば、日本の司教たちによって構成される日本カトリック司教協議会があり、アジアの各地の司教協議会の連盟がアジア司教協議会連盟（ＦＡＢＣ）

である。この協議会や連盟は、ローマという中央の教会のあり方を脱中央化する役目とともに、各地域の教会としての自己意識形成に大きく貢献した。中央の権威と司教が有する固有の権能の関係が問題となりやすく、特に地域の特別な問題に関して、理論上あるいは実践上で地域司教団とバチカンとの間に緊張が生じることもある。しかし、この緊張はある意味で健全である。バチカンと状況が異なる地域教会との間に何の緊張もないほうがよほど不健全である。ただし、各国の司教協議会や地域の司教協議会連盟が設置されたものの、教皇庁からの介入・制限が必要以上に強いという不満の声もあり、教会統治や司牧における団体性の側面は後退しているとの指摘もある。一九八八年にバチカンから出された司教協議会の教会法の位置づけや教えの権威に関する文書は、協議会の権限を弱めるものとして否定的な反応が目立った。二十世紀末に開催された大陸別特別シノドス、特にアジア特別シノドス（一九九八年）でもこの件についての地域からの不満の声があげられた。教皇との意見交換が妨げられているとして、教皇庁改革や官僚改革のための地域教会からの要求が高まっている。このようなバチカンと地方の教会の緊張は「一致と多様性」をめぐる問題でもある。民主主義や自由という価値観が共有されている現代世界において、教皇と司教の関係をはじめとする教会統治や司牧において「補完性の原理」や「団体性指導」が実際に機能することが期待されている。

4　現代世界と教皇職：期待と課題

⑴　国際社会における位置

グローバル社会ではボーダレス化が進み、交錯する多様な価値観を相互尊重する時代へと激しく動いてい

4　『東方諸教会教令』にもこの精神がみられ、各諸教会の自由を大幅に認めている。

る。それは脱中心、脱中央の動きでもある。世界の中心を標榜できる国も組織もない。その中にあって、ローマ教皇という存在は特異な形でその存在感をより増している。第二バチカン公会議が教会定義においてその存在目的を教会自身におかず、世界全体から規定したこともあり、ローマ教皇はカトリック教会の枠組みを越えた存在になっている。

四世紀末にキリスト教はローマ帝国の国教となった。ローマ帝国が滅亡しても教会は生き残る。旧帝国の領土は時代ごとに支配者が変わり、支配地域も分割・割譲・併合などが繰り返されてきた。同時にそこの支配者や国々は世界史のメインプレーヤー（悪役も含め）の役割を果たし、教会は常にそのプレーヤーと共存してきた。現在の国際社会を一望しても、メインプレーヤーと目されるほとんどが従来キリスト教国（以下、便宜上「キリスト教国」と表記する）といわれる国である。たとえば、二〇一三年の世界のＧＤＰランキングトップ10の内、中国（二位）、日本（三位）、インド（一〇位）を除けばキリスト教国である（IMF-World Economic Outlook Databases 2014）。現在の先進国首脳会議メンバー七か国（Ｇ７サミット）の内六か国（つまり日本以外）もキリスト教国である。これを主要国会議メンバー（Ｇ20）に拡大しても過半数以上がキリスト教国である。このような状況にいたった歴史をどう評価するかは別として、これは事実である。つまり、キリスト教は世界三大宗教のひとつと認知され、キリスト教を文化の根底とする国々によって現在の国際秩序（政治・経済・安全保障など）が形成・維持されている。政教分離が近代国家の基本であり、教会が政治に口をはさむことはないが、その影響力は直接的にも間接的にも絶大である。キリスト教人口二三・五億人の中でもカトリック信徒は約一二億人の最大教派であり、世界人口の約一七％がカトリックであり（「世界宗教分布図」『ブリタニカ国際年鑑二〇一四年版』）、ローマ教皇はその教会の頂点とみなされる。教皇の発言は非キリスト教国の日本の新聞にも掲載され、教皇は訪問先の首脳と必ず会談がセッティングされるＶＩＰとして処遇される。[5] バチカンは国際連合唯一の宗教系オブザーバーであり、国連総会では過去にパウロ六世（一九六五年）、ヨハネ・パウロ二世（一九七九年、一九九五年）、ベネディクト十六世（二〇〇八年）が演説している。二〇一五年九月二五日には教皇フランシスコが国連総会で演説し、また、これに先立ち同教皇は同年九月二四日に米国連邦議会上下両院合同会議で演説を行った。米国連邦議会上下両院合同会議で演説を行う史上初めての教皇となった。教皇の葬儀には各国首脳が参列し、新教皇選出のニュースは世界を駆け巡る。タイム誌の「パーソン・オブ・ザ・イヤー」に教皇が選ばれ、「世界でもっとも影響を与えた人物」にも選ばれる。教皇はもはやカトリック教会だけのものではない。

このような存在が現代世界で他にありうるであろうか。伝統的宗教や世界規模の宗教の指導者は他にも存在するが、その世界的認知度は教皇には劣る。教皇は、地域紛争が起これば平和的解決に向けたアピールを発表し、可能ならばそのための仲介役を務める。悲劇的な事件や事故が起これば、犠牲者や被害者の宗教にかかわらず哀悼と慰めのメッセージを出し連帯を表明する。人類共同体にかかわるあらゆる事柄、特に貧しく虐げられた人々への配慮を示し、指導的地位にある人々に彼らへの責任を思い起こさせる。バチカンは軍事力をもたず、圧力をかけられる経済力ももたず、人々に聞かれようと無視されようと、福音的価値にもとづきみずからの声をあげ続ける。人々は教皇の発言にすべて賛成し受容することはないとしても、人類の良心の声としてそれを受けとめる。人類の普遍的価値のある種の体現化を教皇に見出しているというのはいいすぎであろうか。国際社会における様々な発言は、必ずなにがしかの利害・利権が絡む。たとえそれが国連などの国際的平和組織であっても。教皇の個人的性格によって、人気・不人気という現象がみられるのは仕方がないとして、それ

5　教皇は自動的にバチカン市国の元首という外交的立場を有することも考慮する必要がある。

でも教皇職にある人物に対して世界はある種の基本的信頼をおいている。教皇が自己利益のためだけの言動をするはずがない、他者を陥れることはないと。教皇の発言や行動は、人類の福利厚生増大のため、世界のよりよい未来のためになされていると。このような存在や職位を、現代世界において他に見出すことができるだろうか。教皇はもはやカトリック教会を越えた存在なのである。

(2) 今後に向けて

しかし皮肉なことに、人類共同体の一致に貢献している教皇職は、キリスト教内部に目を転じれば、諸教会の分裂の原因であり相互理解の妨げになっている。東方教会との関係でいえば、ローマ首位権の理解の相違や神学上の相違によって相互聖餐はいまだに実現せず、プロテスタント諸教会との関係でいえば、教皇職そのものが分裂の原因であり、相互理解への道の真ん中に立ちはだかる壁である。パウロ六世は「教皇が教会一致にいたる途上に横たわる最大の障害であることを十分に意識しています」と語った。キリスト教他教会にとって、ペトロの奉仕職はペトロの権力とみなされている。

では、カトリック教会はいずれ教皇職を放棄すべきなのであろうか。理論上は可能であろう。教皇なしのキリスト教は存在しえる。しかし現実的には不可能だと考える。理由は、教会の内と外に見出される。教会内部の理由としては、二千年続いてきた制度であり、まがりなりにも教皇によってカトリック教会の一致は保たれてきた。教皇職はカトリック教会の「家風」にがっちり組み込まれている。古代末期の蛮族の侵入からローマを護ったのは大レオであり、その後の歴史においても教皇によって教会は国家に吸収されずその自律性が維持され生き残ることができた。また教会の一致をもとにした「キリスト教圏」(Christendom)というアイデンティティが西欧世界で生成し、その文化圏の発展に大いに寄与した。現在、すべての大陸にカトリック教会は存在するが民族を越えてひとつの教会を形成しているのは教皇職の存在が大きい。教会外部の理由としては、既述した通り、教皇はすでにカトリック教会だけのものではなく、現在の人類共同体の良心維持装置の不可欠な一部になっている。この状況が近い将来消滅するとは考えにくい。教皇職はもはや「誰が教皇になるか」ではなく、それが「存在する」ことに意味がある。カトリック秘跡論の事効論・人効論の考え方にたとえていうならば、教皇に選ばれた人物の個人的資質で教皇職の信憑性が左右されるのではなく、教皇職そのものが権威と権限を有し世界に影響を与える。繰り返すが、これはたとえである。堕落した教皇は現代ではすぐに退位させられるだろう。それでも、ペトロの奉仕職がなかったなら、カトリック教会だけではなくキリスト教そのものがどうなっていたのだろうか。世界に対して、文化や民族の壁を越え、利害とは無関係の人類の良心として受けとめられる声をどこに見出せようか。教皇職に問題がないわけではない。直面しなければならない課題が確かにある。現行制度のまま維持されるべきかどうかは常に議論が必要であろう。しかし、このペトロの奉仕職は、それでも教会と時代に応えながら、今後もそのミッションを果たす役目と期待を担っているのである。

二　司祭と信徒：固有の奉仕職

第二バチカン公会議は司教職について多くを述べるが、公会議の影響をまともに受けたのは教会の現場で活動する司祭と信徒である。公会議は大きな刷新をもたらすとともに、現場にも大きな混乱をもたらした。

1　混乱する司祭像

公会議のひとつの特徴は「制度としての教会」から「交わりの教会」への移行にあるが、それはとりもなおさず「位階制を背景とした権威主義的教会」から「神の民の平等性にもとづく相互理解・相互尊重の教会」への移行でもあった。公会議はそれ以前までは当たり前と思われた多くの教会文化をある意味破壊してしまったが、その後の教会の具体的なあり方を細かに提示したわけではなく、考えの道筋やガイドラインを示したにすぎなかった。当時の文献をみると「公会議の精神」という言葉が多用されているが、その具体化は地域や現場にまかされたところも多く、また公会議文書の解釈をめぐっても大きな混乱が起きている。たとえば、公会議は司祭の役割と位置づけの変化の必要性を強調したが、それをどう実現するのか具体的モデルは提示していない。司祭像の大きな変化は彼らの多くにアイデンティティ・クライシスを引き起こした。三つの観点からみてみる。

まず権威理解の転換。教会は「権威主義的教会」から脱皮するために、権威主義的に変革を実施していった。それまで教会では権威が統制の源であった。司教は司祭に、司祭は信徒に、それぞれの権威をもって接し、誰もそれに疑問を抱かなかった。当時の司祭は信徒に「わが子」と呼びかけているが、公会議後は「わが兄弟・姉妹」に変わる。公会議前の教会文化でも「従順」が強調され、信徒は司祭に、司祭は司教に聞き従うように養成されたが、公会議後では「協働」「共に」「一緒に」が強調されるようになる。が、司祭も信徒もそのように養成されてこなかった。逆の行き過ぎもみられる。小教区において主任司祭は教会法上の責任を負っているにもかかわらず、教会内の平等を強調するあまり司祭軽視の小教区運営がなされ、混乱に陥るといったケースもある。位階間の距離感のとり方に戸惑いを覚えた人は多かったであろうし、それは現在も続いている。

次に司祭像の変化。公会議前までは司祭の第一の役務は秘跡の執行であった。司祭養成もそれを中心に行われ、ミサをはじめとするラテン語での典礼の司式、ゆるしの秘跡において大罪と小罪を正しく判別できる神学養成や教会法が強調されたが、公会議後はみ言葉と共同体へのミニストリー(司牧的奉仕)へと重点が移行した。

司祭は秘跡の「管理者」からみ言葉と共同体の「奉仕者《ミニスター》」へと立場が変わったのである。公会議は聖書の重要性を強調し、小教区の現場でも主日のミサの説教で聖書を日常生活において展開できる司祭が「いい神父」と評価されるようになるが、多くの司祭はそのような教育を受けてこなかった。司祭たちはそのようなことはできないと感じるようになる。かつて自分が目指した司祭像と公会議後に共同体が求める司祭像にぶれが生じた。

第三に司祭の役割の混乱。公会議前の司祭像では、叙階の秘跡によって信徒から聖別され世俗からも一線を画した特別な存在としての地位が教会内で自他共に認められていた。それは位階制の中で信徒より上位という身分であったり、ミサや告解の秘跡執行の権能であったり、それに伴う権威であった。それをみて司祭職を志した者にとって、公会議が提示した神の民の一員としての司祭像は、理念的には理解できても生きたモデルは存在せず戸惑った。貧しい人々、難民や移民、ホームレス、社会的弱者への奉仕が教会全体のミッションとして強調され、それら社会奉仕と叙階を受けた者の秘跡的役務が、どうかかわるのかは不明であった。世俗的領域と霊的領域の区別もあいまいになり、役務的祭司職固有の役割もあいまいになってしまった。司祭はもはや「特権階級」ではないのである。司祭たちは自分に期待されている役割に戸惑い、描いていた司祭像を生きられないストレスを強く感じたであろう。

以上のような司祭のアイデンティティ・クライシスが招いた公会議後の現象のひとつは、多くの司祭の還俗（役務的祭司職からの離脱）である。「司祭は人々から聖別された存在で、その聖別の証が貞潔」という認識は疑問に付されるようになる。[6] 家族や家庭生活を犠牲にする司祭職や修道生活への疑問が湧くのは当然のことであろう。還俗だけではなく司祭や修道生活への召命も激減した。司祭・修道者数は減少するのに、維持され

6　Edward Schillebeeckx, *Ministry: Leadership in the Community of Jesus Christ* (New York: Crossroad, 1981), 58-9.

る小教区数や始められた教育活動などのプロジェクト数は維持されたまま。その結果残された司祭や修道者の過労と非人間的生活環境、「協働」の結果として能力ある信徒から受ける教会内でのプレッシャー。もはや権威だけでは人々を納得させることはできない現実。その結果として達成感欠如からくる司祭の孤独と士気の低下。このような現実が司祭志願者減少を招くのは当然であろう。以上の多くのことは修道者にも当てはまる。

2　カリスマにいかされる信徒

公会議が打ち出したすべての人の「聖性への普遍的召命」は、確かに教会を活気づけた。洗礼による「共通祭司職」という考えともあいまって信徒を鼓舞し、教会の内外で信徒として生きる豊かな可能性を開いた（LG 33参照）。小教会は司祭の独裁政治の場ではなく、信徒も従順な小羊の役を演じているだけではすまなくなった。英語のジョークで、模範的信徒の定義として〝pay, obey, pray〟というのがあるが、現代で信徒に求められるのは〝play〟、与えられた役割を各自の能力と環境に応じてミニストリーを果たせということである。教会運営や管理（財務を含む）、典礼奉仕、要理教育、聖書や神学の教育研究、霊的指導、社会的弱者への奉仕、社会正義への献身など教会の内外で信徒が求められる場は以前より格段に広がっている。結婚生活も司祭・修道生活と同等に神からの召命であると教会は尊敬の念をもって語る。これら信徒の多岐にわたるミニストリーは、初代教会のカリスマ理解に立ち戻っているともいえる。そこでは自由に働く霊によって使徒、教師、預言者などカリスマの賜物に従って教会を造り上げていたが、時代とともに組織上の役職に排他的に制度化されていった。しかし、現代では初代教会と同じようにカリスマの自由な賜物がより生かされるような共同体が望まれている。「信者の共通祭司職と、役務としての、あるいは位階的祭司職とは、段階においてだけでなく、本質において異なるものであるが、相互に秩序づけられ、それぞれ独自の方法で、キリストの唯一の祭司職に参与している」（LG 10）。

公会議後、司祭と信徒のミニストリーの境界線はそれほど明確ではなくなった。以前は司祭に留保されていた多くのミニストリーを信徒も行うようになった。当然、司祭にしかできないミニストリーはあるが、それとて多くの場合、信徒の協力が必要である。洗礼と堅信によって与えられたキリストの祭司職の権能は「力」のためではなく「奉仕」のためである。各自に与えられたカリスマにもとづく奉仕職《ミニストリー》によって、教会を造り上げていくよう信徒は招かれている。

3　司祭職の課題

(1)　司祭職への問い

公会議後の教会をみると、信徒の活躍が現象としては司祭のアイデンティティをあいまいにしたようにもみえる。しかし、以前の「聖職者中心主義」の教会がむしろ偏った共同体構造だったともいえる。公会議はその偏りを健全に戻したと理解すべきであろう。ただ、公会議後から現代にいたるまで、未だそのバランスをとる途上であり混乱が続いている。司祭・修道生活の召命の減少は、日本や伝統的キリスト教国では日々実感するところであり、それは既存の教会・カトリック組織を抜本的変革へと向かわせる。日本を例にとれば、かつては主任・助任司祭がセットで居住し働いていた小教区が多かったが、今は年々「共同司牧」が増えている。カトリック学校で働く司祭・修道者数も年々減っており、すでに皆無になったカトリック学校もある。

以前の「聖職者中心主義」の教会は、背景として「秘跡中心主義」の教会論があった。信徒は秘跡を通じて罪をゆるされ、恵みと真理にあずかり、永遠の命の保証を得るという理解が強調された。それゆえ、「洗礼を受けているのか」「主日のミサに通っているのか」「ゆるしの秘跡をいつ受けたのか」が、教会生活において特に重要視された。そして秘跡は教会において授けられ、秘跡を授ける権能を有しているのは叙階の秘跡を受けた司祭（聖職者）であった。だからこそ、叙階の秘跡はカトリック教会においてある種特別な秘跡なのである。叙階の秘跡がなければ、聖体の秘跡もゆるしの秘跡も不可能だからである。しかし、公会議の刷新を受けて司祭像や信徒の役割が見直され、従来の司祭モデルがゆらぎ、司祭数の減少という現実に直面して、改めて問われるのは「司祭職とは何か」、いいかえれば「誰が司祭職にふさわしいのか」「どういう人が共同体の奉仕にふさわしいのか」ということである。この問題に関して議論されている二つの点を考えてみたい。司祭の独身制と女性叙階の議論である。

(2) 司祭職に伴う義務

現在にいたるまでの歴史において、叙階の秘跡を受ける男性には独身の義務がローマ・カトリック教会では課せられている。[7] 西方教会における司祭の独身の義務は、歴史の中で形成されてきた伝統である。「当初は司祭に勧められていた独身が、その後、ラテン教会において、聖なる職階に就こうとするすべての者に、法をもって義務として課せられるようになった」（PO 16）。ただし、この義務は司祭職の本質から要求されるものではない。「初代教会の実践と東方教会の伝承から明らかなように、確かに、（禁欲は）祭司職の本質そのものから求められるものではない。東方教会においては、すべての司教とともに恵みのたまものによって独身を守ることを選んだ司祭もいるが、それに加えて結婚している司祭もいて、大いに貢献している」（同上）。聖書にもペトロのしゅうとめの話があり、[8] ニカイア公会議をはじめ教会会議や公会議ではたびたび司祭職と結婚の問題が取り上げられている。当時の性倫理、教会財産の保護、ネポティズムの排除などを理由に歴史の中で司祭の独身は義務となった。しかし、婚姻生活と司祭職とは本質的に矛盾するわけではないので、特別な理由と許可のもとで妻帯司祭としてカトリック教会で活動するケースが現代でもみられる。[9]

叙階の秘跡は他の秘跡、特に聖体の秘跡とゆるしの秘跡と分かちがたく結びついている。そしてカトリック教会は典礼を「教会の活動が目指す頂点」（SC 10）であるとし、「使徒的な活動が目指すところは、（中略）すべての人が（中略）、いけにえにあずかって主の晩餐を食することにある」（同上）としている。神から与えられた秘跡であるエウカリスティアと、大切な伝統だとしても人的起源である司祭の独身制を比べると、守るべき優先順位は明らかである。独身司祭がいなくても教会は成立するが、エウカリスティアを中心とする典礼のないカトリック教会は成立しえない。独身制が維持されてきた有用性は認めつつも、それは神法でもなければ叙階の秘跡の絶対条件でもない。独身制維持のためにエウカリスティアに与れない信徒が増えるのは本末転倒である。社会の変化、既婚司祭に対する共同体の受容度の緩和、また共同体からの要望を考慮しつつ、義務化された独身制の問題について討議する必要があろう。

(3) 司祭職の条件

叙階の秘跡をめぐる議論のもうひとつは女性叙階の問題である。職制がまだ確立していない時代には助祭であった女性の記録もみられるが、確立された位階制の助祭とは異なる身分であったと教皇庁はみなしている。ともかく、カトリック教会は司祭叙階の性別条件を男性だけに排他的に限定してきた。これは疑問の余地のな

7　以下述べる司祭の独身制の議論について修道司祭は対象に含まない。修道誓願の貞潔によって妻帯そのものが修道生活と本質的に矛盾するからである。
8　妻帯司祭が認められた時代においても、礼拝日の夫婦関係は避けるよう規定されていた。
9　たとえば、聖公会の妻帯司祭がカトリック教会へ改宗し司祭として働くことを希望する場合、婚姻の絆の解消は求められない。

い歴史的実践である。女性は女性であるがゆえに、叙階の秘跡から排除されるのである。しかし、その理由となるとさほど明確ではない。ある神学者が主張するように男尊女卑や社会における固定化された性分業体制など多分に文化的な要素の結果なのかもしれない。性平等が大前提として社会に受け入れられており、様々な分野での指導層に女性が進出し成功をおさめている現代において、女性がその性別ゆえに排除される構造は容認困難である。確かに、性平等を法的に保障している先進国でも、女性が人口比と同じ割合で国政に参加し意思決定権を有しているわけではない。しかし、多くの国はそれが理想の姿でないことを自覚しており、女性比率を高める努力をしている。宗教に限ってみても、他の諸宗教やキリスト教他教会においても、女性教役者を認めているところはある。カトリック教会が女性叙階を認めない理由、その結果として教会全体にかかわる重大な意思決定プロセスから女性を性別によって排斥している説得力ある理由を開示できなければ、単に「司祭不足の措置を取らない怠慢」というより「福音が求める正義（平等）に反する構造的罪」と受け取られる。

この問題に対し教皇庁は一九七六年一〇月一五日の教理省からの宣言において、男性だけに叙階を限るのは、歴史を通じたゆるぎない伝統であり、神の御計画にかなうものと考えられるので守るべきものだ、との立場を明らかにした[10]。さらに、一九九四年にヨハネ・パウロ二世は使徒的書簡で、教会は女性を叙階する権能をそもそも与えられていないと述べている[11]。他にも、女性叙階反対論者は、イエスは男性だったので第二のキリストである司祭も男性でなければならないとか、イエスが選んだ十二使徒はみな男性であったとか、これらを根拠にあげるが、正直、まったく説得力がない[12]。

以上二つの議論をみてきたが、司祭叙階を独身男性に限ることについて、聖書学的にも歴史学的にも学問的正当化は難しいと研究者は考えている。聖書が明示的に女性を叙階から排斥している証拠はなく、むしろイエスは当時の社会習慣に反するほど女性を尊重していたこと、パウロ書簡では女性の熱心な協働者がいてパウロの信頼も勝ち得ていたことが記されている。[13] 歴史上、既婚司祭も女性助祭も存在し、その記録も数多く存在する。では、誰がどういう権限で司祭職にふさわしい条件を決めているのかという問いが次に出てくる。

三　共同体と司祭職：文化的コンテキストの中で

古代でも現代でも、司教や司祭の独自の役務上の責任は共同体でのエウカリスティアをはじめとする秘跡執行と共同体の監督指導である。この役目が果たせるかどうかを見極めるのは共同体である。パウロ書簡では監督と奉仕者の資質について述べ（1テモテ3・2以下）、「この人々もまず審査を受けるべきです」（1テモテ3・10）と続く。審査をするのは書簡の宛先の共同体である。

現在のカトリック教会規律では、小さな共同体の中で指導的立場にいる人がその共同体と本人の意志だけで叙階され秘跡を執行することはありえない。司祭と共同体との関係は、管轄教区長の任命によって有効な叙階の秘跡を受けた司祭がその共同体に派遣され、司祭は一定期間そこで秘跡執行を含む役務的祭司職に従事するだけである。そして一定期間が過ぎれば司祭は交代する。この人事異動のプロセスに共同体はほとんど関係し

10　Congregation for the Doctrine of the Faith,“Declaration on the question of admission of women of the ministerial priesthood,” 1976.
11　John Paul II, “Apostolic Letter, Ordinatio Sacerdotalis,” 1994.
12　この問題についての議論は次の本によくまとめられている。ジョン・ワインガーズ『女性はなぜ司祭になれないのか』伊従直子訳、明石書店、二〇〇五年。
13　女性の視点からの聖書解釈としては次を参照。E・S・フィオレンツァ『彼女を記念して―フェミニスト神学によるキリスト教起源の再構築』山口里子訳、日本キリスト教団出版局、二〇〇三年。

ない。これは、司祭職の権能が共同体と無関係に司祭単独で行使されるかのように錯覚され、両者の緊密な関係を忘れさせる危険性がある。古代教会では、誰がその共同体で典礼を司式するのか、その決定プロセスには共同体の意志・意見も反映されていた。役務的祭司職は常に共同体と結ばれ、共同体から召し出され、共同体によって任命されていた。司祭職は単独で存立するものではなく、共同体と不可分の権能である。初期教会の最初の頃は司教しかエウカリスティアを司式できなかったが、キリスト教の発展にともなって司祭も行うようになった。それは司教が決めたのと同時に共同体がそれを受け入れたからである。共同体で誰が何を行うかを決めるのは共同体である。司祭職も例外ではない。もちろん、歴史の経過の中で教会の様々なことが制度化され規律化されていくが、これも共同体が受け入れた制度化であり規律化である。中世のヴァルドー派やカタリ派は当時の教会規律を無視して説教しミサを行ったから異端、つまり共同体の交わりから追放されたのである。共同体の意志を反映する組織構造として位階制が形成され、共同体はそれを受け入れた。同様に司祭職にふさわしい人の条件として独身男性を規律化することに少なくとも全体としての共同体は拒否せず現代まで維持してきた。教会の組織構造や制度、そして運営は全体としての共同体の同意のもとで成立している。全体としての共同体の同意と教会のあり方に齟齬が生じると修正や変革が行われ、時には第二バチカン公会議のようなドラスティックな抜本的改革が行われる。また宗教改革のようにみずから教会から離れる決定的選択も歴史上みられる。現代でも、小教区の共同体でなんらかの理由で拒否された司牧者は、司教からの任命であっても、有効な叙階の秘跡を受けていても、そこで司祭として活動することは現実として不可能である。

しかし、共同体の同意内容は時代や文化によって変化する。ヨハネ二三世が語ったように、変わらない真理と変わりうるものを見分ける識別力が問われる。それが「時のしるしを読む」ことである。カトリック教会がまだ西欧中心の教会であった時、時代としても文化としても独身男性を司祭叙階の条件にすることに共同体は問題を感じていなかった。むしろ望んでいたのかもしれない。秘跡執行者数と信徒数のバランスもとれていた。これが第二バチカン公会議の頃には大きく変わっていた。司祭と信徒の数的バランスがある地域で崩壊し、秘跡を受けられない信徒が増えてきた。また、教会のグローバル化にともない多様な文化を内に抱えることとなった。男女の平等意識、性や生命の倫理、共同体意識、霊的世俗の境界線のゆらぎ、罪意識の希薄化などは、同時代でも文化によってかなり異なる。司祭の独身制と女性叙階の問題を取り上げてみても、大きな価値観の相違がある。ある文化では独身者は半人前として社会の指導者とは認められないが、別の文化ではそれを共同体への忠誠への証として尊敬する。ある文化では女性を社会の指導者として認めない制度がつまずきのしるしとなるが、また別の文化では女性を社会の指導者と認める組織につまずく。文化の優劣をいっているのではない。多様な文化を抱える組織として避けられない現実である。

カトリック教会の歴史をみても、ある時代、教会文化でラテン語の地位は絶対的であり、エラスムスの新約聖書のギリシア語原文研究は周囲からうさんくさい目でみられた。ましてやルターのドイツ語訳やそれを典礼に用いることは当時のカトリック教会では考えられないことであった。しかし、現代では典礼言語は母国語になり、聖書も世界中の言語に訳され読まれている。カトリック教会は長らく「一つの教会」の意味を「画一性」(uniformity) にみてきたが、公会議以降、多様性の中の一致 (unity) にみるようになっている。これも全体としてのカトリック教会共同体の要望の結果であり同意なのである。

現代の教会共同体が司祭に求める条件も、ラテン語で典礼司式ができ、これまでの司牧上必要な神学と教会法知識を最低限有し、教会の長上へ従順な独身男性、ではないであろう。現代の司祭には、共同体を霊的にも実務的にも世話ができる司牧的指導力が求められる。その指導力には、共同体を鼓舞し、信仰生活の動機づけができ、共同体内外の和解や協働の調整力、対話の促進、必要なことを把握する能力（言語能力）が含まれる。

特に神のみ言葉の宣布と説教が重要で、そのためには聖書の知識、優れた説教力、人々の日常を知る洞察力、日々の出来事で神の意志を見出す識別力、それらを集約する典礼や秘跡を執行する能力が必要である。そのために司祭の知的養成と人間性の成熟が特に大切になる。そしてこれらは文化が違えば、異なる仕方で発揮・表現される。司祭のあり方も一様ではなく、文化的多様性に富む時代がくるのかもしれない。そのためには共同体の成熟も求められる。共同体は世話されるだけではなく、自分たちに必要な司祭を養成する責任の一端がある。独身・既婚、男か女かという条件は文化的相違として受容し、それが聖職者の条件でもなければ教会の一致を破壊するものではないと共同体が同意する時代がくるのかもしれない。また、そこにこそ司祭職の本質を見出すという共同体の判断が続くのかもしれない。必要なのは自分たちの共同体とそのミッションに必要な司祭職の本質は何か、それはどのような形でもっとも鮮明な形で福音を証しすることができるのか、共同体内での対話と識別を続けることである。

奉仕のための権能

奉仕職はキリストの奉仕職である。イエスは誰のもとにおもむき、何を語ったのか。イエスが告げた神の国メッセージをいかに伝達し、社会の福音化と人々の福音的生活に奉仕するのか。そのために教会が伝統に維持してきた制度は現代でも有効なのか。修正すべき点はないのか。教会のあらゆる権威と権能は奉仕のためである。教会内で相互に奉仕するために、そして世界に奉仕するために与えられている。「仕えるために来た」イエスに従う弟子の共同体として、教会はその軸を常にしっかりともち続けることがアイデンティティ保持の生命線である。

第九章　教会と文化

第二バチカン公会議は、カトリック教会が世界と対話する姿勢を示し、人類共同体に奉仕する決意を示した。対話や奉仕の際に教会が注意深く、そして尊敬をもって向き合わなければならないのが文化と社会である。この章では教会と文化について、次章では教会と社会について扱う。

教会の属性の一つは「普遍（カトリック）」である。普遍性を地理的・時間的に理解した時代もあった。教会は、人間的条件（性別・社会的身分・人種など）を越えたひとつの信仰のもとに集っている共同体で、世界中のどの地域にもどの時代にも存在しているので普遍であると（第四章のトマス参照）。キリスト教はその初期から地中海沿岸に伝播し、ローマ帝国という同一文化圏の中で発展していった。帝国滅亡後も、異なる文化を教会に抱えていたとはいえ、「キリスト教圏」（Christendom）という文化的同一性を共有する旧ローマ帝国圏内で二千年近く存在した。大航海時代以降、宣教師が世界各地へキリスト教をもたらしたが、それは「西洋ブランド」のキリスト教の輸出であり、宣教地の人々はそこが「西洋であるかのように」「西洋のキリスト教」を受け入れなければならなかった。キリスト教＝西洋文化という堅固な図式ができあがっていた。しかし、第二バチカン公会議はその図式を一変させる。教会は文化の独自性と固有性を尊重し、キリスト教の本質を保持しつつも各文化の中で表現され、そして人々の心に触れる信仰のあり方を模索するように地域教会を激励した。つまり、キリスト教の脱ヨーロッパ化である。文化的相違を貫くキリスト教の普遍性を目指したのである。この章では、教会の普遍性を考える上で必要不可欠な「教会と文化」の関係についてみていく。

一　ミッションと文化

1　グローバル化と文化

グローバル化（Globalization）は現在あらゆる分野で進行している現象である。そのひとつの側面は「グローバル・スタンダード」という言葉が示すように、世界中どこでも共通するルール・価値の共有である。政治・経済など様々な国際機関は、統一ルールで組織を運営し、活動している。国際社会の基本単位は国家であり、地球上のほとんどの人は、否応なくどこかの国家に所属している。諸国家が共存し、国際世界が平和を維持するためには、世界共通のルールやあるレベルでの価値の共有は必要不可欠である。

しかし、国家は歴史的経緯の産物でもあり、法的に所属している国家と自己の帰属意識が必ずしも重なっていない、あるいは拒否しているケースもままある。自己のアイデンティティの根拠を民族や文化に求める人々も多い。そこには異なる多様な価値観や生活様式が混在している。グローバル化がある統一された基準で人々の思考や活動を強制的にコントロールすることを意味する時、人間に本来備わっている文化的多様性の間に緊張が生じる。たとえば、グローバル化がアメリカ化（Americanization）としてアメリカのルール・価値観を世界基準にして人々を従わせようとすると、当然反発が起こる。民族や文化に固有のルール・価値観は人間の「自我」の深層部分の一部であり、それと衝突・矛盾する生き方は自我の死と同然であり、それゆえ反発を引き起こし、時に破壊的反動行為に人々を駆り立てる。世界が希求する世界平和という目的のために、人類の多様性を認め尊重することがいかに重要で不可欠なのか、二十一世紀の人類は多くの痛みと犠牲の上に学んできた。文化は個人が属する民族・地域レベルを包括する広い概念であり、しかも多様である。人は文化の中で自己形成をし、文化を通じて自己表現をする。世界の均一化を意味するグローバル化という現象は、それにもかかわらず均一化しえない文化の多様性と、文化が人間実存を構成している現実を、逆に浮かび上がらせる。

ここで文化について簡単にみていこう。文化は様々に定義されるが、ここでは次のように理解する。文化とは一定のグループにおいて継続的に共通する意味・概念・価値観のシステムであり、特定の言語や伝統的シンボル、出来事、人々において表現される。第二バチカン公会議の『現代世界憲章』では、「文化」を次のように定義する。「『文化』ということばは、広義においては、人間が精神と肉体の多様な能力を洗練させ発揮させるために用いるあらゆることがらを指す」（GS 53）。文化は歴史的・社会的面を有しているがゆえに、文化を通じた自己表現、宗教実践、社会制度、芸術表現において差異が生じ、多様性を生みだす。そして、それは人間共同体の独特の遺産なのである。文化遺産は過去の遺物の場合もあるが、多くの場合、現在の人々の生活にも浸透している生のシステムである。[1] 文化は所与のものであり人々は選択の余地なくその中に投げ込まれる。たとえ、その文化を拒否する生き方を選んだとしても別の文化を身にまとうことになる。人はなんらかの文化

1　イエズス会の第34総会（一九九五年）では、「ミッションと文化」が大きな討議テーマのひとつとなった。そこでは文化を次のように定義している。「『文化』とは、その中で、ある一群の人々が生き、考え、感じ、自らを組織し、祝祭を行い、生活を分かち合うありようを意味する。すべての文化の根底には、価値体系、意味、世界観が横たわっており、それらのものは、言語やふるまい、象徴、祭礼、生活様式などの目に見える方途で表現されている。」「教令」75、脚注1。

なしに生きることは不可能だからである。[2]

文化に比べ「社会」は、共同体の政治的・経済的な状況を指し可変的である。また、「出来事」は、自然災害、疫病、事件・事故など人間社会に何か変化を起こさせるきっかけとなるが、社会に比べより単発的である。これら三つの要素は相互に関連し合う。

2　宣教されるキリスト教

キリスト教はマタイ福音書最後に記される復活したイエスの宣教命令「あなたがたは行って、すべての民をわたしの弟子にしなさい」（マタイ28・19）にみられるように、宣教をみずからの使命として明確に自覚している宗教である。ユダヤ教が民族宗教としてその枠組みに収まっていたにもかかわらず、キリスト教はパウロの書簡にたびたび出てくるように民族や社会階層、性別を越えて宣教されていった。ローマ帝国で国教となり、帝国滅亡後もヨーロッパをその生存圏としてきた。ヨーロッパ各国の世界進出には宣教師も同伴し、教会が各地へともたらされた。教会が世界各国にもたらされたのはヨーロッパ列強の世界進出の結果もあるが、教会自身が宣教という明確な目的意識をもっていたことともかかわる。キリスト教の拡散は何かよい教えが人から人へと伝わったという自然現象ではなく、教会が当時の社会・政治状況を利用して行った組織的プロジェクトなのである。その結果、現在、カトリック教会は世界中に広がっている。特にグローバル化が一気に進んだ過去一〇〇年間で、教会の人種構成も劇的に変化している。次の表は、過去一〇〇年の大陸別のカトリック人口比の経年変化である。

左記表に補足すると、二〇一五年の欧米以外の在住カトリック信者の比率（七〇％）内訳は、アジア一二％、アフリカ一六％、オセアニア一％、中南米四一％である。キリスト教は伝統的に西洋ヨーロッパの宗

カトリック全人口を100とした場合の在住比率

（小数点以下四捨五入）

	欧米在住比率	欧米以外在住比率
1900年	85%	15%
1980年	51%	49%
1990年	38%	62%
2000年	35%	65%
2015年	30%	70%

（「キリスト教年鑑」発行年より）

教とみられており、歴史的には正しい。現在の教会が形成維持されたのは西洋においてである。キリスト教は常に西洋の香りを漂わせていた。しかし、現在のカトリック教会はもはやそのような文化的限定をはるかに超えている。カトリック教会は文字通り世界の教会になっており、地理的意味での「普遍性」は実現している。しかし、キリスト教が各大陸の文化に根づいているかといえば答えは否《ノー》である。

十九世紀末から二十世紀半ばまで、国際社会は植民地支配の歴史である。政治的・経済的・社会的に、そして文化的に欧米の支配を受けていた各国は一九五〇・六〇年代に独立を果たす。それは民族や地域の自立的意識を喚起させ、かつての支配者からの独立をも目指すことになる。興味深いことは、独立した国の多くが西洋の香りを漂わせていた支配者の宗教であるキリスト教を、独立後も拒否しなかったことである。支配体制とキリスト教を区別し、脱ヨーロッパ化したキリスト教の文化的再構築を目指し始めた。第二バチカン公会議もこの動きを後押しする。このように世界に広がった教会は、福音を各文化のレベルまで浸透させることなしに福音宣教は不可能だと気づい

2　「好み」「慣習」「習俗」「共感」などでも人々はつながり自己表現するが、文化に比べて共有範囲が狭く時間的継続性も短い。文化はそれらより広い一定規模の集団・時間において共有される包括的な価値観や世界観のシステムである。また文化の類義語「文明」は、経済・物質的状態を指す。「野蛮」「未開」は文明の反意語だが、文化の反意語ではない。未開で野蛮と呼ばれる集団でも、彼らの中にも文化はある。文化を越えてＩＴ技術（文明）は共有できるが、そのＩＴ技術で何を表現するか、どのように用いるかは「文化」によって異なる。

たのである。これが「文化順応」(inculturation) という教会の課題として自覚されていくようになる。[3]

3 福音宣教と文化順応

教会はひとつの文化に縛られるわけではない。そのミッションにおいて効果的であるためにも、また生き残っていくためにも、その植えられた土地の文化の中で成長する必要がある。この意識は特に西洋以外の地域で神学的にも実践的にも強い。キリスト教の宣教とは、西洋産の商品を輸出して、現地の人間がまるで西洋の人間にでもなったかのようにその商品を消費する現実を再生産することではない。その地域や土地の文化に適応し、その文化の中でみずからを表現していくことである。これが福音と教会の普遍性の意味である。ただし、そこには教会のアイデンティティ保持、つまり教会の一致とも関連する問題をはらむ。伝統の再解釈がどこまで許され、どこからがアイデンティティの歪曲になるのか。また、誰がそれを判断するのかなど、課題は多い。

文化順応は新たに自覚された課題だとしても、現象としてはキリスト教誕生の時から存在していた。文化のない人間など存在せず、文化の衣をまとわない宗教もありえないからである。ヘブライ的コンテキストからヘレニズム的コンテキストへとみずからを変容させたのが、キリスト教の最初の文化順応である。その際にも多くの混乱がみられる。パウロがアテネのアレオパゴス(広場)でエピクロス派やストア派の哲学者に対して説教(使徒言行録17・22―34)する際には、ギリシア人に理解できるように福音を提示する努力をしている。二世紀の護教家ユスティノスも、当時の社会で古典哲学と受け入れられたギリシア哲学を援用し、「種子的ロゴス」という用語でキリストを説明している。一方、キリスト教の本質を歪曲するグノーシス的理解に対する警戒も聖書にみられる(1ヨハネ4・1―3)。初期キリスト教にはマルキオン派やヴァレンティアヌス派など様々な異端が登場したが、これらも自分たちの思想や世界観に引き付けてキリスト教を理解し提示しようとしたひとつの文化順応の試みの結果である。このようにすべての文化順応の試みが是とされるわけではなく、ある試みは教会にとって信仰の本質を歪曲し、一致を破壊する脅威ともなった。

教会は効果的な宣教、その土地における生き残りという戦略上からも文化順応を自然に行ってきた。「アイルランドの使徒」パトリック（五世紀）や「ドイツ人の使徒」ボニファティウス（八世紀）にまつわる逸話は、現地文化と宣教がうまく融合した例といえよう。「スラブの使徒」キュリロスとメトディオス（九世紀）は、スラブ文字の発明で現地文化の発展に多大な貢献を果たした。カトリック教会にとって大々的な文化順応の試金石となったのは、十六世紀のアジア宣教である。アイルランド、ドイツ、スラブと違ってアジアは当時のカトリック教会にとってまったく未知の世界であり、あまりにも異次元空間であった。十六世紀半ば、後に「東洋の使徒」と呼ばれるフランシスコ・ザビエルのインド到着が、本格的なアジア宣教の幕開けである。インド、日本、中国にはすでに堅固な伝統的宗教文化が確立されており、宣教師たちは試行錯誤を繰り返す。この時代、二つの宣教方法がみられる。ひとつは現地の社会や文化に適応していく宣教方法、もうひとつは現地の事情にかまわずヨーロッパのキリスト教をそっくりそのままアジアに移植する宣教方法である。二つ目の宣教方法には当時のカトリック教会の事情もあった。宗教改革後のカトリック教会は教会の一致を維持しようと、典礼、教会法、神学などの画一性を進めた。その結果、ヨーロッパにおいても地域性が無視され、統一された神学教育、教会生活への努力が推進されていた時代だった。アジア宣教においては、現地での経験にもとづく文化順応策

3　"inculturation"という言葉は種々の意味を含む。adaptation（適応化）、contextualization（文脈化）、indigenization（土着化）などなど。現在のカトリック教会の公文書ではinculturationという単語が使用されているのでここでも踏襲する。しかしまた、inculturationの邦訳も難しく、「文化順応」の他にも「文化受肉」などと訳される。ここでは「文化順応」という訳語を使い、前後の文脈に応じて「適応政策」という言葉も用いる。

を選んだ勢力と、ヨーロッパのキリスト教の移植を目指す勢力の間で対立が起きる。その代表例が十七・八世紀の中国の典礼論争である。

日本の教会で適応政策の必要性を感じていたアレッサンドロ・ヴァリニャーノ（イエズス会、一六〇六年没）は、中国宣教に派遣するマテオ・リッチ（イエズス会、一六一〇年没）に中国語取得など入念な準備をさせる。その上で一五八一年に中国に入ったリッチは、自然科学の知識を武器に中国社会の上層部に入り込むことに成功する。リッチは中国文化をキリスト教的に解釈しようとするのと同時に、キリスト教を中国文化から解釈した。キリスト教の教えと儒教の道徳が一致することから、リッチはデウスを「天主」と呼び、伝統的な孔子崇拝や祖先崇拝を中国人キリスト者に容認した。リッチの死後に中国に入ってきたフランシスコ会員やドミニコ会員は現地の習慣を考慮せず追放されてしまうが、彼らはイエズス会の適応政策《インカルチュレーション》こそが行き過ぎておりキリスト教信仰をゆがめるものとして非難した。ちょうど同時期、ローマでは宣教活動の活発化にともない教会が中央から宣教をコントロールするため、グレゴリウス十五世によって「福音宣教省」（一六二二年）が設立された。この省は宣教地の文化には理解を示さず、カトリック信仰や道徳と一致しないとみなしたものを排除していった。典礼論争に戻ると、一六九三年、中国のパリ外国宣教会の司教が、中国式に適応した礼拝形式や儀式をキリスト教に反するものとして禁止した。これによりイエズス会とパリ外国宣教会との間で典礼論争が再燃し、クレメンス十一世は宣教会の主張を取り入れ、一七〇四年に中国の儀式を偶像崇拝として禁止した。一七四二年、ベネディクト十四世によってイエズス会の宣教方法は、過度の適応政策であり偶像崇拝として正式に断罪された。これは理論的、神学的反省の結果というより、アジアの体験が皆無であった当時の教皇たちには理解できない論争だったのである。その後、東洋における適応政策は失速し、その後一〇〇年以上にわたる宣教停滞を招く。しかし、一九三五年ピウス十二世は中国の伝統的葬式や祖先崇拝を認め、リッチの名誉回復を行っている。リッチの後もインドではロベルト・デ・ノビリ（イエズス会、一六五六年没）が、インドのカースト制度の中でバラモンのように生活し適応政策にもとづく宣教を行った。ノビリの生活方法や宣教方法も教会の中で物議をかもしだした。当時のカトリック教会は、ヨーロッパの外の世界に対してはまだ無知であり、文化順応にもとづく宣教に対して強い警戒心を抱いていた。

二　文化に順応する福音

1　文化順応の理解

十六・七世紀に活発になったカトリック教会の海外宣教は十八世紀には衰退する。啓蒙主義や革命という教会にとって混沌とした時代、宣教より自身の生き残りに必死だったのである。十九世紀になり、伝統的修道会が霊的活力を取り戻し、宣教会や新たな修道会が誕生したこともあって、教会の宣教活動は再び活気を帯びる。ちょうどヨーロッパ各国が植民地獲得のため、諸外国に支配地域を広げていった帝国主義という国際情勢とも重なり合った時期でもある。しかし、まだ宣教学や文化順応の神学は熟しておらず、宣教方法はヨーロッパの教会の移植という古典的レベルにとどまっていた。二十世紀の二つの世界大戦は人々のマインドを大きく変えた。特に第二次世界大戦後には世界の各植民地の独立運動が活発になり、人種差別的世界観は後退し、各文化の固有性や自律性が強調され尊重される時代に入っていく。他の文化の規範にはなりえる文化など存在せず、ひとつの文化が他の文化に対して優越性を主張することなど認められなくなった。この発想のもと福音宣教の見直しも始まり、ヨーロッパ化されたキリスト教から各文化に土着化したキリスト教を目指す宣教論がクローズアップされることになる。宣教も文化順応もキリスト教の歴史上、小規模ながら実際には実践されてきてはいたが、二十世紀半ば、教会がまさに地理的意味で世界の教会になった時代、教会と文化という課題はより自覚的に洗練された形で第二バチカン公会議でも扱われた。

公会議は、まず文化を受肉の神秘にたとえる。「救いの知らせと人間にふさわしい文化との間には多くの関連が見いだされる。神は、肉となった子において自分を完全に啓示する以前には、種々の時代に固有の文化に準じてその民に語りかけた」(GS 58)。神はご自身を言葉、物、出来事などこの世の事象を通じてあらわす。神は文化を通じてみずからをあらわす。文化を通じて人は神に出会い、神の超越性は文化を通じて表現される。神の超越性はひとつの文化では汲みつくせないので、多様な文化を通じてあらわれる。それゆえ、教会は単一文化と排他的に不解消的に結びつけられておらず、むしろ「固有の伝承に立脚していると同時に自分の普遍的な使命を自覚している教会は、種々の文化形態と交わることができ、それによって教会自身も種々の文化もともに豊かになる」(同上)と、教会と文化の互恵的関係を肯定する。「種々の文化形態と交わることができる」ところに教会の普遍性が見出されるのであり、多様性は普遍性と相反するどころかその前提である。ひとつの文化が他の文化の普遍的規範とはなりえず、それゆえ単一文化の衣をまとった教会(ヨーロッパ的教会など)の移植という古典的宣教の考え方は退けられる。逆に宣教師は、その文化の中ですでに先立って働いている聖霊の実り(伝統や知恵)を見出す努力が求められる。

また、文化には自己表現する正当な自由、合法的な自律、ある種の不可侵権があるとし、政治的・経済的権力は文化を隷属化するのではなく、助成する務めがあるとする(GS 59)。植民地支配がしばしば現地の文化的圧殺を謀ったにもかかわらず、文化は生き残り、人々や共同体のアイデンティティを支え表現する役割を果たした。

このような文化の中に信仰が入っていくため、キリスト教の信仰伝達は相手にとって理解可能(intelligible)

でなければならない。たとえば神学を例にとっても、キリスト教の本質そのものとその表現の区別が求められる。多様な文化の中で「神学者は神学独自の方法と規則を用いながらも、つねに同時代の人々によりよく教理を伝える方法を見いだすように求められている。なぜなら、信仰の遺産そのもの、すなわち信仰の諸真理と、それを表現する方法とは別のものだからである」（GS 62）。宣教者は信仰の真理を伝える相手の文化的枠組みにあわせる必要がある。ただし、行き過ぎは信仰や教会の一致を破壊する。「信仰の諸真理には同じ趣旨、同じ意味が維持されなければならない」（同上）。

それゆえ、文化順応は宣教師の務めではなく、その土地の人間によって可能となる。「どの集団にもどの国にも、自分たちの共同体の文化を作り推進するのは自分たちであるという自覚をもった男女の数が日を追って増加している」（GS 55）。自分の文化に対する責任は人間の精神と道徳の成熟にとって重要である。宣教師がもたらすキリスト教が文化に影響を与えると同時に、その文化もキリスト教のより豊かな自己理解に貢献する。その架け橋となる人間の養成についても述べる。「（司祭志願者が）自国の文化をよく知り正しく評価できるように、彼らの精神が開かれ、鋭く磨かれる必要がある。また哲学と神学の科目において、祖国の伝統や宗教とキリスト教の間に介在する諸関係を認識するようにしなければならない」（AG 16）。邦人司祭の養成は文化順応にとって必要不可欠である。

公会議は福音が文化の中に入っていくプロセスを次のように描写する。

ある一定の人間社会に教会を植える活動は、信者の共同体がすでにその社会に根を下ろし、地域文化に幾分か適応して、ある程度の安定と永続性をもつとき、すなわち、十分とはいえないが、邦人司祭、修道者および信徒の群れを有し、固有の司教の指導のもとに、神の民としての生活を営みかつ発展させるために

必要な役務と制度を備えるに至ったとき、一定の到達点に至る。（AG 19）

文化順応にもとづく宣教理解は三つのプロセスを踏む。最初は、翻訳（translation）。キリスト教のメッセージがその文化の言語やシンボルに置き換えられる。次に、受容あるいは同化（assimilation）。メッセージがその文化の中で受容され、邦人聖職者の誕生など信仰が文化の中で生きたものとして同化していく。最後に、変容（transformation）と統合（integration）。信仰がその土地の文化を変容させると同時に、キリスト教信仰の表現や理解もその文化によって豊かにされ、信仰と文化の双方向の統合にいたる。このプロセスは一度限りではなく、文化も教会も常に変動しているので、文化順応もダイナミックなプロセスとして継続していく。このプロセスは、適応、順応、受肉、文脈化、土着化といった言葉で表現される要素を含む。信仰は文化に根づき、文化は信仰によって養われる。これが宣教、すなわち福音化（evangelization）である。

2　意識化される文化順応

第二バチカン公会議は本格的な文化順応の開始宣言であり、地域教会の喫緊の課題として試行錯誤が繰り返される。しかし、それは、すでに高度に中央集権化された画一的組織の教会概念と、自律を伴う地域や地方の教会概念との間のたえざる緊張でもある。また、信仰の本質と表現形式、一致への要求と堅苦しい画一性との間の緊張でもある。これらは文化順応の課題であり挑戦である。

一九七五年公布のパウロ六世使徒的勧告『福音宣教』にはこの葛藤をみることができる[4]。福音と文化は同じものではなく相互に独立したものでありながら、相互浸透の関係である。「福音と福音化がどの文化にも本来的に所属していないということは、両者が両立しえないという意味ではありません。むしろ、どの文化にも所属することなく、それらすべてに浸透することができるものです」(EN 20)。しかしながら、福音と文化が分裂している今日的状況を嘆きつつ、福音による文化の再生を指摘する。「諸文化は福音と出会うことによって再生されるべきものです。しかし、この出会いは、福音がまずのべられなければ望めないことです」(同上)。福音と文化は同じものではない、しかし分離もできない。いわば形相と質料のような関係で、福音は常に文化的形態をもって人々に伝わり表現され生きられる。だとすれば、文化を再生するためにまず宣べ伝えられる「福音」とはどういう福音なのであろうか。純粋形相の福音などは存在しないし、たとえ存在しても生きている人間は触れることはできない。アジアやアフリカにもたらされたキリスト教はきわめて西洋的衣をまとっていたし、それはある意味で当然のことである。「西欧の宣教師による福音の告知が、宣教師の母国文化に影響されていたことは必然でした」(EA 20)[5]。

しかし、どういう文化的衣をまとった福音であろうと、それを伝えられた土地の文化から大胆な再解釈・再表現が求められる。西欧的キリスト教が他文化と出会う時、何が福音の本質で何が文化的衣なのかフィルターにかけられる。この問題について、一九七四年のシノドスでのアフリカ司教団の発言は興味深い。アフリカ大陸の今後の福音宣教において、アフリカ人みずからがその使命を担おうという望み、その際の問題をあげる。それは、まさに「宗教の文化受容の課題」である。アフリカでのそれまでの「信仰生活が、アフリカの風習、慣習、伝統に十分受肉していない結果、アフリカ古来の宗教の真の価値とのつながりのない表面的なものになっている」[6]。と分析する。その上でアフリカに受肉した神学の必要性を説く。

4　パウロ六世使徒的勧告『福音宣教』(一九七五年発表)、日本カトリック宣教研究所訳、ペトロ文庫、一九九〇年。略記 EN。
5　ヨハネ・パウロ二世使徒的勧告『アジアにおける教会』(一九九九年発表)、カトリック中央協議会、二〇〇〇年。略記 EA。
6　『現代の教会と明日への福音宣教―一九七四年シノドス関係文書集―』カトリック中央協議会、一九七六年、55頁。

私たちの神学的な考察は、教会の正当な伝統に即したものであると同時に、共同体の生活に留意し、また、私たちの人生の哲学であるところの伝統や言語を重んじるものでなければならない（『宣教活動に関する教令』22、『エキュメニズムに関する教令』14、17参照）。アフリカおよびマダガスカルの司教は、こうした視点から、いわゆる「適応の神学」を完全に時代遅れのものと考え、代わって、「受肉の神学」をとりいれている。アフリカ、マダガスカルにおける設立間もない教会は、この基礎的な要求に顔をそむけることはできない。信仰の一致の範囲内で神学の多様性という事実を認め、その上で、万難を排して、アフリカの神学研究を奨励しなければならないのである。[7]

ここで拒否されている「適応の神学」というのは表面的に翻訳されただけの神学であり、福音が土地の人の血となり肉となり、その体からあふれる表現形態を得た「受肉の神学」とは区別される。まさに相互変容・統合された信仰である。この「受肉の神学」は文化順応という観点からヨハネ・パウロ二世も触れている。「『インカルチュレーション』をとおして、教会は福音を種々の文化のなかに受肉（具体化）させると同時に、人々を彼らの文化とともに教会共同体のなかへと導くのです。教会は教会自身の価値観を人々に伝えると同時に、人々のうちにすでにあるよい要素を取り上げ、それを内側から新しくします」（RM 52）。[8]

3　教会一致の中の文化順応

しかし同時に、多様性と一致の緊張についてバチカンはバランスを要求する。「普遍の教会は、実際に存在する、あれやこれやのさまざまな具体的な人間集団より成り立っている諸個別教会のうちに姿を現しています。（中略）だからといって普遍教会を、本質的に異なっている個別教会の総合体、あるいはいわば多少そろわないところのある連合体のようなものと考えてはなりません」（EN 62)。文化順応は一朝一夕ではできない。福音が文化に受肉するために時間がかかるのと同時に、その過程においてキリスト教信仰がその独自性と本質を見極めていくためにも時間がかかるからである（RM 52参照)。

福音がある文化的表現をまとうのは不可避である。しかし歴史は、文化順応化された福音が教会の一致の脅威になった事例も示している。それでは、教会の一致と福音の文化順応の調和はどのように果たされるのか。三つの基準をあげることができる。

一つは「祈りの掟は信仰の掟」(lex orandi, lex credendi)（EN 64参照)。人々の祈りは教会の信仰内容の反映だが、祈りと関係のない信仰内容は無意味である。祈りが信仰を深め人々の生を鼓舞する。その意味で祈りが信仰内容を規定するのであって、その逆ではない。エフェソ公会議（四三一年）の「神の母（テオトコス）論争」、東西教会の教理上の論争「聖霊発出論争（フィリオクエ論争）」も民衆の祈りの文言が教義論争のきっかけとなった。[9] 神を「父」と呼び、イエスを「キリスト」と呼ぶのも、大切な信仰の遺産だとしても、ひとつの文化的表現である。救い主イエスを「受肉したみ言葉」というイメージで語ることもできれば、異なる文化では異なるイメージが人々の祈りを深化させる。アジアにおいては「知恵の教師、治

7　同上、57頁。
8　ヨハネ・パウロ二世回勅『救い主の使命』（一九九〇年発表)、カトリック中央協議会、一九九二年。略記RM。
9　「テオトコス」論争は、ネストリウスとキュリロスを代表とする論争。ネストリウスは、マリアはキリストの人性の母であり神性の母ではないので、「神の母」という呼称は不適切で「キリストの母」と呼ぶべきだと主張した。彼の主張はエフェソ公会議で断罪された。「聖霊発出論争」は、聖霊の発出が「父から」というニカイア信条の文言に、西方では「と子から（フィリオクエ)」という文言を加えて唱えるようになったことを巡る論争。聖霊の発出を父からのみとする東方教会に対し、父と子からとする西方教会との間で、当時の政治的思惑も絡んで東西教会の分裂の一因となった。現在もカトリック教会では「と子から」の文言入りの信条を唱えている。

療者、解放者、霊的指導者、照らしを受けたかた、貧しい人に共感できる友、よいサマリア人、よい羊飼い、従順なかた」（EA 20）というイメージが「受肉したみ言葉」をよりよく伝えることもある。「『インカルチュレーション』は共同体の生活の表現でなくてはなりません。また、共同体自身のなかで成熟しなければならないもので、学問的研究の成果だけであってはなりません。伝統的な価値を保護するのは、成熟した信仰の働きなのです」（RM 54）。

二つ目の基準は「信仰の遺産」（depositum fidei）[10]。つまり、普遍教会との一致である。文化順応（inculturation）は「疎外」「孤立」（isolation）ではない。文化順応はひとつの信仰にもとづくひとつの教会がより豊かになるためであり、共同体の一致を破壊するためではない。「信仰の遺産」は教会全体（普遍教会）に与えられているものなので、そこから離れた共同体はもはやキリストの教会としての正統性と活力を失う[11]。そして、普遍教会とのきずなは、教会の普遍性の源である「ペトロの後継者」（教皇）との交わりによって保証されるとする。カトリック信仰の内容が各民族固有のシンボルを身にまとい、文化・社会・人種的観点から異なる神学様式を採用しようとも、「あくまでも教会教導職が受けて伝えている信仰の内容とまったく同じものにとどまっていなければならない」（EN 65）。個別教会がペトロの教導職を受け入れることを通じて、その信仰の豊かさと宝を正当な多様性のうちに表現できるのである。「表現の画一性」ではなく「内容の一致」の優先が、「内容」と「表現」という言葉の注意深い区別にあらわれている。

三つ目は「信仰の感覚」（sensus fidei）[12]。この表現はカトリック教会が文化順応について言及する際、たびたび用いられる。使徒に由来する教会の伝承は、聖霊の助けのもと教会の中で進展する（DV 8）。その聖霊は宣教師に先立ってすべての民族・文化の中で働いている。それゆえ、各地域の霊的文化は普遍教会の遺産の豊かさをさらに引き出すことができ、またその人々の経験と生活を普遍教会に伝えることにより、全教会の益に貢献することができる（EN 64参照）。人々の経験の中には聖霊の働きの実りである知恵が見出される。だからこそ、文化順応は少数の専門家だけではなく、神の民全体の関与が必要である。なぜなら、真の「信仰の感覚」を反映しているのは人々なのである。人々のこの感覚は、ふさわしくない文化順応をかぎ分ける力もある。「『インカルチュレーション』は、指導され促進される必要がありますが、強制されてはなりません。さもないと、キリスト者の間に拒絶反応を引き起こすことになる」（RM 54）。文化に根づいた信仰表現が、人々に混乱なく平和裏に受容されるためには時間も必要である。

この信仰の感覚を、神学者も司牧者も尊重しなければならない。というのも、司牧者は人々と一致している限りにおいて、「決して見失ってはならない真の『信仰感覚』を反映」することができ、また「神学的考察はつねに、キリスト者の感性に対する尊敬によって」導かれていなければならないからである（EA 22）。

上記三つの基準を要約している文章を引用する。

10 「信仰の遺産」は聖書にまでさかのぼるカトリック教会の伝統的教えのひとつ。第二バチカン公会議『啓示憲章』でも確認されている。DV 7-10参照。

11 「また、歴史が示しているように、しばしば非常によい意図から神学、社会、政治、司牧上の問題から、あるいは運動や行動の自由を得たいという理由から、個別教会が、普遍の教会、目に見えるいのちの中心から離れ外に出てしまうということが起こりました。そのときにはしばしばその個別教会は次のような二つの危険に見舞われるのです。まず、その教会が孤立し枯れ衰えてしまい、そして間もなく、その個別教会が普遍教会の核心から離れたように、それぞれの細胞がそこから離れていき、ついにぼろぼろになって解体してしまうというおそれがあります」（EN 64）。

12 「信仰の感覚」はカトリック教会の伝統的教えのひとつであり、第二バチカン公会議でも洗礼を受けた者の預言職として言及されている。「聖なるかたから油を注がれた信者の総体は、信仰において誤ることができない。この特性は、『司教をはじめとしてすべての信徒を含む』信者の総体が信仰と道徳のことがらについて全面的に賛同するとき、神の民全体の超自然的な信仰の感覚を通して現れる」（LG 12、傍点筆者）。PO 9も参照。

どのような場合でも、インカルチュレーションは、教会の伝承を遵守し人々の信仰を強める目的をもって、福音と相いれるものとなり、普遍教会の信仰との一致のうちに実施されるべきものです。インカルチュレーションが本物かどうかは、人々が自分たちのキリスト教信仰によりいっそう献身するようになるかどうかで分かります。インカルチュレーションは、信仰を、自分たちの文化の目でよりいっそう明確にできるようにするものだからです。（EA 22）

疎外ではない地域教会の自律は文化順応を通して多様な信仰表現を必然的に伴う。いいかえれば、各地域教会における典礼実践、教義表現、教会法の適用、教会統治、時に倫理規範でさえも柔軟に考えることを伴う。その意味では教会は今後ますます脱中央化、多元的存在様式をとることになるであろう。そして、そこに教会の普遍性がある。

しかし、脱中央化、具体的には中央と各地域教会との関係はそれほど簡単なことではない。文化の独自性と多様性をめぐり、地域教会とローマ教皇庁と間の緊張の例を「アジア特別シノドス」（一九九八年）にみることができる。

三　文化順応をめぐる緊張：アジア特別シノドス

第三の千年紀を迎える準備の一環として、ヨハネ・パウロ二世は大陸別の特別シノドス招集を発表した（ヨーロッパ、アフリカ、アメリカ、アジア、オセアニア）。アジア特別シノドスは一九九八年、バチカンにおいて開催された。シノドス事務局の準備委員会がシノドスの準備文書「提題解説」（Lineamenta）を作成し（一九九六年）、アジアの全教会に配布した。この文書に対する各教会からの回答をもとに、シノドスでの議論の材料となる「討議要綱」(Instrumentum laboris) が作成される。[13] このシノドスでは準備段階からアジアという特別に多種多様な文化を内包する大陸の福音宣教の困難さが各司教団から表明され、まさに福音と文化が中心テーマとなった。この「提題解説」に対する日本の司教団の公式回答文書は、ローマ教皇庁と日本の教会のアジアでの福音宣教観の大きな隔たりを示した。なお、「提題解説」そのものは公表されていないが、日本の司教団の公式回答は公表されている。[14] その回答から日本の教会が抱いた疑念や意見を以下に抜粋してみていく。[15]

1　テーマ設定と方法論への疑義

大陸別シノドスの招集にあたって、「アジア」を「ヨーロッパ」「アメリカ」と同じように区分すること自体すでに無理がある。このシノドスでのアジアは、西は中近東から東は日本までを指しており、あまりに多種多様な文化・言語、そして伝統的宗教が混在している地域である。ヨーロッパとアフリカをひとくくりにしてシノドスを開催するようなものであり、この区分だけでもバチカンはアジアの現実を理解していないのではない

13　シノドスとそのプロセスについては、「カトリック中央協議会ホームページ」に掲載されている。カトリック中央協議会＞公文書＞ローマ教皇庁公文書＞シノドス

14　「アジア特別シノドス報告」カトリック中央協議会、一九九八年。この報告書では「日本の教会の公式回答」は掲載されていないが、カトリック中央協議会ホームページで読むことができる。カトリック中央協議会＞公文書＞日本司教団公文書＞一九九七年＞『リネアメンタ（提題解説）』に対する日本の教会の公式回答（一九九七・七・二三）

15　以下の論述は「日本の教会の公式回答」に加え、回答文書作成準備段階で交わされた意見や要望を筆者が編集したものである。引用は「公式回答」の場合は「回答」、「提題解説」からの場合は「解説」で示した。なお、「提題解説」は日本のカトリック教会内で回覧された日本語翻訳を参考にした。

か。アジアのシノドスに西欧の方法論をもち込んでも機能しない。

「『提題解説』の質問は、西欧キリスト教の枠の内で作成されているので、質問そのものが適切ではない」（「回答」序.(2).a.）。日本の教会としてはそのような質問には回答できないという反応を示した。テーマの「彼らがいのちを豊かに得るように」（ヨハネ10・10）という文言も、「彼ら」という第三者的感覚がうかがえる。「わたしたち」という当事者として一緒に歩んでもらいたい。西欧教会は普遍教会ではなく、アジアの教会と同じようにいち地域教会である。西欧教会からアジアの教会へテコ入れを図るようなヨーロッパからみたアジアのシノドスではなく、アジアのためのアジアによるシノドスにして欲しい。考え方のインカルチュレーションが大切である。

2 イエス・キリスト理解

「『提題解説』の中には『警戒』と護教論的意図が見え隠れする。これではほかの神学的立場を紹介するときに、明らかに不公平で不適当な表現を作り出す。特に顕著なのは、キリスト論の部分である」（「回答」Ⅰ.2.(1)）。救いにおけるイエスの唯一性を強調しているが、それだけだと他宗教との対話、共生、連帯は不可能である。「イエス・キリストは道、真理、生命であるが、アジアにおいては、イエス・キリストが真理であると主張する前に、イエス・キリストがどのように道であり生命であるかということについて、もっともっと深く掘り下げる必要がある」（同上）。イエスのケノシスにならって他宗教から学ぶことが重要である。

「提題解説」は、アジアの一部ではイエス・キリストを「社会改革のリーダー、政治指導者、霊性の大家、人権擁護者、被差別階級の救助者」（「解説」23）として描写し、人間的文化的レベルにひきずり降ろしているとの懸念を示している。しかし、人はみずからの文化的枠組みの中で救い主としてのイエスを再解釈し表現を与える。それが文化順応であり、福音の文化への「受肉」である。教会が伝えるキリスト理解も、ギリシア・ローマ文化の中で教父たちが行ってきた研究にもとづく彼らの文化順応の結果であり、アジアでも同じように自分たちの民族性や宗教性についての基礎部分にもとづくキリスト理解を深める必要がある。

3　教会理解

「提題解説」に「教会はしばしば神の国、つまり神の支配と呼ばれます」（「解説」29）という表現があるが、それ以上の説明はなく、意味があいまいで誤解を招く。教会は端的な意味で神の国ではない（LG参照）。また「交わりの教会」についても述べるが、その教会論は第二バチカン公会議よりも深みに欠ける。「交わり」に比べて「奉仕」と「対話」はそれほど大切にはされていないが、アジアにおいてこの二つは生活における福音の証として非常に重要である。対話はどちらかが絶対的主張を行った時点で不可能になる。みずからの信念や確信を表明するとともに、相手への尊敬や尊重がないと成立しない。アジアではヒンズー教徒、仏教徒、イスラムが多数派であり、他にも伝統的宗教の信奉者がいる。その中で教会は「小さな群れ」、極端な少数派である。その中で、教会のミッションとして「宣言」（proclamation）だけを強調するのは不十分である。たびかさなるFABC総会で確認されたように、「他宗教に属する人々の中で宣教していく場合、他者を説得するための言葉よりも、まず弱く力のない人々の側に立ち、そのような人々への共感を示していくことこそが大切である」（「回答」Ⅰ．2．⑷）。

4　宣教理解

キリスト論や教会論にもとづくアジアの宣教理解をめぐって、「提題解説」と地域教会の認識はもっとも大きなかい離をみせている。「『提題解説』の質問には福音宣教がうまくいっているかどうかという問いがあるが、何を基準に問うているのか。洗礼数などで判断するとしたらとても危険なことだ。質問の仕方から、シノドスの開催は、本店が支店を勤務評定するためのものであるかのように感じる」（「回答」序．⑵．a．）。アジア特別シノドス開催の意義は、まるで普遍教会であるかのようにふるまうローマの教会が、地域教会であるアジアの教会を評価することではなく、アジアで生きている人々の魂のレベルで現実を「共に」みることにある。

宣教の実りとは何か。信者数の増加なのか。「提題解説」ははっきりと書く。「アジアにおける福音宣教のなかで、もっとも大きな成功をおさめたのは、フィリピンです。その功績はまずスペイン人宣教者たちに帰せられるべきです。今日、フィリピンはアジアにおける唯一のカトリック国であり、アジアのカトリック人口のほぼ半数を占めます」（「解説」10）。あまりにも古典的な宣教観である。宣教が信者数増大やカトリック国増加と同意義で、それが成功評価の基準ならば、アジアで宣教の実りを求めることはほとんど不可能である。その成功の歴史の影で何が行われたのかを教会が十分理解していて、なおかつ「成功だ」と声を大にして臆面もなくいっているのだとしたら悲しい。南米はカトリック地域になった。古い宣教観の基準では大成功した地域である。しかし、南米各地の固有の伝統文化や民族言語は現在どれだけ残っているのであろうか。教会はそこで何をしたのか、あるいはしなかったのか。領土拡大の政治的野心と手を組んで行われた宣教が現在許されると思っているのであろうか。アジアでの宣教はその意味では「実りのない」宣教である。「洗礼を受ける人が増加しにくいアジアの現実を踏まえた場合、『宣教の実りを上げるように努力してください』というSuccess Orientationでは、宣教者の意欲を奪うだけである」（「回答」I．2．⑷）。洗礼数という数量による評価ではなく、アジアの現実や人々の魂に沿ったキリスト論や教会論にもとづく新たな宣教観が必要である。「『宣教の使命にどれだけ忠実であったか』という視点からの評価が必要である」（同上）。

アジアの現実から生まれてきたある宣教観について「提題解説」は強い警戒を示す。「宗教と救いについて過激な多元論を説く見解は、教義と化したかに見えます。ときにある文化が絶対視されるなら、改宗は他者に対する暴力的対応ではないか、とみなされる場合があります。教会のミッションは神の国の諸価値、人間の解放と発展だと宣明するにすぎない、と主張する人たちもいます」（「解説」30）。宗教的多元主義という神学的立場を想定していると思われるが、これも護教論的意図から作り出された「不公平で不適当な表現」（「回答」Ｉ．2．⑴）のひとつである。多元主義をめぐる神学的議論や立場は様々あって然るべきである。しかし、「普遍教会」と「アジア」の両者へ忠実であろうと悪戦苦闘した中から生まれてきたひとつの神学・宣教観に対する尊敬はみられない。「『提題解説』では、伝統的なキリスト教神学の特徴でもある『区別』と『分離』という点が重んじられているが、東アジアの伝統は、区別することよりもやさしく包み込むことに特徴がある」（「回答」Ｉ．2．⑷）。その具体的衝突のひとつの例であろうか。

5　アジアに受肉するキリスト教を目指して

「回答」に通底するのは、「提題解説」が西欧の神学を基礎として作成されており、西欧からみたアジアについて語っているというらだちである。その神学は「キリスト者でない者の目から見ればあまりにも独善的で内向き」であり、しかも「現代の西欧神学のレベルから見ても、満足すべきものとは思われない」（「回答」Ｉ．2．⑸）。

宣教師到来はるか以前よりアジアですでに働いている聖霊の導きを認め、福音のメッセージがアジアの人々にとっても救いの言葉となることを、アジアの現実を信仰から照らすことによって明らかにする宣教が望まれている。神学的原則から出発するのではなく、アジアの人々の生活の現実（貧困、難民、移住者、障がい者、病人、女性、子ども、崩壊家庭、少数民族、被差別者など）から出発して、他宗教の人々と一緒に取り組む宣教においてこそ、福音はアジアという土地に根づき文化に受肉する。

四　ヨハネ・パウロ二世使徒的勧告『アジアにおける教会』

アジア特別シノドスでの「提言」を受けて教皇が発表したのが、使徒的勧告『アジアにおける教会』（一九九九年）である。文化の独自性と多様性をめぐるローマ教皇庁と地域教会の緊張の例としてアジア特別シノドスを取り上げたので、対立事項ばかりを扱う結果になったが、アジアの声はこの勧告にそれなりに反映されている。アジアの宗教的・文化的状況、経済的・社会的現実、政治的現実の中で教会が直面する困難さについて一定の理解と共感を示している。また、アジアの緊急の課題としての人間性の回復と促進に強い関心をもち、教会がその問題に貢献するよう励ます姿勢には勇気づけられるであろう。しかし、やはりアジアにおける教会、そしてキリスト教の文化順応の最大の課題は「イエス・キリストの唯一性」につきる。勧告もそれを率直に認めている。

シノドスを準備する審議の間も、多くのアジアの司教は、唯一の救い主としてイエスを告げ知らせることの難しさに言及しました。シノドスの最中、その困難さは次のように表明されました。「アジアの偉大な諸宗教の信者にとって、イエスを、神や絶対者の現れの一つとして、あるいは一人の『照らしを受けた者』として受け入れることには問題がありません。しかし、彼らにとって、イエスだけが神の唯一の現れだとみなすことは難しいのです」。実際、唯一の救い主であるイエスに対する信仰のたまものを分かち合うことは、とくに文化的な価値観や特別な世界観と深く絡み合っているアジアの偉大な諸宗教の信仰形態を考

えると、哲学的、文化的、神学的に困難だということが分かります。（EA 20）

救いにおけるイエスの唯一性・独自性はキリスト教信仰の本質に属する事柄であり、文化に属する問題ではない。福音と文化を同一視することができないと公文書が繰り返すのも（EN 20, EA 21 参照）、文化順応は福音の骨抜きでもなければ変質化でもないからである。一方、伝統的な世界宗教が誕生した地域であり、キリスト教が外来の新参者とみられるアジアにおいては、イエスの唯一性の主張は排他的・独善的ととられる。さらに区分や分離を特徴とする思考方法のもと成立した神学教義は、寛容と尊重、包摂を特徴とする思考法のアジアの土壌では排他的すぎる。教会の神学的教義と、自分たちがアジア人であるということとの両方に誠実であろうとする人々は、どのようにイエスを唯一の救い主と提示するのか、アジアの文化順応の最大の困難はこの司牧的かつ神学的現実につきる。

「信仰の感覚」を大切にしながらアジアの教会全体の問題を研究するよう、シノドスはアジアの神学者、特にキリスト論の分野で献身している神学者を励ます。「アジアにおいてイエスの顔を紹介するには、教会は、まったく新しい思いもかけない方法を開発しなければならない」（EA 20）。そのために、アジアの司教たちがたびたび言及した聖霊の働きに注目するのは、ひとつの大きな突破口となろう。「シノドスにおいて、アジアにおけるキリスト教信仰のインカルチュレーションの第一の働き手は聖霊であると、たびたび言われたことを思い起こすことはふさわしいでしょう」（EA 21）。人間イエスの民族性や文化の内に、そしてそれらを越えて働く聖霊は、異なった宗教的価値との実りある対話を可能にする。

このシノドスにおける福音と文化をめぐる中央と地方の緊張は、歴史的に普遍性を画一性とみてきた西洋の伝統と、多様な文化・宗教・価値観を含むアジアの現実との緊張でもある。アジアの司教たちは当事者として

「アジアのキリスト教」（Asian Christianity）、「アジアの教会」（Asian Church）、「アジアのキリスト者」（Asian Christian）を目指したが、教皇庁はアジアに植えられた不変の教会というスタンスを崩さなかった。それは使徒的勧告のタイトルにあらわれている。「アジアにおける教会（The Church in Asia）」である。[16] 教会と文化の問題はその誕生時から現在にいたるまで、そしてこれからも教会が真摯に直面し続けなければならない永遠の課題である。

五　歩み出す新しい福音宣教：第一三回シノドス

教会と文化の問題は文化順応という言葉に代表されるよう、福音が文化にどのように受肉（具体化）するのかが問われる。二十一世紀に入り、世界はあらゆる分野で相互依存・相互影響を強めている。文化もその影響から免れることはできない。人と社会が変われば文化もそれに合わせて変化する。逆も真なりで、文化が変えられるにつれ、人と社会もそれによって変えられる。この意味で福音化と文化順応は双方向の関連作用である。

二十一世紀に入り現在まで、カトリック教会が福音化を直接テーマとしたものとしては、第一三回通常シノドス（二〇一二年）と、そのシノドスを受けて発表された教皇フランシスコの使徒的勧告『福音の喜び』があげられる。[17]

1　テーマ設定と背景

第一三回シノドスのテーマは「キリスト教信仰を伝えるための新しい福音宣教」である。このシノドスでは、劇的なスピードで変化をとげる世界において、従来の世界観と宣教観では立ちいかない現実の認識から出発している。その現実のひとつは、従来のキリスト教国で顕著な現象となっている世俗化とそれに伴う教会離れである。かつてキリスト教国とみなされていた国々では洗礼を受けていても宗教的実践を伴わない生活をしている人々が大幅に増え、召命も激減している。キリスト教国から宣教師を非キリスト教文化圏に派遣するという図式は崩壊し、かつて宣教国といわれた国々から旧キリスト教国へ宣教師が派遣されている。アフリカの教会の成長は著しく、欧米でも日本でもアフリカ系宣教師の姿は珍しくなった。それはまた文化の逆流入を意味する。文化が世界規模で混じりあっている。文化と社会の大きな変化のさなかで、教会の宣教モデルの見直しが迫られている。

このシノドスでは福音宣教の対象として三つの領域を改めて確認した。一）司牧の領域に属する人々（なんらかの意味で教会に帰属意識をもっている人々）、二）洗礼を受けてはいるが洗礼の要求することを実行していない人々（キリスト教や教会に帰属意識や関心がない人々）、三）イエス・キリストを知らない人、あるいは拒んでいる人（「提言」7参照）。この三つの対象領域はパウロ六世の文書にもみられるが（EN 51-56参照）、それから四〇年経っても教会の課題として認識されている。が、現実はそれほど単純ではない。一番目と二番目の境界線はそれほど明確ではなく、実際には両方を行き来している人は実に多い。また二番目の領域に属する人口はま

16　このシノドスで常に隠れたテーマとなっていたキリスト論的葛藤を反映してか、勧告では全七章の内、第二章と第四章がイエスについての論述に割かれている。バチカンがこの問題に神経を使っているのが分かる。

17　『世界代表司教会議第13回通常総会報告―キリスト教信仰を伝えるための新しい福音宣教』カトリック中央協議会、二〇一三年。ホームページでの閲覧は脚注15の手順を参照。フランシスコ使徒的勧告『福音の喜び』（二〇一四年発表）、カトリック中央協議会、二〇一四年。略記はEG。邦訳引用の一部を筆者訳に変更した。
なお、このシノドスの準備と開催はベネディクト十六世主導のもとで行われたが、シノドスを受けて発表された勧告はフランシスコによるという点を考慮する必要がある。

すます増加していて、その形態もさらに複雑化している。実践的無神論者という言葉が使われるが（実際には無宗教者）、一方、実践的有神論者もいる。

2　新しい概念

このシノドスで繰り返し用いられた「異邦人の中庭」(Courtyard of Gentiles)[18]という言葉は注目に値する。「神殿はすべての国の人の祈りの家にならなければならない」（イザヤ56：7、マルコ11・17参照）というイエスの言葉から、異邦人が自由に祈りを捧げられる空間、いわば遠くから神を知るにすぎない人々の礼拝の場を指す言葉である。彼らにとって神は「知られざる神」（使徒言行録17・23参照）であっても、このような空間と場で、あいまいな形だとしてもまことの神に触れている。教会は現代において一種の「異邦人の中庭」の機能をもつ必要があるという主張である。「異邦人の中庭」は当然、異邦人たちが入りやすい空間にする必要がある。「現代において、諸宗教対話だけでなく、宗教と疎遠となり、神を知らないにもかかわらず、単なる神々では満足できず、たとえ知られざるかたであっても、神に近づきたいと望む人々と対話しなければなりません」（「提題解説」5、「提言」55も参照）。

科学技術が発展し、教会離れが顕著になろうとも、それは人々の超越への希求、人生の意味への探求が希薄になったことを意味しない。むしろ、表面的で安易な言葉で語られる宗教や新宗教に飛びつく若い人々は多く、現代の大きな問題のひとつとして指摘されているほどである（「提題」6参照）[19]。「異邦人の中庭」で人々は対話し、人生の意味や憧れについて個人的な経験を分かち合い、そこでイエス・キリストの神との個人的な出会いが無償で与えられる。多くの人々、特に若い人々にはこのような場が必要である。現代の発達した新しいメディア文化は、「異邦人の中庭」をメディア社会の中に作り出すことも可能にしている。パウロがアテネのアレオパゴスで人々と語ったように、教会は「新しいアレオパゴス」に向かって出て行き、「異邦人の中庭」へと人々を招き入れる新しい福音宣教が必要である（「提題」6、「提言」55参照）。

このシノドスで用いられた「ヒューマン・エコロジー」[20]という用語も新しい概念である（『提題解説』21）。この言葉は、ヨハネ・パウロ二世が自然環境の破壊は人的環境の破壊となるのでエコロジーは人間的課題であるという意味で用いた。ベネディクト十六世はこの用語を「人間の人格に基づく環境保護」ともいうべき概念に発展させて用いている。地球環境保護（エコロジー）の観点を人間の道徳的方向性に援用し、人間が神によって創造された目的に到達できるよう全人的発展の意味で用いる。この用語は「提言」では使用されていないが、これからの福音宣教を考える際、重要な概念である。ヒューマン・エコロジー実践の大切な場が家庭と教育である。そして家庭と教育はまさに文化を通じた信仰を伝える場である。この二つの場の重要性は何度も繰り返される（「提言」27、48他[21]）。

人は家庭において、真理と善に関する最初の概念を形成し、愛することと愛されることの意味を学び、人間とは何かを学ぶ。こうして家庭はヒューマン・エコロジーの第一の基本的な組織となる。また、キリスト教共同体は歴史的に教育活動を大切にしてきた。それは要理を教えるだけの教育機関ではなく、神の被造物が作り

18　ベネディクト十六世の示唆によって使用されるようになった言葉。いかなる宗教の信仰をも告白していないが、生活の中で見知らぬかたとして神に近づくことを望む人々が、文化的交流を通して相互に刺激し合う場を指す。

19　教皇庁文化評議会・教皇庁諸宗教対話評議会『ニューエイジについてのキリスト教的考察』（二〇〇三年発表）、カトリック中央協議会、二〇〇七年。

20　ヨハネ・パウロ二世回勅『新しい課題』（一九九一年発表）、カトリック中央協議会、一九九一年、38－39。ベネディクト十六世回勅『真理に根ざした愛』（二〇〇九年発表）、カトリック中央協議会、二〇一一年、51。

21　教会は「家庭と福音宣教」が重要かつ緊急の課題であるとして、このテーマで第三回特別シノドスの招集を二〇一三年に発表した。二〇一四年は臨時総会で問題の所在を明らかにし、二〇一五年の通常総会で司牧のガイドライン作成の予定である。

上げた豊かな文化を通じて真理に到達する教育伝統である。カトリック教育機関は、諸文化や社会における知識や知見を発展させることによってその役割を果たしてきた。教会は教育と文化にかかわることによって人間の尊厳と可能性に触れる機会をつくり、キリスト教を実践する人にも、神を問い探究する人にも神の招きを体験させる。このように、ヒューマン・エコロジーを目指すカトリック教育機関は人々に語りかける現代の「新しいアレオパゴス」になり、日常生活において神を漠として求める「異邦人の中庭」となる。

このシノドスの福音宣教観は、それ以前のものとは異なる。シノドス以前では、福音宣教の相手が誰であれ唯一の救い主イエス・キリストの「告知」という姿勢が前面にでていたが、このシノドスでは福音宣教の目的は人がキリストと「出会う」という点に強調を置いている。福音は単に福音書ないし一連の教えの体系のことをいうのではない。信仰箇条や道徳的掟の体系でもなければ、政治的計画でもない。福音とは、イエス・キリストそのものである。それゆえ、「信仰の伝達の目的は、聖霊のうちに、イエス・キリストと個人的に出会うことであり、そこから、イエス・キリストの父であり、わたしたちの父であるかたを経験させることです」(「提題解説」11)。イエスとの人格的な出会いは福音との出会いであり、それが福音宣教である。教会はその条件を作ることである。教会やカトリック教育機関は、一人ひとりがイエス・キリストと個人的に出会うための場「異邦人の中庭」であるというミッションの重要性を現代において改めて自覚する必要があろう[22]。この宣教観の変化も、文化や社会の変化に伴う教会の文化順応の結果である。

六　教皇フランシスコ使徒的勧告『福音の喜び』

福音宣教とは何かという問いに対し、第一義的に信者数増加を目指すカトリック教勢の地理的数量的拡大という考えは現在支持されないだろう。[23] 第二バチカン公会議後の教会では、福音と文化の関係に注目し「福音宣教とは文化の福音化である」という考えが教会公文書によくみられる。それは現代でも変わらないが、最近は文化に加えて社会的観点が福音宣教理解に大きな要素を占めるようになってきている。福音が文化に受肉するように、社会は文化と切り離せない。文化が社会を造ると同時に、文化は社会の反映でもある。教会と社会の関係については次章でみていく。ここでは、「新しい福音宣教」を目指す指針として発表されたフランシスコの勧告における福音と文化の関係を教会がどのようにみているのかを探る。

1　多様性と調和

「信仰の遺産と、それを説明する方法は別物である」（41）。第二バチカン公会議でヨハネ二三世が語った言葉が引用されているように、この勧告では福音が多様な文化のもと異なる表現をとることは当然の前提となっている。また、啓示による真理は一つでも、それを伝える教義や道徳、また教会の教えには秩序がある。第二バチカン公会議の教えのひとつである「諸真理の順位」である（UR 11）。各々の真理はキリスト教メッセージ全体の中で位置づけられることによって、メッセージの理解はより深まる（39）。秩序と順位は調和の中でそれぞれの位置をもつ。現代の文化の急激かつ大規模な変化の中で、変わることのない真理を伝えるためにこそ、

22　福音宣教における救い主イエスの告知の重要性を喚起する文書も教理省は公にしている。そこでは、福音宣教は単に正義、自由、平和、連帯を目指す社会の構築に還元されてはならず、救い主イエスの告知と教会へ招きいれることを伴うと主張される。次を参照。教皇庁教理省「教理に関する覚書—福音宣教に関するいくつかの側面について」二〇〇七年。カトリック中央協議会ホームページで閲覧可。

23　教勢の地理的数量的把握は教会の自己評価や自己認識のために必要であり、教会組織の統治運営上、把握しておかなければならない指標である。

調和の中でさらなる新しい表現言語が求められる。真理の表現は様々な形をとるからである。

すべての人によって守られ、いっさいのニュアンスの違いもないような一枚岩の教理の体系を望む人にとって、表現の多様性は混乱をもたらすだけかもしれない。正統信仰の表明にもかかわらず、それが自分たちの普段の言語表現と異なると、イエス・キリストの真の福音とは違うとして、拒否することも起こりうる。しかし、その異なる言語表現や理解は福音のメッセージの内に位置づけられれば、それは福音の無尽蔵の豊かさの反映であり教会の宝となる（40－41）。フランシスコは明言する。「すべての人に簡単に理解させ容易に受け入れられるような教えをもつことはこれからも不可能であろう」（42）と。それは識別を伴う。歴史のある時代の中でしっかりと根づいていた福音の表現が、かつてと同じ伝達機能を果たせなくなる時がある。「教会には、かつては非常に効果的だったものの、もはや生活を導くものとしての教育的効果を失ってしまった規則やおきてがあります」（43）。教育効果を失った教会の教えは人々を自由にするものではなく、奴隷としてしばりつけるものになってしまう。

以上の前提は、表現の新しさはあっても内容的には第二バチカン公会議からいわれ続けてきたことである。それをいまだに前提として提示しなければならない教会の現実がある。福音宣教は常に言語表現と状況の限界の中で行われる。それゆえ、たえざるチャレンジを同時代から受け、それに応えられなくなった教えや言語表現は消滅していくだけである。せいぜい博物館のミイラのように展示され眺められて終わるだけだろう。そして、フランシスコは実際にミイラになりかかっている教会の教えに危惧を覚えているのである。

2　信仰が根を下ろす文化の課題

グローバル化は個人主義、物質主義、効率優先主義を社会に蔓延させ、人々を孤立させる。また、信仰が根を下ろす場である文化そのものの根源を傷つける。ある原理だけを過度に単純肥大化して提示する原理主義的思想が人々の心の隙間に入り込んでくる（63）。世俗化は客観的規範や真理を認めない相対主義を生みだし、自由と無責任、個人的嗜好（好き嫌い）と真理をはきちがえる風潮を生みだす。「各人が自分の主観的な真理だけを主張したがるような文化では、市民が個人の利益と願望を乗り越えて、共通の目標に参与することが難しくなる」（61）。このような風潮は教会や信仰のプライベート化をますます加速させている。家庭もまた、「他の共同体や社会的きずなと同様、文化上の深刻な危機に直面」している（66）。

3　文化の福音化

このような社会や文化において福音をどのように根づかせるか。やはり、ここで従来の主張が繰り返される。「文化の福音化」。福音化された文化は、現代の世俗主義に対峙することができる。福音にはキリスト教ヒューマニズムにもとづく価値があり、それは人々を兄弟姉妹として連帯させる力をもつ。

「恵みは文化を想定し、神からのたまものはそれを受け取る人の文化の中に受肉する」（115）。キリスト教は文化様式を通じて人々に伝えられてきた。「福音が文化と出会うと、聖霊は福音の造り変える力によってその文化をより豊かにする」（116）。しかし、福音はただひとつの文化様式だけにとどまらず、出会った文化から新しい顔を与えられ、新たな衣をまとう。イザヤ（61・10）を引用して「宝石で飾られた花嫁」にたとえる。多種多様な豊かさを生みだす聖霊は同時に一致を築く。この一致は画一性ではなく多様性の調和である（117）。しかし、また特定の文化に固執するとその一致と調和は破壊される。この識別を導くのが「信仰の感覚」である（119）。

また文化は常に動的である。民族固有の文化は親から子へ、そしてまたその次世代へと、その時々の周辺環境の影響のもと変容され、創造され、伝達される。それゆえ福音のメッセージを受け入れた文化内でも、それが伝達される際に新しい形式をとる。その意味で、福音が同じ文化の中で世代から世代へと伝達される際、受容する世代の中で文化順応を繰り返す。その文化順応の導き手は第一義的には聖霊であり、人々は「信仰の感覚」でそれを識別する。そこで民間信仰（popular piety）の重要性が語られる。

4 民間信心

「民間信心を見れば、受け入れられた信仰がどのように文化に組み込まれ、伝えられているのかがわかります」(123)。教会が根づきそれなりの歴史を有している地域において、地元の文化と結びついた神探求と信仰表現の慣習が民衆の間にみられ、それを民間信心と呼んでいる。パウロ六世がこの民間信心を福音宣教との関連で取り上げた。このような宗教的習慣は不純なものとして不信な日でみられたこともあり、実際に迷信や誤謬が混じりこむ危険性もあることを指摘した上で、「素朴で貧しい人々のみが知りうる、ある神への渇きを示し」、「徳の頂点に至らせる力を与え」、「神のいい難い属性—神の父性、摂理、好意ある恒常的な愛の現存—が知覚されうる鋭い感覚をもたらす」（EN 48）と肯定する。正しい指導のもとであればこの信仰心はイエスとの出会いに大きく寄与すると、一定の範囲で認めている。

フランシスコはパウロ六世よりさらに高い評価を民間信心に与える。民間信心は、理詰めの説明ではなく、象徴（シンボル）によって信仰内容をより力強く直接的に表現する。この信仰心は「小さな人々の文化に受肉した霊性」であり、人から聞かされた神のことを信じる（credere Deum）のではなく、みずから出会った神を信じる（credere in Deum）のである（EG 124）。巡礼や民間の信心業に子どもや知り合いと連れ立って参加することは、それ自体福音宣教だと述べる。フランシスコの司牧的センスが垣間見られる着眼点である。「信仰宣言の信仰箇条をそれほど知らなくても、病気の子どものベッドの足元で熱心にロザリオをくる母親」、「マリアの助けを求めて、質素な家にともされたろうそくに心からの希望を寄せる人々」、「十字架のキリスト像に親しみを込めたまなざしを向ける人々」の信心は、彼らの素朴な日常での文化順応の歩みであり、学ぶべきところが多い。それは神がなにものなのかを改めて問い直す場（locus theologicus）であり、そこから新しい福音宣教の大きな示唆を教会は得る（EG 125-6）。

このような民衆文化と結合した信心は福音の実りであり、人々の間に浸透し、無視できない福音化の活力をもつ。一神教の構造をもつキリスト教が、アニミズム、汎神論、コスミック、自然崇拝の文化的土壌に入っていく時、それらの影響は避けられない。各民族の神話やいい伝えやシンボルと結合し、その地域限定の民間信心として広まることもあれば、全キリスト教の典礼にまで発展するケースもある。初期キリスト教においても当時のローマ帝国の宗教潮流（ギリシア・ローマ神話やミトラ教など）の影響のもとに発展し現在まで教会の中心的典礼として伝えられてきた慣習もあれば、その後の宣教先のケルトやゲルマンなどの霊性文化との出会いから発展してきたものも少なくない。そもそもキリスト教の母体となったユダヤ教も宗教としての成立過程において周辺の宗教文化（神話、いい伝え、シンボルなど）の影響を強く受けている。宗教が文化の衣をまとって存在している以上、外部からの影響を受けない純粋無垢な宗教などは存在せず、宗教は程度の差こそあれ、すべて混合と習合の産物である。宗教は「無からの創造」ではない。文化順応（インカルチュレーション）はある種の宗教混合主義（シンクレティズム）である。教会は二つの言葉を注意深く使い分けるが、それは、前者は福音が文化に入っていきそこに受肉するが、後者は福音が入っていった先の文化に吸収されて変質・消滅してしまうという意味においてである。確かに民衆の霊性文化に順応・混合する時には迷信や誤謬が侵入しやすいし、それはいとも簡単に広まり影響力をもち教会の脅威になる。そこに教会教導職は危険性を感じ取っていた。しかし、健全な順応・混合を見分けるのもまた神の民の信仰の感覚である。「民の声は神の声」（vox populi vox Dei）は民衆の知恵のあらわれである。

ある宗教が文化と出会い順応・混合プロセスを継続していくのは、その宗教が人々の中で生きている証拠でもある。死んだ宗教はなんの反応も起こせない。現代のカトリック教会でも民間信心は活発であり、新たな信心が生まれている。教会が生きている証である。民間信心は教導職が造り命令するものではなく、民衆の間から生まれてくるものである。福音が根づき一定の歴史を経た文化・社会（いわゆるキリスト教圏）では、そこで生きる人々の日常生活（人、もの、価値、行動様式、デザイン、場所、土地、時間など）にキリスト教シンボルが網の目のようにはりめぐらされている。この中で人々は意識することもなく福音に触れ、神と出会う。このようにシンボルを通じて伝達される民間信心は、実にパワフルな信仰伝達の装置なのである。逆に、キリスト教の民間信心がみられない地域は、キリスト教がまだ外来者であり新参者ということである。

5　新しい福音宣教

第二バチカン公会議で教会が打ち出した刷新の大胆さは多くの人を驚かせたが、その実行となると多くの人をいらだたせた。二千年の歴史を有する巨大組織の方向転換がそう簡単にいかないことは理解しなければならない。公会議の解釈をめぐって混乱した時期も続いた。公会議後の教導職は公会議の路線を踏襲しつつも、刷新の行き過ぎに警戒・注意し、どちらかといえば混乱をさけるあまり慎重になりすぎたきらいがある。特に福音と文化という宣教の根本にかかわる部分において、護教的姿勢をとり戸惑いすらみせていた。先にみたアジア特別シノドスのキリスト論的葛藤はそのひとつの例であろう。

しかし二十一世紀に入りグローバル化をはじめとする世界・文化・社会の大変革は予想もしない事態と速度

で進み、教会と世界の距離が再び離れつつあったタイミングで、フランシスコが教皇に選ばれた。「新しい福音宣教」をテーマにした第一三回通常シノドスやそれを受けた使徒的勧告では、イエスの唯一性の主張はほとんどみられず、イエスとの「出会い」の重要性が繰り返し語られる。イエスとの「出会い」を仲介する教会はカテキズムや教育一般を通じて何ができるのか、また社会との関わりで何をすべきなのかという論点に集中している。イエスの唯一性の主張を放棄したわけではないが、福音宣教の最終目標を洗礼数増加など教勢拡大ではなくイエス体験をいかに伝え、文化や社会を福音化していくという方向に舵を切っている。名を捨てて実をとった、というのはいい過ぎであろうか。フランシスコは刷新のアクセルを踏み込み、変革のスピードをあげている。時のしるしを真剣に読もうとしている。読むために人々のところへ出て行く教会の姿を何度も強調する。「出向いて行きましょう。……わたしは、出て行ったことで傷つけられ、痛みを負い、よごれた教会のほうが好きです。閉じこもり、自分の安全地帯にしがみついている病んだ教会よりも好きです」（EG 49）。彼は失敗を恐れない。むしろ、失敗を恐れるあまり、既存の構造、習慣、裁きに安住しつつ「復活なしの四旬節を過ごす」ことのほうを彼は恐れる。福音の喜びが消えうせることはないという確信をもっているからなのであろう。

教会と文化：永遠の課題

文化順応は教会の活力の源である。教会は文化の中から誕生し、文化と共に存在し、文化を通じて福音化というミッションを果たしていく。文化が多様であるように、教会組織も多様なあり方をとり、各文化との対話の内にみずからを地域において実現していく。聖霊降臨時に人々が「あらゆる言語を話すのを聞いた」ように、聖霊は多様性、多数性、多重性を生みだす。と同時にそれらの融和と一致を実現させる。教会の伝統は、福音が異なる文化と結合し、またそこから生みだされた一連の各地域神学の集合体ともいえる。キリスト理解の歴史にはアレキサンドリア学派とアンティオケイア学派、アウグスティヌスとトマスなど実に多様な神学が刻まれており、ひとつの同じキリスト教信仰は現在もローマ典礼だけではなくアルメニア、コプト、シリア、カルデアなど東方典礼を通じても祝われる。多様性を恐れる必要はなく、私たち自身がその子孫である。

しかし、多様性はまたもろい。人が多様性を認めず、尊重せず、排他的自己中心性にとじこもると、たちまち分裂が生じる。自分と同じ画一性・同質性をおしつけることになり、聖霊の自由で豊かな働きを封じ込めてしまう。各地域教会の独自性・固有性は聖霊の働きの実りであり、教会の普遍性の証である。教会が文化とどのようにかかわっていくのか。みずからのアイデンティティを保持しつつ、「着飾った花嫁」のようにそれぞれの文化の美をまとってキリストの光を輝かせていくミッションは、終わることのないプロセスであり課題である。

第一〇章 教会と社会

教会は常に社会的組織として存在してきた。社会の中で、社会とかかわり、社会と共に、そのアイデンティティを育み、維持してきた。教会論の歴史をみると、教会の自己理解を含む教理論争、典礼や倫理などの信仰生活の実践、ミッションの中心に位置づけられる宣教にかかわる議論や決定、また教会存続や周辺社会との利害関係についての発言や論考はいつの時代にもみられる。社会的弱者へのまなざしや奉仕も愛徳のわざの一環としてキリスト教信仰の最初期から伝統的に大切にされてきたが、個人や有志団体のレベルの実践にとどまっていた。しかし、教導職が教会と社会との関係をミッションの不可欠な側面として位置づけ発言するようになったのは、実はここ一〇〇年あまりのことである。福音の観点から社会分析を行い、社会問題についての論考や勧告を含む教導職による教えを教会の「社会教説」(social teaching) という。[1] レオ十三世回勅『レールム・ノヴァルム』(一八九一年) が最初の社会教説といわれ、第二バチカン公会議の『現代世界憲章』は、まさに教会と社会を中心テーマとして

1 教皇庁正義と平和評議会『教会の社会教説綱要』マイケル・シーゲル訳、カトリック中央協議会、二〇〇九年。以下、「綱要」と略。レオ十三世以降のカトリック教会の社会教説を包括的かつ体系的にまとめている。原文はイタリア語だが、英語、フランス語、スペイン語訳も公式文書である。英語のタイトルは次の通りでバチカンのサイトで閲覧可能。Pontifical Council for Justice and Peace, *Compendium of the Social Doctrine of the Church*, 2004.

扱っている。近現代の教皇たちや教皇庁も、社会教説を発言や文書発表という形で繰り返している。

神はすべてのものの創造主であり、特に人は「神の像」（創世記1・27）として創造された。神はご自分が創造されたすべてのものを愛し慈しむと福音は語り、イエスの生涯はその証であるとキリスト教信仰は伝える。神の似姿として創造された人間の尊厳は神に由来し、それゆえ聖性とかかわる。神は聖なる存在だからである。そして教会は次のように教える。聖性の創始者また完成者であるキリストは、「自分のすべての、また一人ひとりの弟子に、いかなる生活条件にあっても、生活の聖性を追求すべきことを教え」た（LG 40）。「教会のこの聖性は、信者の中に輝く霊の恵みの果実」である（LG 39）。聖性を汚すのは罪である。人は誰でも罪人《つみびと》でありながら聖霊によって聖性へと招かれている。そして人が社会的存在である以上、聖性もまた社会生活において輝く。「聖なる教会」が神の聖性の「しるし」となり「道具」となるには、社会との関係を抜きにしてはありえない。聖性は主観的・個人的所有物ではなく、常に共同体の中で間主体的に見出されるものだからである。本章では教会と社会の関係を、教会の属性のひとつ「聖」を念頭に置きつつみていく。

一　神の創造と社会：罪と恵みが交錯する場

1　社会の福音化

人は文化的存在であると同時に社会的存在である。人はみずからの選択に先立って投げ込まれた社会からよいものも悪いものも受けとって自己となり、アイデンティティを形成する。また社会へ参与することを通じて自己理解を不断に展開していく。社会は人間存在を構成する不可欠な次元であり、その意味で社会は人間を規定する。しかし一方では、個々人の社会参加が社会に影響を与える。日常生活から社会変革のレベルまで、その力は人間の自由に由来する。つまり、社会は人間を規定するが、社会を構成し形成する人間はみずからの自己超越性によって既存の社会に縛られるだけではない。人間は自由にもとづく社会参加を通して社会を形成する構成要素なのである。人間と社会は双方向で影響を与え合う分かちがたい関係である。

ここでいう「社会」は社会の現象一般を指す。文化について日常的に考えないという人はいても、日々の労働や賃金、住居や食料、治安などの生活防衛、人生設計やそれに関連する社会システムを考えない人はいない。わたしたちが日常的に生活を送る社会は、それだけ身近であり、直接かかわっている。教会が社会とかかわり、みずからの発言や行動の基準とするのは福音である。それゆえ、「全人類の救いのための秘跡」としての教会のミッションは、人間存在を構成する社会的次元の福音化を含む。

社会の福音化を考える際、社会を構成する人間の福音化がまず主題となる。しかし、まず個人が福音化され、福音化された個人によって構成される社会が結果的に福音化されるわけではない。前述した通り、人間の存在自体、社会の中にあって社会の価値観のもとに置かれている。つまり、社会の福音化と個人の福音化は明確に分離されて進むプロセスではなく、区別はされるが分離しえないひとつのプロセスとして進んでいく。

福音化のプロセスにおいて、避けて通ることができないのが罪の問題である。罪は、神の創造の秩序の破壊・反逆として、人間個人の内にも社会的次元においても強烈に作用し、もはや人間本質の抜きがたい構成要素であるかのように体験される。キリスト教の原罪や罪に関する教えも、罪から逃れ難い人間のみじめさを繰り返し語る。聖人も例外ではない。善をなそうとしてもそれを実行できない自分自身をパウロは嘆く。「わたしはなんと惨めな人間なのでしょう」（ローマ７・24）。善をなそうという意志はあっても、それを実行できない。このパウロは「五体の内にある罪の法則のとりこ」（同上23）になっていることを痛いほど自覚している。このパウロの叫びはすべての人間の叫びでもある。しかし一方で、「罪が増したところには、恵みはなおいっそう満ちあふれる」（同上５・20）。イエス・キリストによる神の救い、つまり神からの恵みは罪にまさるという確信こそが、キリスト教信仰の根本的メッセージである。だからこそ、救いの普遍的秘跡である教会は神の恵みの仲介として、社会の福音化をミッションとして自覚するのである。

２　罪とは

旧約聖書によると、罪は神の創造とかかわる。神は世界を「善いもの」として創造したが、聖書は原初の人間が犯した最初の罪（堕罪）について物語る。人間は「善きもの」（義の状態）として創造されたにもかかわらず、神の意志から離反し反逆した。この創造の秩序に対する人間の自由意志にもとづく破壊行為が罪である。そしてキリスト教は、罪の支配下にある人間の状態（原罪）が子孫にも継承され、人間にダメージを与え続けると教える。人間はその状態からの救いを必要とするが、自力でその罪の力と結果（罪過）から逃れることはできない[2]。罪の支配下にある人間の状態は創造された際の本来の姿ではない。人間だけではなく神の被造物も滅びへの隷属のもとにある（ローマ８・19－22）。罪はまぎれもない現実である。イエス・キリストの仲介による神からの救いによって、人間は造られた目的へ到達し終末の救いへと招き入れられる。救いは罪からの解放であり、神に向けられた解放として体験される。この解放が神からの恵みによる救いである。罪があらわれるところに恵みもあらわれる。逆にいえば、恵みは常に罪を背景として体験される。

３　悪と罪

キリスト教の罪理解は創造信仰に由来する。善きものとして創造された世界秩序は、人間の自由の乱用によって破壊された。つまり、罪は「あるべきものがあるべきではない」状態に陥ること（堕落）であり、恵みはそれを「あるべき姿」へと回復させる神からの力である。そして創造の秩序にもとづく「あるべき姿」が救いの状態である。ここで確認しなければならないのは「悪」と「罪」との関係である。悪の問題は宗教的にも哲学的にも根本的主題のひとつとして問われ続けてきた。特に創造信仰を基底とするキリスト教信仰にとって、「なぜ悪が存在するのか」という問いはまったき善である神存在の議論と深くかかわる。[3] ここで悪の問題について立ち入ることはできないが、キリスト教の悪理解についての二つの根本的点を押さえておく。一つ目は、悪は神に由来しない。悪の原因は神ではなく被造物側にある。キリスト教は徹底的な一元論である。悪の原理なるものは認めない。二つ目は、神は悪に打ち負かされることはない。創造主である神は悪の勢力を凌駕し、終末において完全にそれを打倒し、みずからが全世界を支配する。以上の二点を軸にアウグスティヌスやトマスなど歴史上の神学者が悪の問題について論じている。しかし、それでも悪は神との関係でいえば神秘のままとどまる。なぜなら、どうして全能の神が悪の存在をこの世に許しているのか、その問いに誰も回答することはできない。

アウグスティヌスは悪を「善の欠如」と定義づけた。[4] 創造信仰に従えば存在はそもそも善である。その存

2　カール・ラーナー『キリスト教とは何か』百瀬文晃訳、エンデルレ書店、一九八一年、119～153頁。第三課程「罪過におびやかされた存在としての人間」。「われわれ自身が、他に転嫁しえない自分自身の自由を、罪過の客体化によって規定されている状況の中で、主体的に遂行せねばならないのである、と。しかも、この罪過の規定はいかにもしても免れがたく、恒常的にわれわれの状況に所属しているのである、と」（147頁）。ラーナーは、バナナの売買を例にあげる。購入したバナナの背後には、バナナ生産者の惨めな労働環境、社会的な不正や搾取、そのバナナ生産にいたるまでの数百年にわたる不正な商業政策が存在するが、バナナ購入者はその行為を通じてバナナの背後にある人間の罪過に参与し、自己の利益とする。バナナの流通に伴う罪過は購入者個人の責任に帰すことはできないが、購入者は人間がもたらした罪過に確かに参与している。

3　神義論といわれる。ヨブ記は直接この問題を扱っている。

4　アウグスティヌス「信仰・希望・愛（エンキリディオン）」赤木善光訳『アウグスティヌス著作集4』教文館、一九七九年、I．2．1－6．

在秩序の乱れや混乱が悪を生む。それゆえ、哲学的には悪は存在の欠如と定義される。これはキリスト教的形而上学の一貫した主張である。悪は有害な結果から遡及的に理解される。天変地異が起こり、その結果家族や知人が死ねば、その現象は悪い出来事とみなされる。しかし、もしこの天変地異が大昔に起こったもので、現代の人々を魅了するような絶景を形成したとすれば、それは「自然の営み」とか「自然の造形美」とさえ表現され、悪とはみなされない。たとえ、その自然の営みの犠牲者と思われる人々の遺骨が現代に発見されたとしても。

形而上学的に悪は存在の欠如だとしても、神学的に問題となるのはその欠如がなぜ起きるのか（原因）、そしてその結果もたらされる存在の秩序の混乱・破壊である。いいかえれば、神はなぜ欠如の発生を許し、その結果の創造の秩序の混乱をそのままにしておくのか、である。ここに人間の「自由」がかかわってくる。罪は人間の自由にもとづく決断と行為の結果である。自由は人格的存在のみに備わる。そして罪は自由に付随する。原罪によって人間の自由は利己主義によって束縛されており、自由の自然的傾向は他者を自己のために利用しようと向かう。利他的愛ではなく他者を自分に従わせ、無価値な物のように扱い、傷つける。人間は自由の利己的使用によって罪を犯し、その結果としてみずからのあるべき自由の姿をさらに束縛する。罪は人間の自由の不正な行使であり、罪過はその結果である。自由のないところに罪は発生しない。

多くの場合、悪は罪と重なる。悪意にもとづく悪行は人間の自発的行為ゆえに罪である。先の例でいえば、天災による家族の突然の喪失は悪い悲しい出来事ではあっても、それは亡くなった人の罪の結果ではない。自然活動自体は悪でも善でもない。確かに自然活動の結果としての家族の突然の死は理解できず容認できないものである。その意味で不条理である。しかし、罪の結果ではない。しかし、その地域の責任ある政治当局者が自然活動とその結果を予想しながらその備えを様々な理由―怠惰、不作為、思考停止、不正な予算配分など―

で無視していたとすれば、犠牲は人間の罪の結果である。

一方、自由は悪への傾きと共に善への志向性も有している。先のパウロのように、人は善と悪に引き裂かれている存在である。その自由が善へと向かうとき自己を超越していく。自己を超え、絶対的善を志向する。人間は自由によって神との一致に向かう。そのような自由の行使こそが神の創造の意図である。人が利己的行為ではなく利他的行為をするのもその自由の超越性ゆえである。しかし同時に、自由は歴史やこの世的制約も受けている。人間の自由は絶対性を志向しつつも、そこにたどりつくことは人間の有限性ゆえに不可能である。人は有限性や未熟性にもとづく不安やその最終的形態である死への脅威に常にさらされている。だからこそ、人の自由は絶対的なるものを志向するのである。その自由を人は利己的に行使し、自己の絶対的自律に執着させる。倒錯した自己愛は、ついには自己を神より上に置く傲慢にいたる。[6] 罪は人間存在と自由の現実である。自由は選択や好みという問題ではない。束縛された自由はいやおうなしに人間存在の本来的構造に内在化されており、それが原罪なのである。神は自由を賜物として与えたが、人間はそれを乱用した。それゆえ、自由の行使の結果としての罪は不従順と呼ばれ、不信仰と表現される。しかし、繰り返すが、なぜ神は人をそのように創造したのか、人間の理解を超えている。悪は形而上学的だが、罪は神秘である。[7]

5　悪は実体ではなく偶有性である。善が欠如している状態を示す「欠如の証人」である。アウグスティヌス『神の国』XI. 17.

6　同上、XIV. 28.「二つの愛が二つの国を造ったのである。すなわち、神を軽蔑するに至る自己愛が地的な国を造り、他方、自分を軽蔑するに至る神への愛が天的な国を造ったのである。要するに、前者は自分を誇り、後者は主を誇る」。

7　神学者は様々な考察を重ねている。たとえば、アウグスティヌスは「神は悪から善をつくりだすことができる」とし、善と悪が同時存在する可能性についても論じている。アウグスティヌス「信仰・希望・愛（エンキリディオン）」同上。

4　罪の社会的次元

社会的存在である人間の罪は、個人の中で内面化されるだけではなく社会的次元にも反映される。人間存在がそうであるように、社会も罪深い。しかも社会的罪は、個人の罪と違い認識しづらい。個人の罪はその個人の間違った自由の行使の結果として自他共に認識されるが、社会的罪は誰の行為の結果なのかみえにくいからである。社会制度は人間の自由によって構成され、またその自由を保障する。しかし、完全な社会がないように、どの社会制度も、程度の差はあれ、人間の自由を破壊し抑圧する。苦しみを与え人々を死に追いやる。神の似姿としての尊厳を傷つけ、時に破壊する。このような社会構造は単なる悪ではなくまさに罪である。罪は社会に巣くうだけではなく、社会化され、構造化され、制度化される。このように確立された罪の支配が世界を覆い、乗っ取っていく。しかもそれは意識化されず、ひそかに潜航して進む[8]。

この社会的次元の罪には人間を構成する次の二点が深くかかわる。一つ目は社会的存在である人間の相互依存の関係。社会構造は人間の意識や自由の状態を形成する。人は社会の中で生まれ育ち自己を形成するが、その過程で社会構造に組み込まれていく。人間存在のあり方（価値観、行動様式など）は社会的影響から免れえない。人は誰でも、その社会ですでに構造化・制度化された罪の支配下に置かれていて、それを内面化し自己のものとして受け取っている。それは人の内に「第二の本性」ともいえるものを形成し、人の自由に強烈にしかも無意識の内に作用する。人は自分が所属する社会に巣くう罪に汚染される。どのような価値観をもち、どのように自由を行使するのか、すでに個人の内で内面化された社会規範の強い影響を受ける。先入観、偏見、差別などはその具体的一例である。

二つ目は自由に伴う責任。社会構造は自然の産物でもなければ神の創造の結果でもない。社会は人間の自由の産物である。人間の自由が社会構造を形成し維持している。また人はその自由によって社会構造を変革することも可能である。つまり、人は誰でも社会構造に対して責任がある。社会構造や制度に付随する罪は、過去から継承され、現在において保持され、そして未来へと引き継がれる。その意味では、社会的罪は社会を変革するのか維持するのか、人は社会参画を通じてその決断をせまられる。社会の中で罪を拡散させるのか抵抗するのか、その責任を有している。社会的次元の罪はみえにくいが、この社会参画という現実によって、社会的罪はわたしたち自身の罪なのである。貧困、飢え、暴力などの人間疎外は社会の問題であると同時に、わたしたちの罪の結果（罪過）でもある。しかし、人は滅多に自分の有責性を認めない。自分が知らないところで起きている悲劇の責任を感じないし、確かに明白な責任はない。ここで、社会的存在という人間の存在論が問われる。人は社会からよいものも悪いものも受けている。社会的存在に伴う人類の連帯性から、たとえ自分に直接責任がなくても、また自分が直接の加害者でなくても、人類の悲劇に対して「わたしは関係ない」という無関心は、キリスト教的人間理解から許されない。人は誰でも連帯する他者と共に神の前に立っている。自分が何者であるのかを証しするのは、神の前に一緒に立つその同胞である（マタイ25・31–46参照）。

罪は伝統的に個人の主観的課題として取り扱われてきた。人間存在の有限性や虚無性、人生に対する意味の喪失や罪責性など実存的な自己究明は、人に宗教的問いを惹起させる。アウグスティヌスの『告白』に代表される神との関係は、当事者個人の問題として問われる。霊性の巨人といわれる人々も、個人を中心とした内省が主である。その伝統のもと霊性神学や倫理神学、教義学の各分野において、罪理解が問われ続けてきた。し

8　「構造的罪」（または「社会的罪」）については教皇文書でも取り上げられている。ヨハネ・パウロ二世使徒的勧告『和解とゆるし』（一九八四年発表）、カトリック中央協議会、二〇〇三年、16。回勅『真の開発とは』（一九八七年発表）、カトリック中央協議会、二〇一二年、36。

かし、罪の社会的次元とその根深さが意識されるようになると、罪の個人主義的理解だけでは足りないという自覚が教会に広まってきた。人は個人として救われるのではなく、神の民の一員として救いに与るのである[9]。救いは第二の本性のように個人に内面化された社会的次元の罪からの解放も含む。いいかえれば、社会化され構造化された罪からの解放なしに、その社会や構造の一員である個人の救いも不可能である。人が罪と向き合い、回心を経て救いへと歩み出すよう鼓舞し励まし力づけるのは聖霊の恵みによる。罪があらわになるところには恵みもたちあらわれる。次に恵みと罪の関係についてみていく。

5　罪と恵み

神からの究極的恵みが救いである。恵みは罪と死にいたる人間存在の有限性を背景として理解される。キリスト教が語る救いは、罪と死からの救いであり、神からの無償の恵みとして体験される。つまり、罪の自覚のないところに恵みの体験もない[10]。聖書は救いを次の三つの言葉と関連づけて語る。「義」については、人は原罪によって不義なる存在であったが、キリストの復活と死という神からの恵みへの信仰によって人は義とみなされるようになった。「解放」については、人は罪の隷属のもとにあり、また有限的存在として死に定められているが、復活によってキリストは救われた者の初穂となり、人をあらゆる隷属から解放する希望の保証となった。「和解」については、人、神、被造物のゆがんだ関係が、キリストによって正され神の創造の秩序が回復される、つまりそれを和解あるいは「ゆるし」という言葉で表現した。恵みによって、人は「新しい人」になり「新たな創造」を生きるものとなる。救いのわざは個人の自由の内に聖霊として働く。恵みは個人の自由の内に受容されてはじめて働く。人は自由の乱用によって恵みを拒否することもできるが、その自由によって恵みを受容し救いに達することもできるとされる。

カトリック神学の恵み理解の要点として次の三つがあげられる。第一に、恵みは人間のわざの報いとして与えられるものではなく、神から無償で与えられる。親はわが子を無償で愛し、自分の命にかえてもわが子を優先する。何の見返りがなくても自分ではなく他者を優先する現象も日常的にみられる。人は自己存在が自力によるものだけではなく、それよりはるかにまして外から「与えられた」ものによって成立していることを知っている。ラーナーは神の自己譲与という概念でこの恵みの本性を説明する。聖霊は御父自身から発出され、神の内だけにとどまらず、神自身の力《デュミナス》である聖霊として被造物に降り注ぐ。御子と聖霊は御父の自己譲与であり、父によって世に派遣された。御子は受肉によって神の自己譲与として世界にあらわれ、聖霊も自己の働きを通して自己を恵みとして人間に与える。神自身が第一義的に恵みなのである。神の恵みは神の臨在を示す。そして人間はその恵みを受け取ることができる実存として創造された[11]。恵みは神の自己譲与であり、人間は神の自己譲与の出来事なのである[12]。

第二に恵みは常に人に先立って（アプリオリ）働く。これは、恵みが「無償で与えられる」特性に必然的に伴う。聖霊の働きは人間の思いに先立つ。先行する恵みによって人は利己主義から解放され、心を開き、自己

9　『カトリック教会のカテキズム』「聖徒の交わり」（946－959）を参照。
10　アウグスティヌスが従事したペラギウス論争、トマスの自然と超自然の関係から出発する超越論的理解、ルターの「恵みのみ」神学の義認論など、恩恵論（恵みを扱う神学分野）をめぐる様々な議論が神学史上みられる。一般的にいって、カトリック神学は恵みを人間の有限性や未熟さとの関係で理解する傾向があるが、プロテスタント神学は罪との関係で恵みを強調する傾向がある。
11　これを「実存規定」という。神の自己譲与の受け取り手としての人間の実存規定は、神からの無償の恵みとして与えられたものとして、ラーナーは「超自然的実存規定」と呼ぶ。
12　カール・ラーナー　同上。人間の実存規定に関しては「第一課程　福音の聞き手」29～55頁、神の自己譲与については「第四課程　神の自己譲与の出来事としての人間」154～183頁参照。恵みは神自身なので「創造されない恵み（gratia increata）」と呼ばれる。

の自由を神への愛と隣人愛へと向ける。聖書は神の霊をヘブライ語ではルァハ（ruah）、ギリシア語ではプネウマ（pneuma）という言葉で表現しており、それらの単語は「息」や「風」も意味する。聖霊の働きは確かに風に似ている。風は直接視認できない。しかし、風が吹けば木の葉や枝が揺れ、波はさざめく。その揺れた木の葉やさざめいた波から人は風が吹いていることを知る。また風が吹けばどのような作用結果が生じるか人は知っている。聖霊がもたらす恵みも同じである。聖霊の働きを直接認識できなくても、実りが聖霊の働きを証しする。人は奉仕によって隣人を愛する時、その力は自己の内から自然発生的に湧き上がる自己修得的力としてではなく、まず外から自分に注がれる先行する賜物・力として経験される。[13]

第三に恵みは自由な霊として歴史内・世界内で働く。イエスは神からの救いの仲介者であり、そのイエスを突き動かした神の力が聖霊という宗教シンボルで理解されてきた。風と同様に、神の霊は来ると同時に去る、静的ではなく動的で、誰も所有できず、コントロールもできない。罪さえも聖霊の動きを封印することはできない。聖霊は内在しながら超越したものとして働き、その実りは人を不道徳から自由にする（ガラテヤ5・22－3）。この聖霊の働きは、具体的歴史における人々の通常の生活の場である。聖霊の働きを誰も制限できない。イエスを越え、キリスト教を越え、宗教さえも越え、神の創造である世界のいたるところで聖霊は聖化するものとして働いている。

恵みは神の自己譲与として人間を聖化（sanctification）させ、神化（divinization）させる。神が人となったのは、人が神となるためである。いいかえれば、聖霊によって人は養われ、成長し、ついには「神の像（imago）と似姿（similtudo）」、創造された自己に到達し、神に近いものとされる。生きている人間を通して人は神をみる。人間存在そのものが神の自己譲与の出来事だからである。

6　恵みの社会的次元

神の救いのわざは、神のイニシアティブによって個人の自由の内に働く。個人に働く恵みはその個人を越えて影響を及ぼし、その影響は外的形式をとり客体化のプロセスを歩み始める。つまり制度化・構造化である。歴史内で働く神の活動は、恵みを受けた人間の自由のもと、客観的・社会的・公的に可視的な組織や制度となる。キリスト教的理解からすると、社会的恵みの具体例のひとつは教会である。また、聖霊は世界に普遍的に働くので、恵みも日常生活の様々な歴史内存在—集団、制度、団体など—に見出すことができる。環境や状況によって、教会よりも他の社会団体がより効果的に恵みを仲介する場合もある。病院や矯正施設などは、病んだ人々への愛の制度化された形であり、それゆえ社会化された恵みといえる。人間存在の中で普遍的に恵みの仲介として機能しているひとつは家庭である。愛を育み相互愛を涵養する限りにおいて、家庭は恵みを仲介する社会組織のひとつである。

一方で、社会的罪が単純ではないように、社会的恵みもニュアンスを含み複雑である。社会的罪と社会的恵みは相互発見的関係である。罪が社会的次元にまで蔓延し構造化・制度化されるなら、恵みも歴史や社会レベルで働き救いを仲介する構造や制度を構築する。構造・制度は人間の産物であるがゆえに、それが罪を媒介するのか恵みを仲介するのかは人間の責任である。だからこそ、完全に純粋な社会的恵みを仲介する組織や制度は存在しない。そこには常に人間の罪が紛れ込む。恵みに促された意向や動機によって外面化・現実化された

13　スコラ学では、洗礼によって聖霊がその人の内に住み、人間存在そのものを内的に聖化する「成聖の恩恵」(gratia sanctificans)、一つひとつの善きわざへと人を駆り立てる「助力の恩恵」(gratia actualis) という考えがある。スコラ学の恩恵理解はきわめて個人主義的だが、この考えの第一のポイントは恩恵が人間に先立って無償で働くということである。なお、第二バチカン公会議では、恩恵を神の自己譲与による神と人間の人格的交わりとして理解する。

組織や制度が、もともとの意向や動機とは反対に機能することはよくある。人間化（humanization）の完成のためにつくられた組織が非人間化（de-humanization）を促すことになってしまう。自由の内に人間を解放するための社会構造も、罪深さから逃れている保障はないのである。

7　社会における罪と恵み

罪と恵みは常に緊張関係にある。罪は世界や人間を覆う。それにもかかわらず恵みは働く。恵みは二つの方向に働いている。一つは、個人的・社会的罪への抵抗として。人に恵みが与えられるのは悪や罪から逃避するためではなく、立ち向かうためである。二つ目は、恵みはよりよい個人や社会の構築に向けて人を促す。人はこの世において完全な救いに到達することはできないし、完全な恵みの社会制度や構造をつくることは終末の完成時まで不可能である。しかし、「できない」ということは「やらなくていい」ということではない。むしろ、被造物本来の姿へと近づける努力を人に促し、その努力が神の創造のわざへの参与となる。この世での人の生は、終末の永遠の命にいたるまでの単なる前奏曲ではない。命は与えられた瞬間から神の栄光を輝かせる。それゆえ、教会は神の像であり似姿である人間の尊厳のために祈り行動しなければならず、その尊厳を損い、人間を疎外するあらゆる形態を罪として戦う。神の選びと霊の力は個人を変容するだけでなく、社会や共同体も変容させる。

社会における罪と恵みを次の四点からまとめてみる。第一に、恵みはまず個人の内面に働き、そこでは救いと解放は同一のものと体験される。それゆえ、救いを社会的秩序や構造と同一視することはできない。人の内面的自由と外面的自由は必ずしも一致しないからである。救いは、自由にもとづく内的回心なしにはありえない。獄中やとらわれの身の人は、この世界内において、究極的に宗教的意味で救われうる。逆に、社会的に自由の身分であり経済的に豊かでも、内的な救いの自由を奪われている場合もある。満ち溢れている人々ほど、罪への誘惑は大きくなる。宗教的救いと社会的状況や環境とは相互に関連するものの、キリスト教が語る救いを、個人が属する社会の外面的環境や状況の改善と排他的に同一視し、混同すべきではない。

第二に、解放運動や活動への参加は、参加者自身の救いや解放を証しする。個人に注がれる恵みは同時に隣人愛という行為に人を駆り立てる。恵みと行為の関係を正しく理解する必要がある。繰り返すが、恵みは行為の報いではない。恵みによって隣人愛という行為が可能になるのである。自己の救いという利己的動機による隣人愛はキリスト教の徳ではない。解放のための社会的行動は世界内における神のわざへの参与であり、参与者自身が神の恵みとしての解放に生かされている証となる（ルカ7・47参照）[14]。ただし、恵みと行為は通時的には認識できない。常に反省的・遡及的である。愛のわざを行ったあの人には、確かに恵みが注がれていた、という具合に。「生きているのは、もはやわたしではありません。キリストがわたしの内に生きておられるのです」（ガラテヤ2・20）。

第三に、共通善を目指す公平な社会構造構築への努力は、キリスト教信仰やそれを通じてもたらされる救いの本質にかかわる。恵みの社会構造化である。社会構造や制度は人々の一般的行動様式に強い影響を与えるので、それらは正義や公正に対する積極的価値を人々に伝えることができる。このような社会構造・制度は恵みの客体化として理解される。人を隣人愛に向かわせるこのような客体化された恵みは、中世でトマスが唱えた「注入徳（virtus infusa）」の公的・歴史的・社会的分野に対応する。

第四に、解放の対象は、今それを必要としている人々である。それが、「善きサマリア人」（ルカ10・25―37）

14　マザーテレサの活動は彼女のキリストとの実存的出会いに源泉をもち本人も深く自覚していた。それゆえ、恵み（聖性）の証人とみなされる。彼女は宗教家であって、社会活動家ではない。

のたとえで示される隣人愛である。このたとえ話では、「誰がわたしの隣人なのか」という問いに対して、イエスが「あなたは誰の隣人になるのか」と問い返す。つまり、特定の必要や助けを求めている人々の隣人になることが求められている。人に解放の救いをもたらすのは第一義的には神だが、人はその具体的仲介者になるように招かれている。社会の構造や制度が抑圧の犠牲者を生みだしているならば、その原因を断ち切る努力へと恵みは促す。ここで大切なのは、社会的罪を個人に還元して攻撃の対象とするのではなく、社会的罪そのものの糾弾である。キリスト教倫理は個人を非難したり、不倶戴天の敵にまつりあげての人格攻撃を決して容認しない。恵みは誰をも愛することをやめない。社会的罪はまさに人間の罪過である。完全な社会など存在しないし、それゆえ社会的病は常にどの組織にも存在する。教会も例外ではない。このような社会的抑圧状況に対する問いは、神学や啓示の範疇を越える実践的かつ社会科学的問いであり、それら専門家の分析・判断によってのみ解決への道が開かれる。解放の恵みは、人間の無限の価値に関する内的根拠と行動の動機を与えるのであって、実践的、効果的、有効な回答や結論を与えるわけではない。教会権威がみずからの範疇を超えて、神や福音の名のもとに特定の意見や政治的立場だけを解放の恵みだと排他的に語る時、混乱が生じる。

二　教会の社会的教導職

1　教会のミッションとしての社会教説

恵みの仲介である秘跡としての教会が、その使命として社会問題にかかわるのは必然であり自明である。教会の使命を個人の完徳だけに制限することは、創造全体における恵みや罪の働きを人間が矮小化することになり、みずからのミッションの本質の一部の放棄である。問題は、教会は社会に「どうしてかかわるのか」ではなく「どのようにかかわるのか」である。実は、ここに教会と社会との関係の挑戦と課題がある。この世界内の共同体や組織と異なる超越次元を有する教会が、社会問題とかかわる際には、特有のロジック、言語、表現、そして限界がある。

教会はごく初期からイエスの教えである隣人愛を大切にし、慈善のわざを高く称揚してきた。しかし、罪の社会的次元が認知され、それに対する教会の使命の自覚が芽生えてきたのは十九世紀末からである。『レールム・ノヴァルム』以来、教会は社会問題に対する教えを「社会教説」「社会についての教え」「社会的教導職」として、現在にいたるまで重要なミッションの一部としている。特にヨハネ二三世『マーテル・エト・マジストラ』（一九六一年）以降、歴代の各教皇は社会教説の文書を発表しており教皇フランシスコも使徒的勧告『福音の喜び』（二〇一三年）、回勅 Laudato Si（二〇一五年）を発表している。[15] ここでは各文書を詳細に扱うことはしないが、この一〇〇年あまりの公文書にみられる教会の社会教説について以下みていく。[16]

15　第二バチカン公会議『現代世界憲章』は社会教説を主題としている。社会教説の教皇文書といわれるものは次の通り。カッコ内は略記。Leo XIII, *Rerum Novarum*, 1891.（RN）Pius XI, *Quadragesimo Anno*, 1931.（QA）John XXIII, *Mater et Magistra*, 1961.（MM）; *Pacem in Terris*, 1963.（PT）Paul VI, *Poplorum Progressio*, 1967.（PP）; *Octgesima Adveniens*, 1971.（OA）John Paul II, *Laborem Exercens*, 1981.（LE）; *Sollicitudo Rei Socialis*, 1987.（SRS）; *Centesimus Annus*, 1991.（CA）; *Evangelium Vitae*, 1996.（EV）Benedict XVI, *Caritas in Veritate*, 2009.（CV）Francis, *Evengelii Gaudium*, 2013.（EG）以上すべて邦訳あり。フランシスコのLaudato Si は二〇一五年一〇月現在、まだ邦訳は出ていない。他にも社会教説を含む公文書は多数。レオ十三世以降の教皇文書や主要教会文書（ラテン語、英語、フランス語、スペイン語、ポルトガル語、ドイツ語、イタリア語）はバチカンのサイトで閲覧可能。

16　教皇文書のほか、次を参照した。『教会の社会教説綱要』。なお、日本語で読める他の教会の社会教説概説書は次の通り。オズヴァルド・フォン・ネル＝ブロイニング『カトリック教会の社会教説―教導職諸文書の解説―』山田経三監修、女子パウロ会、一九八七年。P・ヘンリネット、E・デベリ、M・シュルタイス『カトリック社会教説―歴代教皇の教えに見る―』イエズス会社会司牧センター訳、ドン・ボスコ社、一九八九年。小山英之『教会の社会教説―貧しい人々のための優先的選択―』教文館、二〇一三年。

2 背景

十九世紀末から現在にいたるまで教会が社会的発言を繰り返すのは、この時期にかつてないほどの悲惨な状況を人類と世界が体験している背景がある。労働搾取と許容しがたい経済格差、富の収奪をめぐる絶え間ない暴力抗争、科学の粋を集めて開発した大量破壊兵器とその使用、各地で発生する虐殺、人間の尊厳を徹底的に踏みにじる抑圧的構造の固定化など、人類共同体の共通善が崩壊するさまを否応なくみせつけられている。この圧倒的に悲惨な現実の前で、まさに福音の信憑性が問われている。啓蒙主義以来、科学や技術の発達によって文明は進歩し、神はもはや必要なく人間理性であらゆる問題が解決できるという楽観的風潮さえも生まれたが、出現した現実は人類を効率よく殺戮する道具とシステムであり、ごく少数のものが大多数から搾取し不要になれば廃棄する社会・経済構造であった。国際紛争や民族紛争は引きも切らず、環境は破壊され、家も土地も追われて逃げまどう犠牲者は増加の一途をたどっている。今も、貧しい者は靴一足の値で売られ、弱い者の頭は地に踏みつけられている（アモス2・6–7）。民は今も苦しみ、追い使う者のゆえに神に叫んでいる（出エジプト3・7）。

神が創造主ならば、なぜこれほどまでの悲惨な現実が展開されているのか。救いのメッセージである福音を、この現実の中でまだ語り続けることができるのか。できるとしたらどのように。世界中をあらゆる形で覆う抑圧、不正、利己主義の犠牲者の苦しみ、悲しみ、叫び、嘆きは神の耳に届いているのか。教会が語る神は人の苦しみに無関心なのか。現代社会のこの現実は、単に悪の問題ではない。人間がみずからに与えられた自由をもとに作り上げたまぎれもない罪の現実である。社会的罪、構造的罪である。だからこそ、この現実は、恵みを告げる福音の信憑性を教会に突きつけるのである。

3　テーマの広がり

社会教説は当然ながら教会が置かれた当時の社会問題に対する考察・発言である。社会の変化とともに新たな問題や意識が世界に生まれ、社会教説のテーマもその変化に対応している。

(1)　レオ十三世、ピオ十一世、ヨハネ二三世

『レールム・ノヴァルム』は労働者の境遇についての回勅であり、それはその当時の非人間的労働環境に対する警告と勧告であった。十九世紀末の発達した西欧の工業社会において顕著になった社会格差が深刻な社会現象となっていた。社会は二階級に分断され、一方は進歩した技術によって生みだされた莫大な富を特権的に占有するごく少数の資本家層と、もう一方は社会構造の変革によって自己の財産や所有を失い自己の労働力を契約のもとに提供した結果、生存ぎりぎりの生活（家庭崩壊の危機）を余儀なくされていた多くの労働者階級である。この回勅は、自由の名のもと少数の資本家の利益のために、多くの労働者（児童労働も含む）が搾取され、貧困にあえぎ脱却できない社会構造を道徳の問題として提起し、労働者の権利という視点から、非人道的境遇に置かれていた労働者の問題（適正賃金、貧困など）に焦点を当てている。この種の問題は、「キリスト教と教会とにたよらないかぎり、決して有効な解決を見出すことのできない性質のものである」[17]（13）と回勅は指摘している。また社会主義とは区別された国家の経済活動への適正な介入の必要性を、道徳維持の観点から表明している。また、当時労働問題と直結する社会主義思想が流布しつつあり、教会はその脅威に対抗する意図もあったとみられ、実際、その後の社会教説文書にもたびたび反社会主義や反マルキズムへの言及がみら

17　邦訳は次より。レオ十三世『レールム・ノヴァルム』岳野慶作訳、中央出版社、一九五七年。

れる。この回勅は、「教会は、霊魂に関する配慮に没頭して、地上の死すべき生命に関することがらを、おろそかにする、と考えてはならない」(23)という教会の姿勢を示し、労働・私有財産とその所有・共通善の追求と国家の役割など、社会問題へ教会が積極的に発言する端緒となる歴史的文書である。その後の社会教説文書も、この回勅を踏襲した上で内容を展開させるものが多く、またこの回勅の発布後の周年(四〇周年、八〇周年、一〇〇周年)に、記念として発表された回勅も多い。

労働・経済問題はその後も社会教説の主要テーマであり続けたが、一方さらなるテーマの広がりもみせる。労働問題だけにとどまらず社会問題全般に目を向け、共通善の追求、社会正義、補助性の原理、連帯の精神についても触れ、教会の教え、教育、出版の役割についても言及するようになる。「教会は、技術の領域では、適当な手段と能力とをもたないために、介入しないけれども、道徳律に関するすべてのことがらに介入することは神からさずかった任務であるから、これを放棄することができない」(QA 45)[18]。「(諸国間の相互依存が深まっているため、)内容が科学・技術・経済・社会・政治・文化のいずれかを問わず、少しでも重要な問題は、今日では超国家的ないし世界大の広がりをみせる」(MM 201, p. 117)[19]。「道徳的秩序は神にもとづくほか維持できず、神からきり離されれば、壊滅するほかはない。人間は物質的有機体であるばかりではなく、思想と自由とを授かった霊魂でもある。したがって人間は、道徳的宗教的秩序を求め、これは、国内や国際間における個人生活、集団生活の諸問題に、どんな物質的価値にもまさる指示と解決とを与えるものである」(同上 208, p. 120)。

ヨハネ二三世は社会生活全般を社会教説の視野に入れ、人権擁護と政治共同体の役割についての回勅『地上の平和』を発表する。少数民族、人口問題、政治難民、軍縮、自由の尊重などについて触れ、社会問題が科学技術や職業的専門性によってだけでは解決できず、倫理秩序の重要性を説く。社会秩序の再建のため、現世的活動における科学・技術の専門性は必要だが、霊的価値と内命において一致させ統合される必要がある。そのために、その道の専門家や他宗教の人々との協働の必要性にも言及する（PA 82-3）。経済問題だけではなく、地球規模の社会問題を視野に入れた人権や共通善への奉仕、多文化や他宗教の尊重、軍縮や戦争によらない平和構築を訴える。世界を「神の国」へと変容していくための活動に参与するキリスト者の務めを説く。

(2) パウロ六世

人間の尊厳を損なうほどの貧困を社会悪とし、世界の貧困の問題を「開発」「発展」という概念と結びつけて、経済的発展のみならず、全人格的発展の必要性を説いたのがパウロ六世である。「ここで言う発展とは経済的成長だけに還元されるものではありません。本当の意味で、発展とは全体的なもの、すなわち個人としても人類全体としても発展向上させることであるはずです」（PP 14）[20]。それまでの西洋モデルに追従する発展理解からの脱却を目指す。相変わらず増大する富の分配の不均衡、公正な通商関係の必要性、克服すべき国家主義、人種差別の撤廃、民族自決の方針、文明間の対話などが述べられる。植民地主義の負の遺産から派生した問題が色濃く世界を覆っていた時代である。発展する国はますます豊かになり、かつての植民地は発展や開発の名のもと国土を先進国に利用され、利益は自国にはもたらされず彼らのものとされる。発展・開発は必ずしも祝福の言葉ではない。ある地域には災いをもたらしていたのである。それゆえ、この回勅では、万人の平和と幸福が達成される発展を平和の別名と呼び、両者の関係が強く主張されている。もうひとつこの回勅で特筆に値

18　邦訳は次より。ピオ十一世回勅『クアドラゼジモ・アンノ』岳野慶作訳、中央出版社、一九六六年。
19　邦訳は次より。ヨハネ二三世回勅『マーテル・エト・マジストラ』小林珍雄訳、中央出版社、一九六一年。この邦訳には原文に振られている番号が割愛されているので、頁数を示した。
20　邦訳は次より。パウロ六世回勅『ポプロールム・プログレシオ』上智大学神学部訳、中央出版社、一九六七年。筆者により一部修正。

する項目は、革命についての理解である。絶えがたい人権無視の圧政が長く続き、改善する見込みもない時に出てくる選択肢のひとつが革命的力の行使である。平和を実現するためには力の行使は正当化されるのか。「周知のとおり、革命的暴動は、誰の目にも明らかな圧政が長く続いていて、個人の基本的権利がはなはだしく侵害され、国家の共通善もあやうくされるほどそこなわれている場合を除けば、革命的暴動はかえって新しい不正義を生み、新しい不均衡と破壊をもたらします。誰でも存在する確かな悪とのたたかいによって、よりいっそう大きな不幸を招いてはいけません」（同上31）。厳重な条件のもと、正当な革命の可能性について述べている。解放とその手段の倫理性をどのように理解すべきか、議論が分かれる問題である。

パウロ六世は、発展や開発に加え「解放」という次元を教会のミッションに位置づけた。解放や正義のための行動は福音宣教の「不可欠な次元」であり、正義を実践しない教会は福音を伝えていないと主張した。「よき知らせの核心をなすものとして、キリストは神の大きな贈り物である救いをのべられました。この救いはただ単にあらゆる抑圧から人間を解放するだけではなく、何よりもまず罪と悪から人間を解放するものであり、この解放によって人間は神を知り、神より知られ、神を目の当たりにし、神において信頼して憩うという喜びにひたるのです」（EN 9）。「教会が解放を説き、そのために働き苦しむすべての人々に連帯するとき、教会固有の使命が、宗教的な分野にのみ限定され、人々の現世的問題は顧みない、ということは許されないのです」（同上34）。不正な社会的・政治的・経済的構造からの解放は救いの本質に属するがゆえに福音宣教の一部をなす。しかし同時に、政治的変革と救いを同一視することも否定する。「教会は、その霊的な使命こそ優先的であることを再び確認し、『神の国』の告知を人間的秩序の諸解放の宣言と置き換えることを拒絶します」（同上）。教会がもたらす解放は外面的な解放にとどまらず、内面の回心をも伴うからである。内面的回心を伴わずに変革された社会機構はいずれまた非人間的になる。このように、解放を個人的・霊的次元と同時に全人的・共同体的次元に拡大し、福音宣教と結びつけた。教会が唱える解放を単なる社会改良としてではなく、まさに罪からの解放としてとらえている。だからこそ、恵みの秘跡（仲介）としての教会のミッションなのである。

(3) ヨハネ・パウロ二世

ヨハネ・パウロ二世は、労働や開発の問題を再び取り上げ、経済至上主義は物質主義への道であり唯物論的世界観に導く危険性を指摘する。資本に対する労働の優位を説き、双方の間に「闘争」という言葉を導入している。また平和を伴わない開発を暴力だとして、全人格的意味での開発の本来の意味を述べる。労働条件の悪化、人間らしい最低限の衣食住の保証もなく、その中で劣悪な衛生状態で失われている幼い命など、一向に好転しない世界状況の責任の一端として南北問題や東西冷戦の原因として自由主義資本主義とマルキスト集散主義の両方に厳しい批判を加える。「教会は、本当の開発・発展というものの本性、条件、必要事項やその目的について、さらには行く手をさえぎる諸々の障害について、二十年前と同様、今日も発言し、おそらく将来も発言し続けるでしょう。教会は、このような行動をすることによって、福音をのべ伝えるという自らの使命を遂行するのです」（SRS 41）[21]。社会悪を非難し、不正を糾弾する教会の社会的使命を確認し、それが福音宣教の中に位置づけられる。福音宣教によってこの糾弾に真の堅固さと力強い動機が与えられる（同上）。『真の開発とは』には二つの特徴ある言葉が用いられる。一つは「貧しい人々を優先的に選択すること、愛すること」（the option or love of preferential option of the poor）（同上 42）であり、これは「キリスト者一人ひとりがキリスト

21　邦訳は次より。ヨハネ・パウロ二世回勅『真の開発とは』カトリック中央協議会、二〇一二年。この回勅は『ポプロールム・プログレシオ』発布二〇周年を記念して作成・発表された。

に倣って生きたい」という宗教的念願にもとづく。構造化された罪が潜む社会の現状維持は、結果的にはその社会の被害者に対する加害行為なのである。もう一つは「邪悪なメカニズム」（evil mechanism）（40）「構造的罪」（structures of sin）（36‐40、46）であり、現代の社会問題の神学的分析から用いられる言葉である。社会問題を人間の罪ととらえ三位一体の正義や慈しみという視点から分析し対比している。構造的罪とは「個人の罪に根ざすものであり、このようにつねに、これらの構造を導入し、整備し、結局その除去を困難にさせる人々の具体的な行為と連結するもの」（36）である。構造的罪は勢力を拡大し、力ある存在して罪の温床となり人々の行為に影響を与え、真の解放の行方を遮っている何としても乗りこえなければならない障害なのである。[22] 教会はまさにこの構造化された社会的罪に対する恵みの力をあくことなく証し続けるミッションを背負っている。そこに教会の信仰があり聖性がある。長くなるが引用を続ける。人間が悪に誘惑されやすい存在だと知っていても、教会は、

> 人間に対する信頼を維持し続けています。というのも教会は、この地に受け継がれてきた罪があり、人間の一人ひとりが踏み迷う恐れのある罪があるにもかかわらず、人間存在の根底、そのエネルギーには、根本的な「善きこと」（創世記1・37）が根をおろしていると知っているからです。そして人間存在の根本になぜ「善なるもの」が宿っているかといいますと、人間は、「キリスト自らをなんらかの形であらゆる人々と結びつける」キリストの贖罪の影響下におかれた存在であり、創造主の似姿をもつ存在だからであり、さらに主の霊の効力ある行いが「全地に満ちている」（知恵1・7）からです。（47）

罪に対する恵みは「全地に満ちている」。霊の力は人間だけでなく世界に、そして社会に働いている。罪が

構造的に支配するように、恵みも社会的次元で人々を解放する。人はそもそも「善きもの」として創造されているからこそ、「あってはならない」「起こってはならない」という否定的状況に直面すると、逆説的に自己存在の絶対肯定性を強く体験する。神の被造物に「ふさわしくない」「起こってはいけない」「あるべき姿ではない」という否定的体験が、「よきもの」として創造された自己本来の肯定的存在を逆説的に浮かび上がらせる[23]。だからこそ、人間はあらゆる意味での束縛からの解放である救い（＝「本来あるべき姿」）を希求するので

22　構造的罪については、先立つヨハネ・パウロ二世使徒的勧告『和解とゆるし』（一九八四年）で詳細に取り上げられている（勧告では「社会的罪」（social sin）という言葉が使用されているが同義）。邦訳は同タイトルでカトリック中央協議会より二〇〇三年に出版。16番で「社会的罪」の三つの意味を分析し説明する。特に罪と人間の連帯する力との関係についての考察は非常に興味深い。どんな個人的罪であっても、人間の連帯する力によって教会や世界に影響を及ぼしている。「自分の魂を高める者は、世界を高める」という言葉があるように、「聖徒の交わり」は人間の神秘的連帯の力によって人間を上昇させる「上昇の原理」にもとづく。反対に「下降の原理」に従えば個人の罪も何らかの影響を及ぼし「罪の交わり」によって世界をおとしめる。それゆえ、どんな内的・個人的な罪であろうと、「それが罪である限り、罪を犯した本人だけに限定されている罪」はないのであり、「暴力の大小、危害の大小にかかわらず、すべての罪は、教会のからだ全体と人類家族全員に影響」を与える。それゆえ、「すべての罪は『社会的』罪として考えられて当然」なのである。しかしこの考えはすべての罪を責任者不在の「社会的罪」に還元し、個人の罪の有責性をあいまいにする口実として用いられかねない。むしろ逆で、あらゆる罪の状況の根底には罪深い人間がいる。個人の回心なしに社会的罪の解消も望めない。個人は連帯の中にあっても消失することはないように、個人に働く恵みも個人的罪も連帯する力で社会的次元を形成すると同時に、恵みも罪も社会から個人へと還元される。「聖徒の交わり」「罪の交わり」という考えの根本的発想はここにある。

23　スヒレベークスはこれを「否定的対照経験」（negative contrast experience）と呼び、神体験の一種と考える。『イエス』（全三巻）、新世社、一九九六年。

規範にはあらかじめ文言によって明示できる肯定的規範と、侵害されて初めて明確になる否定的規範がある。たとえば「人道に対する罪」（crime against humanity）というのがあるが、何が人道（humanity）なのか文言による明確な定義は不可能である。同時代の多くの人々が、ある事柄を「人道に反する」と感じることによって「人道」という規範が逆説的に明らかになる。人間の尊厳も否定的規範のひとつである。神学の否定神学と似たような認知法である。

ある。

しかし、ここでもこの世での外面的解放が、真の意味での罪からの解放とは異なると警告する。「教会は、この地上でのどの成果も神の国と同一視されるべきものではなく、そうした成果は単に、神の国の、すなわち私たちが歴史の終焉とともに対面し、主が再臨するあの王国の栄光を映し出したものであり、ある意味でそれを待望する形のものであることを、しっかりと認識し、わきまえています」(48)。有限的存在である人間は罪からのまったき解放を常に終末時においてしか期待しえない。しかし、キリスト教信仰はイエスの復活においてその実現の先取りを見出し、それゆえその終末論的希望をもち続けることができるのである。これこそが、罪の大きさにおしつぶされそうになっても、人間や世界が解放の希望をもち続けることができる信仰の恵みである。

二十世紀末になると、教会が長年反対姿勢を鮮明にしていた社会主義体制やマルクス主義体制は、ベルリンの壁崩壊（一九八九年）に象徴されるように歴史の表舞台から姿を消したが、社会教説で取り上げた社会問題は、残念ながら教会や善意の人々が望む方向に改善するよりも悪化の一途をたどっている。労働と資本、財貨の適正配分、共通善に対する国家の義務と役割、開発や人権などの問題に加え、環境が喫緊の課題としてクローズアップされてきた。労働環境をテーマとして『レールム・ノヴァルム』が発表されて以来、教会の社会教説のテーマは広がりをみせてきたが、一〇〇年後の現在、環境が新たな課題として取り上げられるのも、社会や人々の意識の変化を反映している。「あること、生き方」(being) よりも「持つこと、所有」(having) が優先される社会では、人間も消費財にされてしまう。消費はもともと生きる手段であるが、現代ではそれが目的となっている。消費のために環境破壊が進み、地球環境は危機に陥っている。「消費主義と密接に結びついて現れてくるエコロジーの問題」は、「人間が、生きること、成長することよりも、持つこと、楽しむことを望むとき、地球資源と自分の人生とを過剰なまでにゆがんだ形で消費」する（CA 37）[24]。環境は神から与えられた創造の恵みにもかかわらず、人間は神に協力するよりもみずからを神の座におくことによって自然に圧政を課す暴君と化す（同上）。自然環境の非理性的な破壊とともに、人的環境も破壊されている。「ヒューマン・エコロジー」と「ソーシャル・エコロジー」（同上 38）という言葉で、人間は神の被造物・賜物であり、全被造物との調和の中で存在しているという理念を表現する。しかし、現代においても、人間の尊厳は損なわれ、疎外されている人々の数は減らない。罪は社会に相変わらず巣くう。このような現象に対して教会は強く抗議しつつも、教会の限界も素直に認める。「教会は提示すべきモデルをもち合わせていません。現実的かつ真に有効なモデルは、種々異なった歴史状況の枠のなかで、社会、経済、政治、文化のすべての面において―というのも、これらの諸側面はお互いに関連があるからです―具体的な諸問題に責任をもって取り組んでいるすべての人々の努力を通してのみ、生まれるのです。このような任務のために、教会はその社会的教えを、一つの不可欠で理想的な方向づけとして提示します」（43）。現代の問題はますます複雑化しており、それゆえ善意だけでは解決できない。教会はそのことを率直に認めつつ、教会にできることを「方向づけ」（進むべき方向を指し示す）という言葉で表現する。

教会にとって社会問題と密接に関連する分野として倫理問題がある。生命倫理、性倫理、家庭倫理、社会倫理などは社会問題と直結する。公文書も発表し、教会の立場を表明している。倫理の問題は人々の生活に密着している分、今後ますます重要になるだろうが、知識の増大、技術の進歩のスピードに倫理的判断が追いついていけないのが現状である。結局、人々は教会の教えよりもみずからの感性や判断をますます尊重していくこ

24　邦訳は次より。ヨハネ・パウロ二世回勅『新しい課題』（一九九一年発表）、イエズス会社会司牧センター訳、カトリック中央協議会、一九九一年。

とになるだろう。[25]

(4) ベネディクト十六世、フランシスコ

ベネディクト十六世はキリスト教の「愛」(caritas) から社会問題を論じる。教会がみことばの奉仕とともに愛の奉仕をないがしろにすることはできない (DC 22)。[26]愛の奉仕は社会の中では正義の取り組みとなるが、そこにはおのずと制限がある。「社会と国家を公正なしかたで秩序づけることは、政治がなすべき中心的な務め」(同上28) であり、教会と国家の区別、地上の諸現実の自律を明確にする。教会は国家にとって代わるべきではないが、教会は「正義のための戦いを傍観していること」もできない (同上)。教会のミッションは、社会教説を実行するのではなく、政治生活における良心の教育を助けることである。以上のような一般的原則を確認した上で、社会教説の回勅『真理に根ざした愛』(二〇〇九年) を発表している。[27]この回勅は『ポプロールム・プログレシオ』の発布四〇周年を記念したものである (CV 10-20)。内容としては、依然として改善されない教会の社会教説が指摘してきた社会の諸問題が、グローバル化の爆発的進行の中でさらに複雑化しみえにくくなっている現実を分析・指摘し、教会の社会的ミッションを改めて思い起こさせるものとなっている (CV 33他)。

アルゼンチン出身のフランシスコの使徒的勧告『福音の喜び』は二〇一三年の「新しい福音宣教」をテーマにした第一三回シノドスの提言の求めに応じて作成されたものであり、福音宣教が主題である。この勧告は社会問題のための文書ではない。社会教説については『教会の社会教説綱要』で学ぶようにと丸投げしている (EG 184)。しかし、文書の内容の多くが社会問題に割かれており、この教皇の社会問題に対する基本的姿勢が示されているともいえる。もはや、福音宣教と社会問題は別個に語るテーマではなく一体化されたテーマなのである。

福音宣教の原動力としてイエスの宣教命令、「行って、すべての民をわたしの弟子にしなさい」という言葉で第一章は始まる。「行け」は待つ教会ではなく「出向いていく教会」の姿勢であり、それは人々とかかわり合うこと、寄り添うこと、実りをもたらすこと、祝うことを意味する（同上24[28]）。出会うために優先すべきは貧しい人や病人であり、見下され、忘れられている人々である。彼らが何に苦しみ、神に何を叫んでいるのかを目の当たりにし、そこに福音を伝えなければならない。「貧しい人々を優先的に選択する」姿勢が明確に繰り返される。さらに、教会と社会の関係についても歴代教皇の理解を踏襲する。イエス・キリストによるあがないは個人だけでなく社会的な意味を含むので、キリスト教のケリュグマは必然的に社会的な内容を含んでいる（177－8）。それゆえ、隣人愛はささやかな個人的善行の積み重ねと理解すべきではない。それは、ややもすると自己満足の善行に終わる可能性もある。宗教は私的領域に限定されるべきものではない。「神はその子らを永遠の充足へと招いているのですが、地上での幸福もまた望んでいることをわたしたちは知っています」（182）とし、神が地上を含

25　回勅としてはヨハネ・パウロ二世『いのちの福音』（一九九五年発表）、カトリック中央協議会、一九九六年。日本のカトリック司教団は二〇〇一年に『いのちへのまなざし』というメッセージを発表している。扱っている内容は、家族（結婚・離婚、性、家庭、高齢化問題）、生と死（出生前診断、障がい者、自殺、安楽死）、死刑、生命科学、臓器移植と脳死、遺伝子治療、環境などである。「裁きよりもいつくしみを」という姿勢が高く評価できる。一方、この手の問題は社会環境も技術もめまぐるしく変化し、それに伴い新たな課題が続出するので（ジェンダーやセクシャリティー、非婚化、少子化、移民、新たな貧困問題、超高齢社会、人口動態の劇的変化など）、追いついていくのは大変である。

26　邦訳は次より。ベネディクト十六世回勅『神は愛』（Deus est Caritas）カトリック中央協議会、二〇〇六年。略記はDC。この回勅は社会教説をテーマにしているわけではなく、愛というキリスト教の根本思想を司牧的かつ神学的に提示している。その関連で教会と社会の関係に触れている。

27　邦訳は次より。ベネディクト十六世回勅『真理に根ざした愛』カトリック中央協議会、二〇一一年。

28　フランシスコ使徒的勧告『福音の喜び』

むすべての被造物を創造したのは、それを人間が享受するためだからである。教会の社会問題に対する考える原則は『教会の社会教説綱要』にまとめられており、その適応については各国の状況を客観的に分析する各キリスト教共同体の務めだとする。教会や教皇が、社会の諸問題に対して唯一の意見を述べたり、普遍的妥当性を有する解決策を提示することは困難であり、かれらの使命でもないからである（同上）。

フランシスコは「時のしるし」を見極めるため、これまでの教導職の文書や様々な分析を前提として現代の社会の状況を福音宣教の司牧的観点から分析する。教会が社会教説を発表して以来一〇〇年以上、非人間化、つまり人間の尊厳が奪われる社会状況は基本的に改善されていない。むしろ、経済だけみれば、グローバル化は国家間や階層間の貧富の格差を増大させている[29]。日本を含むGDPトップ7の国々にも路上生活者はいるし、貧困問題は深刻化している。この状況は十戒の「殺してはならない」という掟を「排他性と格差のある経済を拒否せよ」と、フランシスコは現代的にいいかえる。排他性を生む経済は人を殺す。「路上生活に追い込まれた老人が凍死してもニュースにはならず、株式市場で二ポイントの下落があれば大きく報道されることなど、あってはならないのです」（53）。飢えと食料廃棄が共存する社会、競争社会で適者生存の原理を優先させる社会、仕事もなく未来もみえなく社会の片隅に追いやられる人々がいる社会、まさにこの社会は人間を使い捨ての商品にしてしまい不要になれば「廃棄」する。人間を消費しつくして（搾取）、用済みになれば廃棄する社会。資本に対する労働の優位を教会がどれだけ唱えても、しょせん現実は貨幣という暴君に構造的に支配されている。一〇〇年前と何が違うのか。格差こそグローバル化し、罪の構造はますます巨大になり堅固になっている。

しかし、フランシスコは悲観主義に陥ることなく聖霊の働きを見出し希望を語る。人間のコミュニケーションのネットワークの発達によって、人間の「連帯」（solidarity）の力を語る。「ともに生きる神秘、混ざり合う神秘、出会う神秘、腕に抱える神秘、支え合う神秘、いくらか混沌とした潮流に加わる神秘」（87）によって人類は兄弟愛を体験し、連帯の共同体となる。社会的次元に働く恵みに対する限りない希望とそれを生きる喜びとでも表現すべきか。「課題は克服するためにあるのです。現実を直視し、しかし喜びを失うことなく、大胆に希望に満ちて献身しましょう」（109）。フランシスコの楽観主義が構造的罪に支配されている社会の中でこだまし、災いの預言者ではなく希望の預言者になろうとしたヨハネ二三世の声と重なる。

結局、福音宣教を阻害する要因である非人間化を助長させる社会構造が、おもに経済システムにもとづくことを歴代教皇と同じように指摘する。「貧困の構造的原因の解決は喫緊の必要事です」。そして、「格差は社会悪の根源」（202）と指摘する。特別新しい内容があるわけではない。ただし、勧告にはある種の楽観主義とユーモアもあり、人々を「やる気にさせる」ともいうべきフランシスコのスタイルが打ち出されている。この教皇は貧しい人々の現実を確かに知っている。象牙の塔や洗練されたシャンデリアの世界から来た人ではない。水たまりがある路地裏や日々汗を流しごわごわした手をもつ人々が暮らす世界からやって来た人だと感じさせる。

フランシスコは目指すべき社会として「貧しい人々の包摂」（the inclusion of the poor）という表現を使う。貧しい人々が疎外されるのではなく、ましてや廃棄されるのではなく、最優先される社会である（197）。「貧しい民の叫びに耳を傾ける」（187–193他）社会であり、「貧しい人々に支払われるべきもの（注：万人のための財）を彼らに返還するという決意をもって生きる」連帯と確信の姿勢が、社会の他の構造改革の実現につながる（189）。連帯は社会的次元で働く恵みの別名である。また、「平和」と「社会的対話」もキーワードとして用いられる。平和の告知は「聖霊による一致が、多様な違いすべてに調和をもたらすと確信すること」（230）であり、

29　国連開発計画の「人間開発報告書」参照。

その平和を促進する共通善に配慮するのは国家の務めである（240）。その責務のために必要なのは対話である（241－56）。福音宣教のために、人々を受け入れ連帯する姿勢、調和を目指し実現する知恵、対話において相手に心を開き自分も変えられることを許容する柔軟さが必要である。そしてそれは聖霊に心を開くことである。聖霊に心を開くとは、聖霊の導きに従って生きること、つまりそれが霊性である。霊性は神に導かれる生き方をつらぬく根本的精神を示す。霊性は個人のみならず社会にも必要なのである。

4　教会と社会の関係のあり方

日常生活の場である社会は、直接人々に影響を与えるので、いやおうなしに人々の反応を引き起こす。物価や労働環境、社会保障システムの制定や改変、インフラや治安状況などは日々の生活に直結している。また技術の進歩も人々の生活スタイルに多大な影響を及ぼす。そして、これら社会全般のシステムにもっとも直接的にかかわり、責務を負うのが国家などの政治共同体である。そして、国家体制や政治共同体はイデオロギーや思想と深く結びついている。これら政治・経済を含む社会システムは現代のグローバル化の進展とともにますます複雑さを増している。地球のどこかで発生した災害・事件・事故、または発明・発見・開発、さらにはある政府の決定が、まったく別の地域の社会システムに影響を及ぼし、時に人々の行動様式や社会秩序にまで変更を加える。このような社会と超越的次元を有する教会のかかわり方のスタンスはどのようなものなのであろうか。

(1)　社会の可変性

社会は文化に比べて構成単位が小規模であり、しかもめまぐるしく変化する。神学的視点に立てば、これら日常生活において罪と恵みが交錯し、聖霊が働いているのだが、もちろん日常の細々とした事象まで聖霊がプログラミングしているという意味ではない。多くは人間の自由と創造性にかかわる。そして、それが各時代の種々の要素と絡み合いながら社会問題として表面化し、人類の課題となる。社会問題を生みだす関連要因が増えれば増えるほど、問題は複雑に変化していく。それゆえ、教会の社会教説も時代性を強く反映することになる。逆に、教会の社会教説は教会の周辺環境に触発されて形成される教えなのである。教理が異端的思想によって形成されてきたように、教会の社会思想も周辺の社会現象に対して形成される。しかも、社会問題は時とともにその問題の性質、構成要因、影響もめまぐるしく変わっていく。それゆえ、社会教説は時代に限定される。社会問題は人々の日々の生活に直結するので即応性が求められる。しかも、全人的救いという現代の視点から、教会が語るべきテーマや分野は限りなく広がっていく。経済問題から始まり、政治、人権、環境、倫理などテクノロジーの発展とともに社会教説の対象は拡大の一途である。しかし、教会教導職はみずからの宗教的信念にもとづいて、神の像として創造された人間の尊厳と被造物の秩序と調和を傷つける悪や罪の勢力に対して、キリスト教的良心を証し続けることが基本姿勢である。問題の最前線で働く信頼できる教会関係者と善意の人々に具体的に連帯を示し励ますことである。[30] 急速に様相を変え、しかも幅広いテーマを含む社会問題に対する教会の限界を自覚する必要がある。即応性が求められる社会問題に対して「補完性の原理」を有効に活用しつつ、拙速ではないが時代遅れもでもない仕方で問題に対処する賢明さが求められる。恵みの仲介機関として、社会問題の人間の罪深さを明らかにし、そこに挑戦し、犠牲者に寄り添う姿勢を常にもち続けることによって、希望の秘跡としての役割を自覚する必要がある。

30　信頼できる活動機関としてはバチカンに本部をもつカトリックＮＧＯ団体であり教会傘下にある国際カリタスがある。社会問題に教会がかかわる際、自分たちの主張や利益のために教会を利用しようとする団体への注意が必要になる。

(2) 問題の複雑化と対応のための専門性

社会問題は可変性とともに現代においてはより複雑で種々の要因が関連しているので、その分析や解決には専門的知識が必要になる。教会の社会教説はこの一〇〇年間、一貫して人間の尊厳を傷つける大きな要因のひとつとして貧困を取り上げている。しかし、貧困の様相・原因・解決法などは、経済学だけではなく、行政学、政治学、法律学、社会学が必要であり、貧困の原因、その対処法、影響、分析、意識化、人間理解などを含めれば、ありとあらゆる学問分野を動員しなければならない。学問が細分化されている現代において、専門知識にもとづかない判断や決定に誰も耳をかさないし、現実的に何の貢献もなしえない。

教皇庁には現代世界の諸問題の分析・解決の研究や提言を行う機関が設置されており、その中には自然科学系の専門機関も設置されている。しかし、それらで地球上の問題のすべてをカバーすることなどとても不可能であり、それが求められているわけでもない。教会に求められる道徳判断に限ってみても、教会の立場を明確にする際、判断対象に関連する学問分野との対話なしには問題の正しい把握すら不可能である。だからといって、教会が世界に向けてキリスト教良心として発言することに臆病になる必要もない。大切なのは教会教導職がみずからの限界をきちんと見極め、わきまえることである。たとえば、自然科学や技術はそれ自体としては善でも悪でもない。ただの知識である。しかし、それをどう用いるかで人類への貢献にも破滅にもなりえる。世界と人類の「造られた目的」にかなった仕方でその知識を用いる「方向づけ」を示すのが「知恵」であり、教会はまさにその神の知恵を世界に宣べ伝えるのである。明らかに反自然的・反人道的な研究・開発でないかぎり、教会が学問研究や技術の開発に対して拙速に道徳判断を下し、介入すべきではない。

(3) 教会と社会の健全な区別

社会問題に関する教会のかかわり方の重要な規範のひとつは社会と教会の健全な区別である。ヨハネ・パウロ二世は『真の開発とは』で次のように語る。「低開発、未開発という問題の解決に役立つ技術的解決策を、教会が提示できるわけではありません。（中略）人間の尊重が正しく尊重され、追求されているかぎり、（中略）（教会は）特定の形式の政治経済システムやプログラムを提案したり、あれがよいとかこれが好ましいといった評価も公にはしない」（SRS 41）。これは自己の限界を謙虚に認めた賢明な態度である。また、第二バチカン公会議の『教会憲章』も信徒の王職に関して次のように語る。信徒は、「教会に属する者として自分たちに与えられている権利・義務と、人間社会の成員として有する権利・義務とを、注意深く区別することを学ばなければならない。なお、この両者の間に調和を保つように務めなければならない」（LG 36）。日常生活も神の支配から除外されるべきものではなく、聖霊が働く場である。それゆえ、社会問題に教会はコミットする。しかし、教会は社会とのかかわり方においてみずからを律する必要がある。「現世的なことがらについて配慮する義務をもつ地上の国が、固有の原理によって統制されることは、認められるべきである」（同上）。

教会はＮＰＯなどの社会改良機関ではないし、それを存立目的にしているわけでもない。罪に縛られた世界と人間にキリストの救いの恵みを告げるイエスの弟子の共同体であり、その意味で救いの秘跡である。神の国の到来を存立目的として、神によって建てられた共同体である。悪は罪と重なり、人間の解放は悪からの解放という面を強くもつが、教会のターゲットは悪の排除のみではなく救いである。神の創造の完成である。それゆえ、個人の罪を問い、社会の構造化された罪を問うのである。救いを個人主義的霊性の面からのみ強調した過去から、社会で構造化・制度化された罪に対する現代の教会のミッションへの覚醒は、教会に新たな風を吹き込み教会論のひとつの次元を深めた。教会の社会的ミッションの遂行は現象的には社会改良活動と重なるし、戦略的にも他の団体と協力しながら積極的にかかわっていくべきである。しかし、教会の社会問題とのかかわりは罪の問題であり、神の創造（恵み）とかかわる。改良された社会、法律上保障されている人権擁護の実現だけで教会のミッションは終わらない。人間の尊厳を損なうあらゆる要素から、自他共に浄められること、傷つけた創造の秩序を回復すること、何よりも創造主である神との和解である。そのため時には抵抗、糾弾も必要になるが、何よりキリスト教的良心は回心とゆるしにおいて輝くのである。そのための自己放棄であり行動的な愛の実践である（LG 10 参照）[31]。ここに人間の実存規定が問われてくる。外的拘束下にあっても内的自由に生きる人もいれば、ありあまる富と外面的自由に囲まれながら内的束縛で不幸を嘆く人もいる。物理的・社会的拘束や貧困状態は人間の尊厳を損なうものとして断固改善されるべきものであるが、人間の内的自由はこの世界の不自由さを超越する力をもつ。社会改良プログラムは達成目標に到達しなければ失敗である。少なくても成功ではない。しかし、教会の社会的ミッションには常に神の創造という別の視点がある。それゆえ、社会における自由と平等の達成や人権擁護社会の実現と、教会が告知する救いは、無関係とはいえないが、同一視はできないのである。その同一視が起きる時、教会のミッションはイデオロギーに堕する。

⑷ 社会問題における「正義」と「和解」

第二バチカン公会議は信徒の王職を説明する際に次のように述べる。「信徒は、世の中に人を罪に誘うような制度や生活条件があれば、それを健全なものにし、それらのすべてが正義の規範に沿うものとなり、また諸徳の実践を妨げることなく、むしろ助けとなるようにしなければならない。そうすることによって、彼らは文化と人間の諸活動に道徳的価値を与えることができる」（LG 36）。教会の社会教説でも正義という言葉がひんぱんに用いられる。社会問題は不正が根にあるので、その不正をただすという意味で正義の希求と実現を目指すことになる。しかし、「正義」という言葉も種々のニュアンスを含む。ここで正義論を展開するつもりはないが、二つの点だけ指摘したい。まず、教会において絶対正義は神のみであり、人間はすべて罪人《つみびと》である。社会に正義は必要である。正義が存在することもわたしたちは経験的に知っている。ただし、すべての人を満足させる正義の定義は至難の業であることも知っている。どこかで妥協した正義に従わざるをえない。その典型が法である。通常の民主主義国家において、法は正義にもとづく社会秩序維持のために制定され、市民にはその遵守が義務付けられる。違反者の身体を拘束し刑罰を与える権限を国民は国家に負託している。しかし、法体制が万国一様でないことからもわかるように、法の正義も絶対ではない。それにもかかわらず法の正義には判断（裁き）が伴い、その結果によっては生命さえ合法的に奪われる（カテキズム２２６６−７、「綱要」402−5）[32]。最大多数の最大幸福をもたらす「法の支配」が「地上の国固有の原理」であり、市民として尊重しなければならず、また大多数のキリスト者も同意しその恩恵も受けている。無論、法における正義は徳としての正義の一部であるが、両者の混同は非常に危険である。法は正義の実践のごく一部しか体現していない。にもかかわらず、その制限された法の正義理解でも議論がつきぬところに正義理解の複雑さと困難さがみられる。そして、神学的視点に立てば絶対正義は神のみであり、有限的存在である人間が従う神の正義理解は常に限界が伴う。正義理解はそれほどまでに一様ではないし、ましてや自己正当化や他者を断罪する剣として教会が「正義」を用いるには細心の注意が必要である。また、正義という言葉は理解困難だけではなく危険でもある。人の耳に心地よく響き、時に人を狂わせ、自己の正義を絶対化して他者を裁く「正義のファリサイ主義」に陥る結果にもなりかねない。正義を所有できる人間は誰もいないのである。

31　『教会憲章』はこれを信徒の祭司職との関連で述べている。
32　教会は死刑制度を、積極的に支持はしないが、容認している。カテキズム２２６７、「綱要」405。

二つ目は、教会が語る「正義」には「和解」という視点が必要不可欠である。不正・不義は、創造の秩序の乱れである。神・人間・被造物の関係の乱れであり断絶である。その意味では、正義の追求は正しい関係の回復である。回復は和解を伴う。和解やゆるしは無責任になんでも認める、許すということではない[33]。正しい関係の回復が求める回心《メタノイア》と償いのもとでの和解である。正義を求める教会も不義の子の共同体であり、ゆるしと和解を必要としている。第二バチカン公会議が謙遜に認めたように、教会は常に「浄化・浄め」を必要としている。その和解とは神との和解であり、被造物との和解であり、人間同士の和解である[34]。

和解は感情を超えた意志への挑戦である。正義の追求は理念ではない。現実の悲惨が人間を駆り立てる衝動である。家族を、愛する人を理不尽に殺され奪われた人が慟哭し、復讐の感情に駆り立てられ、犯人に死の報いを願う。難民キャンプで無邪気に遊んでいる子どもたちの頭上で、突如爆弾がさく裂し全員爆死する。その実行犯や責任者に対し多くの人は血の報復こそが正義だと反射的に思う。それらは自然な感情であり反応である。現在の民主的システムにおいて個人による報復行為は認められず、国家などが法のもとに処罰し、それで法の正義は達成されたことになる。しかし、それで遺族は決して満足するわけではない。不条理は残り続け、犠牲の事実は未来永劫消えない。流された血や涙はどのように贖われるのか。簡単にキリストや信仰をもち出すのは偽善である。それでも教会は「ゆるし」を基本姿勢とし「和解」を求める。感情はゆるしも和解も拒むが、理性は意志に和解を語る。実存的葛藤の中で正義はどこにあるのか正解などない。ただ、ひとついえるのは、和解なしに正義は達成されないであろう。和解によって人はゆるし・ゆるされ、その時に、不義の束縛から解き放たれる。

和解とゆるしのイニシアティブは神にある。神はイエスの出来事を通して和解に伴う苦しみも知っている。人はその神からの招きに回心《メタノイア》によって応え、教会は和解とゆるしのつらさと喜びを世界に証しし、その希望を世界に呼びかける。正義の追求は信仰への奉仕が「絶対的に要求することの一つ」であるが、それは「正義は人間が神と和解するために必要な人間同士の和解の一部分をなす」からである。[35]信仰は正義を求め、正義は和解なしには達成されない。和解を忘れた正義は裁きの暴君と化す。ただし、和解も種々の理解が存在する。後ろ向きの反省に終始する態度は和解のダイナミズムを萎縮させる。和解は回心とともに新しい創造への再出発でもある。人は神以外のものとの乱れた愛着を捨て、神に束縛されることによってのみ、真に解放される。

教会は貧しい人を優先的に選択し、抑圧の犠牲者の解放をみずからのミッションと位置づけている。そのために有効な手立てを行使する。しかし、教会は世界の裁判官ではない。罪によって傷つけられた世界をいやす和解の仲介者である。[36]

33　「許し」(permission)は一般的意味の言葉。たとえば、ある行為の実行を認めるか否か。「盗みは許されない」「入学を許可する」など。「赦し」(forgiveness)は宗教的意味の言葉で、ある人を行為も含めて全人格的に受け入れること。「神に罪が赦された」など。ここでは宗教的意味で用いるが「許し」の要素も含まれるので「ゆるし」と表記する。

34　イエズス会は『第34総会教令』(一九九五年)で、現代世界におけるミッションとして、信仰の奉仕、正義の促進、文化との対話、他宗教との対話の四つの奉仕を定めた。『第35総会教令』(二〇〇八年)では、それら四つの奉仕を「和解のミッション」という言葉でまとめている。「第3教令」12以降参照。

35　イエズス会『第32総会教令』(一九七五年)、48参照。

36　ヨハネ・パウロ二世の『和解とゆるし』は和解とゆるしを罪という観点から神学的に分析し教会の任務と責任と位置づけている。「構造的罪」にも触れているが、基本的には神学的原則と理念を提示する内容であり、具体的な問題には踏み込んでいない。一方、教皇庁国際神学委員会『記憶と和解—教会と過去の種々の過失—』(二〇〇〇年、カトリック中央協議会)では、「記憶の浄化」のために、教会(教皇)が過去の悪事に対して「遺憾の意」を表明するだけではなく、「ゆるしを請う」ところに意義がある。過去の悪事に対して現在の人々が当事者としてどのようにゆるしを請うことが可能なのか、歴史の具体的事例に踏み込みながら神学的根拠にもとづいて和解の前提としてのゆるしの意味を説いている。教会の教えの中で、正義、和解、ゆるしは関連づけられて理解されるべきものである。

(5) 社会問題における教会と政治

教会と社会問題のかかわり方に関する問いの中で、政治参加の問題はもっともナイーブで感情的反応を引き起こす。理由は、民主主義制度によって国家運営がなされていると国際社会から認知されている国において、その社会の構成員はみずからが所属する政治共同体（地方自治体レベルから国家レベルまで）に対して権利、義務、責任を有しており、権利の行使の際、様々な意見や思想が衝突するからである。たとえ同じ政治目標を共有しているとしても、目標達成のための手段や方法の選択、目標設定の思想的背景が必ずしも一致しているとは限らない。キリスト者という基本的価値観を有している者同士でも、具体的な政策において真逆の政策目標が掲げられることもある。しかも、両者とも福音に根拠を求めて主張を展開する。教会の社会教説は経済を端緒としたが、それはただちに政治に移行する。「経済活動には、人々の力と自由を恐ろしいほど吸収するという危険が含まれています。そのために、経済は必然的に政治に移行するのです」（OA 46）[37]。民衆は物価を決めることはできないが、物価をはじめとする経済を統制する政権を選ぶことはできる。教会と政治参加の問題では、「自律」と「区別」が重要になる。

カトリック教会の政治参加は政教分離の原則を前提としている[38]。ここに、教会が社会問題とかかわる際の独特のロジックが発生する。この原則は、教会をはじめ、ほとんどの民主国家の共通理解である。これは、教会が政治に無関心であっていいとか、かかわるべきではないということではない。政治共同体に属する領域と教会の領域は相互の自律性を尊重しなければならないということである。この自律性は領域上の区別である。さらに、カトリック教会においては「信徒」と「聖職者」という位階制上の区別もわきまえる必要がある。信徒が市民として政治参加する場合に行使される自由と権利は、何人によっても犯されない。個人としての自由は完全に保証される。しかし、信徒の政治参加において、教会教導職は次のように注意喚起する。「（信徒の政治参加の手段に関して）キリスト教信仰の関心事を、一つの政治団体のみで、適切に実践するのは難しいものです。特定の政党あるいは政治勢力がキリスト者の信仰と生活の要求に完全に合致することを求めるのは、危険な過ちを生み出します。キリスト者は、信仰と教会への帰属から生まれる倫理要求に完全にこたえる政党を見つけることはできません」（『綱要』573）。キリスト者の政治勢力への支持は、イデオロギー的なものではないと釘をさす。また、信徒個人（あるいは有志）の政治活動は、キリスト教的良心にもとづく活動だとしても、自律性の尊重が求められ、立場の限界をわきまえるべきである。「『キリスト者個人または団体がキリスト教的良心に基づいて一市民として行うことと、司牧者とともに教会を代表して行うこと』（GS 76）の区別が重要です[39]」（『綱要』550）。逆にいえば、市民としての立場を明確にした上での政治活動は、合法の範囲であれば自由だということである。

キリスト教的原理や価値に反しない政治思想や政策手段は、多種多様に存在する。政治共同体の権力の正当性やその範囲は、国や民族によって異なる。その政治共同体の歴史、様々な環境、構成員の判断によっても変わってくる。各地域の実情に合わせて社会問題について福音と教会の教えから考察の原則と判断の基準、そし

37　邦訳は次より。パウロ六世教皇書簡『オクトジェジマ・アドヴェニエンス』（一九七一年）、浜寛五郎訳、中央出版社、一九七五年。

38　次の公文書を参照。教皇庁教理省『政治生活へのカトリック信者の参加についてのいくつかの問題に関する教理文書』（二〇〇二年一一月二四日）。以下、「政治生活」と略。邦訳はカトリック中央協議会ホームページで閲覧可。

39　これは重要な指摘である。信徒が市民としての政治活動を行う際「カトリック」という名称の使用範囲がどこまで教会権威によって認められているのか、日本では周知されているとはいい難い。教会が「あれは個人の活動」と説明しても、「カトリック」の名前で活動していれば「カトリック教会の意見」、つまり「教会を代表して行っている」と社会に認知されても仕方がない。また、教導職にある司教が司教団としても個人としてもその名前で公にする意見は、カトリック教会の立場を公にすることである。意見の内容が信仰と道徳にかかわるならば教導権の発動である。

て行動の指標をひきだすのは各地域のキリスト教共同体全体の役割である（OA 4、「綱要」574）。教会は社会の共通善の追求のため、政治の自律を尊重しつつ社会と人々に奉仕するが、全世界共通の解決策を提示することはほとんど不可能である。それゆえ、教導職が特定の党派や立場を擁護し、個別の問題に深入りすることはない。「地上における歴史の過程において、人間が置かれている状況は急速に変わりやすく、不完全なものです。その理由から、教会は社会的および政治的ことがらに融通の利かない枠組みを押しつけようとする考えはありません」（「政治生活」7、「綱要」568）。また、専門家による状況認識と福音のメッセージから現状を改善するための選択肢を見極める必要があるが、「どのような問題も一度にすべてが解決することはないのですから、一つの選択だけが完全であると決して考えてはなりません」（「綱要」568）と、特定の政治主張の絶対化に対しても批判的である。絶対正義が人間にないように、キリスト教価値をまんべんなく表現する絶対的な政治主張も政策もありえない。信徒のキリスト教的良心に従う政治参加は、他者への奉仕という立派な志しではあるが、教会教導職の政治的役割にはおのずと限界がある。

教会の教導権が、社会や政治生活にかかわる問題に関与するとき、自律性は正しく解釈され、その要求は必ず遵守されます。なぜなら、「教会の教導権は政治的権力を行使しようとしたり、不確定な状況に対するカトリック信徒の思想の自由を排除したりしようと望んではいません。むしろ、教会は—その適正な役割がそうであるように—信徒、とくに政治生活に参画している信徒の良心を照らし、育成することを目指しています。それはその信徒たちの行動がつねに人間と共通善の包括的促進に奉仕するものとなるためです。教会の社会教説はそれぞれの国の内政への干渉ではなく、むしろ分割不可能の一体である良心から派生する道徳に関して一貫性を持つという、カトリック信徒の義務に関連するものです」（「政治生活」6、「綱要」571)。

政治の自律と教会の社会的使命は常に緊張関係にある。「政治活動に従事するキリスト教徒は、自分の意見が福音と調和し、多種多様な合法的計画や意見があるなかで、個人的に、または連帯で、キリスト教信仰の真理と真実を証言しなければなりません」(OA 46)としながら、自律と区別の自覚が必要であり、教会を自己の主張のために利用することも戒める。「だれも、自分の考えだけが教会の権威によって支持されていると主張することは許されません(GS 43、「綱要」574)。同じように、たとえ宗教的信念にもとづくとしても市民個人としての政治主張に「神の国」「福音的価値」「預言者として」という類の文言を付加するのも、非常に危険である。教会が相手領域の自律を侵犯すると、必ず逆の侵犯も発生する。[40]

では、キリスト教的良心と政治共同体、特に公権力の命令とが衝突するときにはどのような態度が求められるのか。公権力が道徳秩序、基本的人権、福音の教えに反するとき、「市民は良心において、それに従うよう義務づけられてはいません」(カテキズム　2242、「綱要」399)。道徳的に悪とされる命令を拒否する「良心的拒否の権利」を認め、人間の基本的権利であるとする(「綱要」399)。政治共同体は市民社会への奉仕のために存在するのであって、その逆ではないからである。政治共同体と市民社会は密接に関連しあっているが、市民社会は常に優先される(「綱要」417－8)[41]。ただし、これも恣意的に解釈されうる。良心はきわめて個人の自由

40　国家権力による宗教迫害は現代世界においても人権侵害の深刻な問題である。

41　第二バチカン公会議『信教の自由に関する宣言』は、国家権力による宗教の抑圧、介入、妨害からの自由と、国家に優先する市民の権利について扱っている。国家、教会、市民社会の関係についての基本文書である。また、この文書を必要とする歴史的経緯があったということである。

の問題であり、「拒否権」を行使できる基準、市民社会を代表できる要件など、教会教導職が世界一律の基準や要件を明確にするのは不可能である。公権力がどこまで良心に踏み込めるのか、この点に関しては政治学や法律学の分野に入ってしまい、神学の手に余る。ただここでも念頭におくべきは、「キリスト教的良心」といっても個人レベルと共同体レベルでは常に区別されていることである。

個人の良心と公権力がもっとも激しく衝突する具体的事例のひとつである戦争に対しても、教会はそれほど明快な指針を示しえない。戦争は人間の罪がもっとも醜悪な形で露呈し、多くの人間の尊厳を踏みにじる破壊的行為であることは誰もが認めるところである。しかし教会は、為政者に戦争回避の努力義務を求めるが、正当防衛のための武力行使は認めるだけではなく責任者の義務だとさえしている（カテキズム2307–10、「綱要」500–5）[42]。ゆえに、正当防衛のため国家の軍事力保持も条件付きながら正当と認めている（カテキズム2310、「綱要」502）。ただし、防衛において何が「正当」なのか、どの「条件」ならば適正なのか、解釈、環境、時代状況によって変わりうるので、教会教導職が定義づけることは不可能であるし、それは国家の安全保障という究極の政治の自律性への尊重にもかかわる[43]。現代では戦争形態が従来とは大きく変わり、戦場がサイバー上や宇宙空間の場合もある。

各国の軍事システムに対する司教団の対応もそれぞれの事情による。徴兵制度が存在する国の司教団がその法律に反対するわけでもなく、信徒に良心的兵役拒否を勧めることもない。徴兵制度そのものが「自分の良心に反する」という理由で違法に徴兵逃れした信徒がその国の法律で罰せられても、司教団として擁護や弁護することはない。また、伝統的キリスト教国では従軍司祭という制度があり、現在でも世界各地の基地や戦闘地域に派遣され、時には戦闘の前線で兵士の霊的世話に従事する聖職者がいる。彼らは命の危険を承知の上で兵士たちの司牧や霊的世話というミッションを自分の召命として引き受ける。その国の司教団に認められた身分・任務であり、社会的にも高い尊敬を受けている。もちろん、右記のような軍事システムが自国に導入されるとすれば、福音の名ゆえに批判する別の国の司教団も存在する。条件を満たしていればどちらも教会の教えにかなっており、条件を逸脱すればどちらも罪責性を免れえない。

罪の世界に恵みをもたらす器としての教会の社会参加、ことに政治参加は、かくも困難な判断を伴う。ただ、個人よりも教導職には発言にも行動にも慎重さが求められるのはいうまでもない[44]。特に地域の共同体を二分するような問題に対しては安易な判断を避け、教会の自律と限界を自覚し、他の領域の自律を尊重しつつ、社会全体の共通善が何かを識別する熟慮が求められる。「政治だけが他人への奉仕というキリスト教徒の義務を果たすための唯一の道ではない」（OA 46）というパウロ六世の言葉を思い出す賢明さも時には必要であろう。いずれにしても、「愛に根ざし、共通善の追求」が、教会の政治的奉仕の最大の原則である（GS 43、「綱要」573—4）。

42　正当防衛戦争以外で教会教導職が最後の手段として武力闘争を認めるのは、「だれの目にも明らかな圧制が長く続いていて、人間の基本的権利がはなはだしく侵され、国家の共通善も危うくされるほど損なわれている」状態を終結させるためである。ただ、「極端な解決策」だとし、武力使用に関して厳しい五つの条件をつけている。「綱要」401。教皇庁教理省指針『自由の自覚—キリスト者の自由と解放に関する教書』（一九八六年三月二二日発表）、カトリック中央協議会、一九八七年、79。

43　教会は軍事力による正当防衛の要件として伝統的な四つの基準をあげる。カテキズム２３０９参照。ただし、現代の戦争形態、武器開発技術力、国家形態の流動性やそれに伴う国際関係は、すでに教会の想定をはるかに超えた事態になっており、伝統的四つの基準は実質的に機能しえない。

44　「慎重」の意味は、問題が教導職としてあつかうべき案件か、メッセージや教書を発表する場合にはそのタイミング、発信相手に理解可能なロジックと言葉遣い、提案・アピール・意見発表や行動によって期待できる効果などを見極める必要があるということである。自己満足が一番虚しい。

三　社会の中で輝く聖性

1　聖性に招かれている人間存在

個人と社会のただ中で働く聖霊の恵みは、人と社会を聖化する。罪と恵みが社会的次元を有するがゆえに、教会の社会的ミッションは、一部人間のための付随的任務なのではなく、まさにそのために教会は神に建てられ派遣された、恵みの仲介としての教会のレゾンデートル（raison d'etre）である。教会は社会の中で、社会と共に、社会のための共同体でありながら、人や社会や世界を超越した終末の完成（救い）へと導くための固有のミッションを遂行する。教会は罪人の共同体であり、旅する教会であり、浄化を必要とする共同体にもかかわらず、聖霊の働く場として聖なる共同体である。キリスト教信仰に従えば、聖霊が教会を常に聖化し、「聖霊は教会の中に、また信者たちの心の中に、あたかも神殿の中にいるかのように住み」、「教会をあらゆる真理に導き、交わりと奉仕において一致」させる（LG 4）。そして、教会のこの聖性は、愛の完成を目指しながら、一人ひとりに与えられている固有のミッションにおいて、「一種独特の形で、福音的と呼ばれてきた勧告の実践において現れる」[45]（LG 39-42参照）。人は誰でも、罪と恵みが交錯する社会の中で、それぞれに与えられた生活の中でこの聖性を示すよう招かれている。この福音的勧告を具体的状況の中で実践し、教会の聖性を輝かせ、その希望の光として示されるのが、カトリック教会において伝統的に「聖人」として崇敬される人々である。聖人の聖性はその個人の独占的所有物ではない。彼ら彼女らの聖性は、日常生活の中で、聖なる教会の聖性に導かれ、生かされ、そしてついにはそこに連なるものとされた共同体の聖性であり、その社会化（socialization）であり具体化（actualization）である。それゆえ、聖人たちの生き方は、各具体的状況において示された、イエスの証となるのである。

2　イエスに従う弟子として

イエスは人々と交わり、彼の日常に生き、律法の教条主義的遵守が人々を束縛する社会の中で神の言葉を伝え、救いのわざを成し遂げた。そして、ユダヤ人から宗教的冒瀆者としてねたまれ、ローマ帝国の政治犯として殺された。まさに、構造化され制度化された社会の罪によって死においやられたのである。イエスの復活はそのような生涯を送ったイエスの復活であり、復活を通してイエスのその生き方を神が絶対的に決定的な形で肯定したのである。その宗教体験からキリスト教はイエスの死と復活を神の啓示の完成と呼んでいる（DV 4参照）。イエスの復活は神が人々を罪と死の闇から解放し、今も世にあって人々と共にいる約束でありその成就である。イエスが示した神の恵みは、この世を離れた彼岸の世界のものではなく、彼の具体的日常の中で示された。聖霊がイエスの日常生活において働き、イエスはそれに従い、そして周囲にそれを証しした。神の言葉が人間になったという受肉の神秘は、単に人間の肉体（姿）をまとったのではなく、それにともない社会的存在である人間になったということを含意する。ここにグノーシス主義的キリスト理解（仮現説）の最大かつ本質的欠落がある。イエスは神からの恵みに生かされ、弟子たちを通じて、そして教会を通じて、来たりつつある神の国に備えて社会を変容させていくミッションを遂行した。聖人をはじめイエスに従う人々も同様である。彼ら彼女らの時代と場所においてイエスに従い、各時代や社会状況の中でイエスを通じてもたらされた恵みの証人となった。まさに神の言葉は彼らを通じて社会に受肉していくのであり、そのプロセスは今も続いている。

45　「聖性への普遍的召命」と呼ばれる。すべての人が聖性に招かれている。

3　罪と恵みの交錯：殉教

イエスの弟子として彼に従い、すぐれた仕方でキリストを証しし、信仰の模範となる人々を聖人として崇敬する伝統が教会にはある。教会の聖人崇敬は殉教者崇敬から始まった。殉教者は、イエス・キリストへの信仰のためにユダヤ人に殺されたステファノや使徒ヤコブから始まり、地中海世界に拡散していったキリスト教の各教会が帝国権力と出会うことによって頻発するようになる。帝国の宗教秩序を乱す輩として逮捕や拷問を伴う棄教勧告にも従わず、天国の栄冠への希望を胸に信仰ゆえに殺される殉教は、古代教会において極端な殉教美化や賛美を生み、信徒の間の殉教熱をあおった。時に発生した自発的・自殺的殉教も記録に残っている。[46]そして殉教を目の当たりにした人々が教会に加わり、教会は増えていったのである。[47]まさにテルトゥリアヌスがいうように「キリスト教徒の血は種子」であった（『護教論』50、13[48]）。

殉教はmartyrion（ギ）martyrium（ラ）、殉教者はmartys（ギ）martyr（ラ）であり、それぞれ「証」、「証人」という意味である。キリスト教信仰の証人として殉教者は崇敬され、殉教者崇敬は各教会で盛んになった。興味深いことに、この時代の殉教録には迫害者（帝国）に対する抵抗はみられず、よき帝国の市民でありながら、棄教だけは受け入れられないとして死んでいく殉教者の態度である。当時の教会はみずからに対する迫害をどのように認識していたか、二通りの理解がみられる。一つは神に抵抗する悪の勢力が帝国を用いて神の共同体の破壊を目的とする迫害理解であり、もう一つは平和裡に堕落した聖職者や信徒の信仰を呼び戻すための神からの試練としての迫害理解である。[49]それゆえ前者の理解に立てば、殉教は悪の勢力への勝利であり、後者においては神への忠誠心の証という色合いが強くなる。いずれにしても、当時の殉教者は自己弁明したり抵抗したりする権利は何もなく、ただ棄教を拒み続けることによって、非人間的扱いを行う帝国に対して死をもって悪を告発するだけである。不平等な社会構造の中で多くの人々が貧困と暴力に苦しめられていた時代に、死を超えた命を証しするキリスト教徒は、人の力によっては汚すことのできない命と人間の尊厳を逆説的に社会に示し続けていた。イエスは暴力的処刑という当時の社会的かつ宗教的罪の構造によってその生を抹殺されたにもかかわらず、神による死からの復活を通じて罪に打ち勝つ恵みの力を証しした。同様に殉教者は、イエスの模範に従い、人間の尊厳が簡単に踏みにじられる当時の社会状況において、人間に働きかける神の恵みを証し、人間の尊厳を示したのである。その意味で、殉教は、人間と社会に巣くう罪と、人間に与えられる神からの恵みがもっとも激しく衝突し燃え上がるドラマである。だからこそ、殉教は恵みとして人々の心を打ち、共同体を鼓舞し、記憶を通じて種々の記念（典礼、場所、日、遺物など）とともに継承されていったのである。教会において殉教者として認められるには、信仰を守るためにみずから命を捧げること、無抵抗であること、教会の教えに最後まで忠実であること、が条件である。この当時、殉教者は老若男女、あらゆる社会階層、聖職者にも信徒にもみられる。

46　この時代の殉教に対する考えは「アンティオケイアのイグナティウスの手紙」（『使徒教父文書』講談社）、オリゲネス『殉教の勧め』（創文社）、キプリアヌス『書簡抄』（創文社）、エウセビウス『教会史』（山本書店）など多数の記録が残っている。

47　殉教によって教会加入者が増加するという現象は、現代のわれわれの感覚からすると一見不合理に映る。自分の財産、家族、命までを犠牲にしてわけのわからない集団への帰依はまったく「非合理的選択」だと判断される。しかし、殉教が当時の宗教社会環境において、実は「合理的選択」であり、その証拠に殉教によって教勢が拡大したという社会学者の分析もあり興味深い。ロドニー・スターク『キリスト教とローマ帝国』穐田信子訳、新教出版社、二〇一四年、205〜239頁。本書は、キリスト教がローマ帝国に広がった理由を「キリスト教が合理的宗教だったから」とし、種々のトピックスを取り上げて分析している。

48　テルトゥリアヌス「護教論」『キリスト教教父著作集14』、鈴木一郎訳、教文館、一九八七年。

49　ローマ帝国はキリスト教を継続的に迫害していたわけではない。皇帝や社会状況によって、迫害は単発的にしか発生していない。神の御心に沿わない共同体への罰としての迫害理解は、旧約聖書のバビロン捕囚などにもみられる。

キリスト教公認を境に殉教は減ることになるが、新たな聖人のカテゴリーとして証聖者という身分が登場する。アントニオのような砂漠の隠遁者、ベネディクトのような観想修道者、大グレゴリウスのような教会の賢明な牧者、アウグスティヌスやトマス・アクィナスのようなキリスト教の優れた学者、シエナのカタリナやアビラのテレジアのような神秘思想家、フランシスコ・ザビエルのような世界宣教に従事した宣教師、ヨゼフ・ダミアンやドン・ボスコのような医療や教育活動を通じて社会的弱者に奉仕した人々、などである。証聖者たちの聖性は、具体的な表現形態は異なるが、彼らが注目されたのは当時の社会の要請によるものであり、社会状況を反映している。人間が社会的存在である以上、隠遁者もその生活形態によって、人間の尊厳を傷つける社会生活の罪深さを逆説的な形で告発するものである。その意味では社会に内在する悪や罪に対する恵みの社会的かつ人格的具現化が聖人たちであり、彼らは聖性の社会的次元をよく表している。これら証聖者たちも殉教者のようなドラマティックな形ではないにせよ、生涯をかけてキリスト教信仰を証しした人々といえる。

4 聖性理解の困難さ

古代において聖人は、民衆や共同体の中から自然発生的に湧きあがった特定の人物への崇敬を、教会が追認する形であったが、十三世紀以降、列聖の権限は教皇に保留されるようになった。このような措置は十三世紀が異端運動の時期だったことと無縁ではない。つまり、教会は聖性をコントロールする必要に迫られたのである。当時の堕落聖職者へのアンチテーゼとして発生した民衆の使徒的運動であったヴァルドー派やカタリ派は、貧しさを中心とする教えと生活を説くキリスト教原点回帰を目指すものであったが、彼らの運動が当時の教会組織否定に向かったため、教会当局の脅威となったのである。制度としての教会理解が強かった当時にあって、組織防衛のためにも彼らの存在を認めがたい教会は、徹底して彼らを弾圧した。たとえばアルビジョア十字軍は、カタリ派の拠点を武力で壊滅した。この時のベジエの街の住民三万人の虐殺はこの十字軍の残忍さを物語るものとして有名である。[50]この時期に異端審問所も設置され、異端裁判が街ごとで行われ、社会不適応者や教会にとって好ましくないと思われた多くの人々が異端（つまり瀆聖者）の烙印を押され火刑に処せられた。[51]アルビジョア十字軍を組織したインノケンティウス三世は、当時の清貧運動のひとつであったアシジのフランシスコとその集団の活動は認めている。[52]

教会にとって何が「聖性」なのか。そこには当時の社会状況や環境、そして教会の組織防衛に要請されるものが強くかかわっている。つまり、恣意的なのである。古代ローマでは帝国権力がキリスト教徒を迫害・処刑するという構図だったが、カタリ派撲滅では教会が権力者側という形で、しかも規模が拡大されて再現されている。[53]カタリ派にしてみれば、豪奢な生活を送る腐敗した聖職者の教会に対して自分たちこそがキリストの清貧と聖性を実際に生きているものであって、暴力によってもその信仰を捨てないイエスに従う殉教者《あかしびと》だと考えたであろう。フス裁判では、フスは身の安全を保証された上で出向いたコンスタンツ公会議で即刻、異端者として火刑に処された。フスも支援者も彼の死を殉教だと認識している。現代的視点からは、十字軍が神の聖性とは無縁の歴史的現象であり、腐敗した教会が聖性を語る資格があるとも思えない。教理

50　ベジエの街にはカトリック信徒もいたが、カタリ派との見分け方について質問された十字軍の指導者シトー修道院長アルノー・アマルリックは、「すべて殺せ。神が見分ける」と答えたという。
51　十五世紀以降西欧で盛んになった「魔女狩り」は、この時設置された異端審問所と関連はあるものの別個の現象である。
52　実際、フランシスコたちの運動は最初はヴァルドー派とみられていた。
53　ローマ帝国のキリスト教迫害は単発的で、しかも逮捕されたのは指導者や目立った信徒のみで末端信徒には及んでいない。もともとローマ帝国は宗教寛容策をとっていた。殉教者の数も、研究者にもよるが、総数でも万単位ではない。

問題で異端的だからといって約束を反故にして火あぶりにする教会の態度が聖性を守ったとは誰もみなさない。権力をもった教会は、聖性をしばしば政治利用する。破門は宗教上というよりも有効な政治的武器であったし（グレゴリウス七世やインノケンティウス三世、宗教改革のケースなど）、十字軍では免償や永遠の命を条件に参加者を募り、異教徒殺戮のため軍の士気を高める。宗教改革の原因ともなった免償符による教会の蓄財、たびたびの教会腐敗の原因になった聖職売買《シモニア》など、教会堕落は人間が聖性を権力と結びつけるときに起きる。本来聖性は神から与えられるものであって、人間がコントロールできるものではない。罪は常に聖性を支配しようとする。罪が聖性の姿をまとって本当の聖性を駆逐していくこともある。ドストエフスキー（一八八一年没）の『カラマーゾフの兄弟』（一八八〇年発表）の「大審問官」の物語は、その点で興味深い。セルビアにあらわれたキリストが異端審問所に引き立てられ、大審問官から「お前は異端で明日火あぶりだ」と宣言される。人間が聖性をコントロールしようとすると、教会からキリストを追い出すという悲喜劇が生まれる。その意味でイエスがユダヤ人からは宗教的冒瀆者として訴えられ、当時のローマ帝国の政治犯の処刑方法である十字架刑で殺されたのは示唆的である。彼は、ユダヤ人にとっては「聖性」を汚すもの、ローマ帝国にとっては「秩序破壊者」だったのである。まさにこの社会という宿屋には「彼ら（聖家族）の泊まる場所がなかった」のである（ルカ２・７）。

十六世紀以降の聖人の多くがカトリック内教会改革や刷新に関係のあった聖職者や修道者であり、彼らは教会の本来の聖性を、新たな状況で輝かせることに貢献した。一般信徒の聖人はほとんどみられない。一方でこの時代に活発になった海外宣教で殉教した宣教師も多い。彼らを題材としたヨーロッパ絵画では、敬虔深い宣教師たちが、野蛮な現地住民に残酷に殺されるという図柄がよくみられる。宣教師たちの人生をかけた活動にけちをつけるつもりはないが、このようなヨーロッパ中心主義、しかも教会中心主義の殉教図には疑問を抱く。宣教師はその土地の人に望まれてやってきたわけではない。宣教をその本質とするキリスト教側のある意味で「押しかけ」である。当時、ヨーロッパ人の海外進出の第一の目的は経済的利益のためであり、そこに人種差別も加わり、現地の人々から土地も労働力も収奪していった。また、新しくやって来た外国人と共に未知の疫病も入り込み、免疫をもたない現地の人々が多数犠牲になった記録も残っている[54]。その土地の人にしてみれば、それまで平和に暮らしていた共同体に突如やって来た外国人が災禍や混乱をもたらす。宣教師も外国人であり、災禍や混乱をもたらす人たちと変わらない。土地の人は来訪者に対して自衛の策をとり、そのあおりで宣教師が殺されたこともあっただろう。が、教会の記録では聖なる宣教師の殉教となり、土地の人々は無知蒙昧な野蛮人と描かれる。このような場合、殉教者や聖人は、教会の都合に沿った見方であって、視点を変えれば侵略者たちに抵抗した人々こそ英雄である。もちろん、宣教師たちが教育や医療、文化の面などで現地社会に貢献したことも多々あったであろう。しかし、海外宣教者の殉教数と、西洋人の来訪によって犠牲になった現地人の数を比較すれば、圧倒的に後者の方が多い。このように、たとえ宣教師は福音宣教という純粋な善意で訪れたとしても、人間の罪深い思惑とは無関係ではいられず、また人間的限界から彼らが望まない不幸をもたらすことは、罪と恵みが交錯する社会においては避けがたいことである。だからこそ教会は、殉教者の聖性をただ讃えるのではなく、みずからが罪深い結果をその社会にもたらした事実も自覚すべきである。聖性は人間の尊厳をあらわにするだけではなく、個人や社会に内在する罪の根深さをも浮きぼりにする（ローマ7・7－25参照）。

54　ジャレド・ダイアモンド『銃・病原菌・鉄』上下巻、倉骨彰訳、草思社、二〇〇〇年。旧大陸から新大陸にもちこまれた天然痘や麻疹は、現地住民の命を大量に奪った。「ユーラシア大陸から運ばれてきた病原菌で命を落としたアメリカ先住民は、ヨーロッパ人の銃や剣の犠牲となって戦場で命を失った者よりはるかに多かった」。上巻310頁。

二十世紀になると教会は聖人を量産する。特にヨハネ・パウロ二世は積極的に列聖を行った。二十世紀だけでそれ以前の聖人総数よりもはるかに多い人数が列聖・列福されている。それまでイタリア人が圧倒的多数だったが、ヨーロッパ以外の人々の列聖・列福も飛躍的に増え、聖職者や修道者以外も多数含まれている。教会が世界に広がったこともあり、各地域教会は自分たちの聖人を望むようになる。それは教会が語る聖性が、自分たちと縁もゆかりもないどこか遠い世界の英雄物語ではなく、まさに自分たちの日常で輝いていることを実感させるからである。同じ土地で生き、同じ空気を吸い、同じ言葉を語り、今と同じように罪が巣くう社会の中で生きていたその人の中に確かに聖霊が働き、聖性が輝いていた。これほど共同体の信仰を鼓舞するものはない。各地域や民族の聖人は、聖性の受肉化であり、土着化であり、社会化である。聖人の聖性は過去の遺物ではなく、現在の教会の人々の具体的社会生活を照らす光なのである。教会の列聖行為そのものは人間のわざだが、恣意的に聖性を利用するというよりも、これまで埋もれていた聖性の豊かさの再発見といえる。ただし、このような教会の列聖行為も、国際関係や民族間の緊張とは無縁ではなく、何らかの反応を引き起こすことは免れえない。

5　普遍的聖性を証しする教会

二十世紀以降の殉教者像に大きな二つの特徴がある。一つ目は、彼らの迫害者もキリスト者であったということ、二つ目は殉教概念の拡大である。まず一つ目の特徴は、二十世紀以降の殉教者はキリスト者によって殺されている。従来、殉教は異教徒による迫害の結果であった。信仰を捨てるか否かの選択の中で殉教者は棄教を拒否し、死に赴いた。古代ローマや日本のキリシタンの殉教はその代表的な例であり、世界史では各地でみられる。「信教の自由」がまがりなりにも保証されていた二十世紀以降の殉教者の多くは、棄教を迫られた結果の殉教ではない。彼らはキリスト者によって迫害され、殺された。また、迫害者もみずからをキリスト者とみなし、教会の典礼や礼拝に参加し、教会を保護することさえあった。しかし、聖職者や信徒のある人々は信仰の良心から、抑圧的国家権力を批判し、その命令に抵抗し、人々にも同調するよう呼びかけたので、国家権力によって「邪魔者」「社会秩序破壊者」として迫害され殺されたのである。

二つ目は、最初の特徴と密接に関連する。従来の殉教物語では、迫害者が殉教者に問う、信仰を捨てるのか、捨てずに死ぬか。二十世紀以降の殉教者が問われたのは、信仰の命ずる生き方に従うのか（それは死を意味するのだが）、妥協して生きるのか。しかも、問うのは自分自身である。迫害者は信仰の棄教を迫ってはいない。彼らが構築した政治的・社会的システムに従うかどうかである。殉教者は葛藤の末、みずからの信仰にもとづき選択したのである。二十世紀の三名の殉教者、コルベ神父、エディット・シュタイン（十字架のテレサ・ベネディクタ）、ロメロ大司教はその代表である。

マキシミリアノ・マリア・コルベは一九四一年に、エディット・シュタインは一九四二年に共にアウシュヴィッツ強制収容所で処刑されている。日本の長崎でも活動していたコルベ神父は、ポーランドに侵攻したナチス・ドイツに反ナチス的カトリック指導者の一人として逮捕され、アウシュヴィッツに送られる。そこで脱走者が出て、その罰として一〇名が処刑されることになる。選ばれた一人に妻子がいることがわかるとコルベは身代わりを申し出、他の九名と共に餓死刑を受ける。最後まで死ななかったので薬物注射によって絶命させられた。エディット・シュタインはドイツのユダヤ人商人の家庭に生まれる。ユダヤ教信仰を拒絶し無神論者として哲学の研鑽に励むが、カトリック教会との出会いによって洗礼を受け、女子カルメル会に入会する。ナチスのユダヤ人迫害によって捕えられアウシュヴィッツに送られガス室で殺害された。コルベは一九八二年に、シュタインは一九九八年に共に殉教者として列聖されている。しかし、彼らは伝統的殉教者の概念には当てはまらない。コルベは信仰に根ざした行為のゆえに処刑されたが、棄教を迫られたわけではない。シュタインにいたってはユダヤ人だから殺されたのであって、犠牲者のユダヤ人の中にたまたまカルメル会修道女がいたという話である。それでも教会は彼らを「殉教者」として記念する。それは彼らの死が彼らの信仰告白でありキリストに従った結果だったからである。コルベにとって身代わりの申し出は、圧倒的権力の前でうめき泣くしかない弱者に寄り添うイエスに従う生き方であり、シュタインにとってナチスの暴力システムの中で殺されることは、罪なき政治犯として十字架にかけられたイエスに倣う生き方であった。

オスカー・ロメロは、国内の政治情勢が不安定なエルサルバドルの中で、貧しい人々の声なき声になった。圧倒的な貧困、反政府活動家（司祭も含む）への拷問、暗殺などの社会不正に対して明確な声をあげたロメロは、一九八〇年、サルバドール大聖堂でのミサの最中に射殺された。射殺後、ロメロに対し民衆からは貧しい者の友、代弁者として聖人の声があがったが、バチカンはなかなか動かず、三五年後の二〇一五年五月に殉教者として列福された[55]。ロメロの殉教も棄教を迫られての結果ではなく、信仰にもとづく正義の要求を国家に求めたからである。たびたびの暗殺警告にもかかわらず、ロメロはイエスの弟子として内なる信仰の促しを抑えることはできなかったのである。

この種の殉教は、第二次世界大戦のドイツや戦後の軍事政権下などで多発した。コルベ、シュタイン、ロメロの殉教は、何よりもまず神からの良心の声に従うことを選択した「能動的受難」「積極的苦難」である。非人間化を進め、人間の尊厳を奪う権力と対峙し、力による抵抗は選ばず、自殺願望とは異なる能動性をもって処刑されていったのである。彼らの殉教は、構造化され社会化された罪のシステムの犠牲者すべてに連なるものである。数知れない、名前も消され、囚人番号（コルベの囚人番号は一六六七〇番）で呼ばれ記録される非人間化された犠牲者たちに対する連帯の証でもある。そしてこのような殉教者を教会は忘れない。彼らを忘れ去ることは、教会が罪深さと妥協し迎合したしるしとなる。それは、彼らと共に、ポンテオ・ピラトのもとに十字架につけられたキリストを忘れることを意味する。そして、教会はただ忘れないだけではなく、彼らを通して罪のただ中で示された聖性を世界に告げる。コルベの殉教は、人間の罪深さの悪夢の記憶である囚人番号一六六七〇を、聖性の輝く人間の尊厳の希望の数字へと変容させた。恵みは罪に決して負けない。だからこそ、イエスの十字架は、いつまでも、世の終わりまで、人類の救いのしるしなのである。

そしてこの聖性をもたらす聖霊は教会の内外で歴史を通じて働いている。ペトロ・クラベール、バルトロメオ・ラスカサス、マハトマ・ガンジー、ディートリヒ・ボンヘッファー、ルーサー・キング牧師、マザーテレサ、イグナシオ・エラクリア、マンデラ、その他、名を知られていない多数の殉教者や暴力の犠牲者など、その証人《あかしびと》をあげれば枚挙にいとまがない。教会は、キリストの教会である続ける限り、彼らを通して示される神の慈しみ、憐み、ゆるし、忍耐、義、つまり神の聖性を宣べ伝えるミッションをあきらめない。教会は、罪人の集まりであると同時に、罪深さの中で、聖霊に息吹かれたイエスの弟子たちの共同体として、神の聖なる恵みを証しし、仲介する普遍的秘跡である。

諸民族の光であるキリストの秘跡として

恵みは救いにおいて完成される。そして宗教は救いについての言説《ディスコース》であり、実践である。人が救いを求めるのは、救われていない現実があり、それは人間本来の姿ではないと知っているからである。その救いを阻む

55　民衆の人気の高かったロメロの列福に時間がかかったのは、解放の神学を警戒していたバチカンが、ロメロの列福が神学的に政治利用されることを警戒していたと忖度されている。

ものが罪である。それゆえ、宗教と名のつくものはそれが真正な宗教である限り、人間の罪と恵み、そして恵みの究極形としての救いを主題としている。それは哲学的思考の彼岸にあるものではなく、日々の社会生活の中で体験され展開される。それゆえ、社会は教会がミッションを果たすまさにその現場なのである。ただし、教会は政治や経済ともかかわりながらも、それらの社会の公的領域の自律を尊重し、みずからの関与の適正を見極め、宗教的課題であり挑戦として社会問題を引き受ける。だからこそ、人間の尊厳は世界内の社会問題でありながら、一方では救いという超越論的次元の課題と挑戦になるのである。

　キリスト教が主張する救いにいたる恵みや、それを阻害する罪の理解の根本的枠組みは、創造信仰である。神が世界を創造し、その創造の完成が終末である。その創造信仰から罪や恵み、そして救いを理解する。神学の歴史の中で恵みと罪の理解は神学的人間論のテーマとして展開してきた。アウグスティヌスの秘跡の有効性（恵みの有効性）をめぐるドナティスト論争や、人間の行為と恵みの関係が問われたペラギウス論争、アリストテレスの質料・形相の思想を発展させて組み上げられたトマスの自然と超自然の超越論的恩恵概念、ルターの制度としての教会に対するアンチテーゼとしての「恵みのみ」の神学、これらは当時の思想・社会的要請から展開された恩恵論である。啓蒙主義時代、教会は周辺社会とかい離し始め、十九世紀になると教会のみに真理と恵みがあるとする独善的姿勢で社会から浮いてしまう時期もあったが、レオ十三世以来、教会は人間の尊厳という観点から社会問題について関与するようになる。罪が恵みのアンチテーゼならば、個人としての罪だけではなく、罪が構造化され制度化されている社会に対して教会がかかわるのは、恵みの共同体としてのミッションであり、必要な社会批判はそのミッションから要求される一部である。「神の栄光は生きている人間」（Gloria Dei, Vivens Homo）というエイレナイオスの言葉は人間を超えて全被造物に及ぶ[56]。神によって「善しとされた」（創世記一章）被造物の尊厳はまさに神の栄光を語る。教会はこの栄光、つまり神の聖性を社会の中で輝かす秘跡であり、しるしであり、道具である（LG 1）。教会は罪人の集まりでありながら、そのミッションゆえに神によって聖なる共同体とされ、キリストの光で全世界を照らすのである。

56　エイレナイオス「異端反駁」小林稔訳『キリスト教教父著作集3』教文館、一九九九年、Ⅳ・38・3、20・5―7。

おわりに

これまで一〇章にわたって教会について振り返ってみた。教会とは何か。この問いを「はじめに」で設問した。教会は歴史を通じて様々な顔をみせてきた。現在も何が正解なのかはわからない。ただ、これだけは言える。教会は生きている。教会には歴史があり、その中で神からのミッションに忠実だった時もあり、人間的弱さに流れた時もあった。それでも、イエス・キリストへの信仰を伝えるのはこの教会以外にはありえない。よく「教会は嫌い、イエスは好き」という人がいるが、論理矛盾である。「聞いたことのない方を、どうして信じられよう。また、宣べ伝える人がなければ、どうして聞くことができよう。遣わされないで、どうして宣べ伝えることができよう」(ローマ10・14)。今、教会の証言なしにイエスを知るのは不可能である。イエスを伝える共同体を信じることができずして、どうしてその証言に信頼性をおくことができようか。人間の集まりである教会の罪深さを嫌うのは、ある意味では理解できる。それでも、この教会の証言以外、イエスに出会う方法はない。別のある人は言う。「聖書だけで十分だ」。しかし、その聖書も教会共同体から生まれ、保持されてきた聖典である。聖書を生みだした共同体への信頼なくして、どうして聖書を信じられようか。

教会、という言葉から個人的に連想される二人の人物がいる。一人は、日本から東ティモールへ派遣されたわたしの同級生イエズス会司祭である。二〇一五年現在、イエズス会が設立した当地の中学・高等学校で働いている。東ティモールはアジアでもっとも最近独立したカトリック国である。まだ東南アジア諸国連合(ASEAN)への加盟も認められていないアジア最貧国である。社会基盤の整備もこれからで、人口の半分が二〇歳以下という若い国である。その国の未来を担う人材を養成する教育の使命は重大である。彼はそこで中学高校の教員をしつつ、さらに教員養成のため教育大学設立にも現在奔走している。九〇年代、わたしはボストン、彼はニューヨークで勉強していたこともあり、夏休みなどを一緒に過ごした。帰国後、彼は福岡のイエズス会の中学高等学校で教員として働いていたが、イエズス会が東ティモールに中高一貫校を設立するということで、選ばれて派遣された。彼から東ティモールに行くと聞かされた時には正直驚いた。そして、二年前、彼のもとを訪ねた。何もない。電力も不安定で、停電したら暗闇。満天の星だけが輝いている。海辺の丘の上の質素な修道院で暮らし、そこから毎朝ヒッチハイクで学校まで通う彼の生活をみた。修道院からみえる海の碧さと頬をなぜる風の気持ちよさが鮮明に思い出される。学校の生徒は中学生といっても、年齢はばらばら。十代後半の生徒もいた。その年齢まで学校に行けなかったのである。生徒は教科書も買えないので学校が用意し、授業になればそれを配る。終われば回収。そこで、喜んで学ぶ生徒、一生懸命教える教員。もちろん、理想郷ではない。雇用している教員の給与問題、学校の運営、新たな土地取得、そのために現地の霊媒師との交渉など、彼を悩ませる問題は山ほどある。それでも、わたしは思った。ここに確かに教会は生きていると。パウロは続ける。「良い知らせを伝える者の足は、なんと美しいことか」(ローマ10・15)。同じような美しい足をもった人々に、わたしは世界各地で出会った。カンボジアでも、フィリピンでも、タイでも。

もう一人の思い出は、島根県の津和野の教会を訪れた時のことである。そこにアメリカ人イエズス会司祭がいた。彼は長年、日本の中学高校で英語教員として教え、彼が自分の経験をもとに作成した英語教科書は、現在、日本中の中学高校で使用されている。「プログレス」の名前を憶えている読者もいるであろう。彼は定年後、津和野教会に派遣されて働いていた。津和野は江戸時代末期から明治初めの浦上四番崩れの流配地として、過酷な拷問の末殉教したキリシタンを何人も出した土地である。伝統的に神道が強い。森鷗外や西周の出身地でもある。今も、鮮やかな赤い鳥居が連なる参道が目を引きつける。津和野の教会はまさに田舎の教会である。信者も少ないし、宣教の数的効果も大して見込めない。そこで、わたしが目にしたのは、毎朝五時になると教会の聖櫃の前で、一時間、正座して祈る彼の姿であった。「朝早くまだ暗いうちに、イエスは起きて、人里離れたところへ出て行き、そこで祈っておられた」（マルコ1・35）。毎朝、彼はそのように祈っていた。何を祈っていたのかは知らない。しかし、彼の祈りの姿には鬼気迫るものがあった。著名な英語教科書の作者として、彼を望む学校は日本中どこにでもあったであろう。それにもかかわらず、彼は津和野への派遣を受け入れ、そこで喜んで働き、そして祈っていた。その時、わたしは思った。ここに教会が生きていると。後日、ボストンで彼の同級生だというアメリカ人イエズス会司祭に会った。その司祭は、ローマでイエズス会総長顧問として働いていた世界的著名人であった。わたしが日本人だと知ると、彼はすぐに津和野のその司祭の名前を口にした。彼はわたしに言った。「若い神学生時代、津和野のその司祭かわたしが日本へ送られることになっていた。主は彼を選んだ」。

教会とは何か。答えはあるようでない。ただ、やはり人である。アフリカのサバンナで主を賛美する遊牧民、東ティモールで子どもたちに教育を授けるために生涯をかける人々、どこであろうと主の御名のために喜んで働き、祈る人々。そこに教会がある。それが教会である。どんなに罪深い教会の姿に直面しようと、わたしが教会を信じる最後の砦は人である。今も、イエスの弟子として、南洋の島に行く人がいる、日本へ来た人がいる、どこへでも派遣を受け入れ、そこで全力で働き祈る人がいる。ある人々は、彼らを馬鹿者だと言うであろう。そうかもしれない。スキャンダルを起こす教会を信じているなんて愚か者だと言うであろう。そうかもしれない。でも、笑いながら言おう。わたしは喜んで愚か者になりたい。わたしが出会った、ああいう人々がいる限り、わたしは教会を信じる。壮麗な教会建築物や、そこで飾られる芸術品、誇るべき歴史は、確かに人々の信仰心のある面を雄弁に物語る。しかし、教会は建物ではない。装飾品ではない。芸術品ではない。ましてや制度や掟や法なんかではない。人々の心そのものである。教会は聖霊に息吹かれたイエスの弟子たちの共同体である。

マ 行

ヤ 行

ラ 行

タ　行

ナ　行

ハ　行

サ　行

事項索引

ア 行

カ 行

マ　行

ヤ　行

ラ　行

タ　行

ナ　行

ハ　行

人名索引

ア 行

カ 行

サ 行

【著者紹介】
増田　祐志（ますだ　まさし）

上智大学神学部教授
専門：教義学（キリスト論、教会論、諸宗教の神学）
主著：「カトリック教会が教えを語るとき」『自由は域を超えて—現代キリスト教と倫理—』サンパウロ、2006年。『カトリック神学への招き』編著、上智大学出版、2009年。「今日のアジアにおけるインカルチュレーション—カトリック教会の視点から—」『今日のアジアの教会におけるインカルチュレーション』教文館、2014年。

カトリック教会論への招き

2015年12月25日　第1版第1刷発行

著　者：増　　田　　祐　　志
発行者：髙　　祖　　敏　　明
発　行：Sophia University Press
　　　　上　智　大　学　出　版

〒102-8554　東京都千代田区紀尾井町7-1
URL：http://www.sophia.ac.jp/

制作・発売　㈱ぎょうせい
〒136-8575　東京都江東区新木場1-18-11
TEL 03-6892-6666　FAX 03-6892-6925
フリーコール　0120-953-431
〈検印省略〉　URL：http://gyosei.jp

印刷・製本　ぎょうせいデジタル㈱
ISBN978-4-324-10047-9
（5300248-00-000）
［略号：（上智）カトリック教会論］
NDC 分類 195

Sophia University Press

上智大学は、その基本理念の一つとして、
「本学は、その特色を生かして、キリスト教とその文化を研究する機会を提供する。これと同時に、思想の多様性を認め、各種の思想の学問的研究を奨励する」と謳っている。

大学は、この学問的成果を学術書として発表する「独自の場」を保有することが望まれる。どのような学問的成果を世に発信しうるかは、その大学の学問的水準・評価と深く関わりを持つ。

上智大学は、(1) 高度な水準にある学術書、(2) キリスト教ヒューマニズムに関連する優れた作品、(3) 啓蒙的問題提起の書、(4) 学問研究への導入となる特色ある教科書等、個人の研究のみならず、共同の研究成果を刊行することによって、文化の創造に寄与し、大学の発展とその歴史に貢献する。

Sophia University Press

One of the fundamental ideals of Sophia University is "to embody the university's special characteristics by offering opportunities to study Christianity and Christian culture. At the same time, recognizing the diversity of thought, the university encourages academic research on a wide variety of world views."

The Sophia University Press was established to provide an independent base for the publication of scholarly research. The publications of our press are a guide to the level of research at Sophia, and one of the factors in the public evaluation of our activities.

Sophia University Press publishes books that (1) meet high academic standards; (2) are related to our university's founding spirit of Christian humanism; (3) are on important issues of interest to a broad general public; and (4) textbooks and introductions to the various academic disciplines. We publish works by individual scholars as well as the results of collaborative research projects that contribute to general cultural development and the advancement of the university.

Introducing Catholic Ecclesiology

published by
Sophia University Press

production & sales agency : GYOSEI Corporation,Tokyo
ISBN 978-4-324-10047-9
order : http://gyosei.jp